LES SECRE

JOHN BASTARDI DAUMONT

LES SECRETS D'UN MENTALISTE

Comment décrypter les techniques du mensonge et de la manipulation

Éditions de la Martinière

Conception couverture : Plaisirs de myope

ISBN 978-2-7324-4294-5

Une marque de La Martinière Groupe, Paris, France
Connectez-vous sur :
www.editionsdelamartiniere.fr
Dépôt légal : janvier 2011

À la mémoire d'Angèle, repose en paix.
Nous continuerons à nous parler…

« Le tricheur est celui qui corrige le sort,
donc le réel : c'est un mystique en son genre »

Antonin Artaud,
Lettre à Steve Passeur.

Comment utiliser un QR Code

Pour plus d'informations techniques et illustrations vidéo, vous trouverez parfois dans cet ouvrage, à la fin des chapitres, un QR Code[1]. L'équivalent d'un code-barres, que vous pouvez scanner avec un smartphone, vous permettant, sans bouger de l'endroit confortable où vous avez décidé de parcourir ces pages, de compléter paisiblement votre expérience par un accès à un contenu Internet, directement sur votre mobile. Parfois, vous trouverez un « bonus track », dont le lien ne figure nulle part dans le livre. Il vous faudra donc ruser.

Pour ceux qui ne disposeraient pas d'un tel matériel, à chaque référence à un contenu de ce type, le lien Internet est aussi indiqué en note de bas de page. Ils devront alors accéder à un ordinateur et recopier le lien. En scannant le QR Code avec un téléphone portable disposant de cette fonctionnalité, ou sur lequel vous avez téléchargé une application type QR-Reader, ou Kaywa Reader vous verrez directement les vidéos, sites ou informations s'afficher sur votre smartphone. Par exemple : voici le QR Code du site et de la page Facebook destinés à compléter cet ouvrage. Vous y trouverez des informations supplémentaires sur le conditionnement mental, ainsi que des vidéos de démonstrations.

1. Ces codes donnent accès à des liens dont le contenu n'est pas contrôlé par les éditions La Martinière. L'éditeur n'est pas responsable de leur utilisation ni de leur contenu.

Pour accéder directement sur votre smartphone à la page Facebook de l'ouvrage, scannez le QR Code suivant[1] :

Page Facebook : http://www.facebook.com/pages/Mentalist-Decryptage-des-techniques/128003060587742.

1. http://secretsmentalistes.com

La manipulation dans la lumière : point de vue d'un créateur de rêve

Par Jean Pierre Vallarino
Prix mondial d'illusionnisme (FISM [1])

Ce qui m'a toujours dérangé dans la magie en général vue par le public, c'est qu'elle est prise comme une discipline infantile récréative, personne ne prend conscience de la puissance qui se cache derrière.

Alors que, en fait, l'illusionnisme, pour créer l'enchantement, utilise des procédés adultes. De nos jours, comme jadis, la plupart d'entre nous usent de procédés que certains nomment la programmation neurolinguistique, la dissonance cognitive, l'effet de halo… en un mot : la *manipulation mentale*.

Mais bien avant Pavlov, il y avait Robert Houdin[2].

Robert Houdin avait pour habitude de dire : « Je ne suis pas un magicien, je suis un acteur jouant le rôle d'un magicien. »

J'ai connu l'auteur de cet ouvrage quand il était très jeune, il avait 17 ans. La chose qui s'est dégagée immédiatement de nos premiers échanges de professeur et d'élève a été sans aucun détour, la suivante : j'avais un cartomane en face de moi, quelqu'un pourvu d'une volonté d'appréhender complètement cet art, par la technique, et – surtout – par la façon de l'employer et par ce qu'il pourrait en tirer ailleurs.

Cela est très révélateur car je considère dans la magie que la carte est une base, elle représente, quand on sait l'utiliser, tout ce que l'on peut entreprendre dans la vie sociale pour réussir. Lorsque l'on

1. Fédération internationale des sociétés magiques.

2. Robert Houdin, illusionniste français du XIXe siècle, est considéré comme le plus grand prestidigitateur de tous les temps.

s'adresse à des gens avec pour seule arme un paquet de cartes, on est obligé de connaître l'humain pour atteindre son but : créer une parenthèse de rêve. Pour connaître l'humain, il faut d'abord apprendre à se connaître soi-même, c'est-à-dire à trouver ses faiblesses.

Pourquoi ne suis-je pas attentif à tel instant ?

Qu'est-ce qui va attirer mon attention à tel autre ?

Il faut se livrer à une introspection.

J'ignorais à l'époque à quel point John Bastardi Daumont analysait le moindre de mes gestes, le moindre de mes mouvements. Pas pour en avoir une connaissance uniquement tactile, mais pour comprendre leurs répercussions sur le comportement d'autrui : à quel moment précis le cerveau du spectateur se laisse emporter et, surtout, pourquoi. Je n'ai retrouvé telle démarche qu'en compagnie d'authentiques passionnés. Elle requiert une grande patience, un long apprentissage et une bonne faculté d'observation.

Pour deux raisons : la première est qu'un paquet de cartes est le seul objet qui donne à l'avance l'idée qu'il faudrait plus de trois vies pour tout en connaître. On n'en fera jamais le tour. Champion du monde ou amateur du dimanche, nous sommes tous égaux sur ce point. La seconde : quand on veut réussir une illusion, même et surtout en cartomagie, si on ne met pas en application tout ce que mon ancien élève a échafaudé aujourd'hui dans *Les Secrets d'un mentaliste*, ce sera une illusion sans relief, transparente.

Lorsque nous avons perdu le contact, quelques années plus tard, John Bastardi Daumont était dans la technique pure et enchaînait les interventions dans les cabarets, restaurants, boîtes de nuit tout en poursuivant son cursus juridique. Il aurait pu faire carrière dans notre monde. Sans le savoir, il avait déjà fait le bon choix. Il a commencé par la cartomagie. Comme la plupart de ceux que je considère comme d'authentiques magiciens, il ne s'intéressait pas seulement à la manipulation de cartes ou d'objets, mais surtout à ce qu'elle apporte.

Cet apport provient de mouvements invisibles, de communication non verbale. La magie tout entière est faite de mouvements invisibles. Dès lors, son intérêt ultérieur pour le mentalisme m'apparut comme évident. Les meilleurs mentalistes au monde sont ceux qui ont un cursus préalable d'illusionniste, un vrai parcours technique.

Car il y a deux sortes d'individus en cartomagie : l'exhibitionniste et le vrai magicien. L'exhibitionniste n'a aucun autre objectif que d'attirer l'attention sur lui, par sa dextérité, souvent aléatoire d'ailleurs. C'est de la jonglerie. L'authentique magicien utilisera tout ce que l'on va retrouver dans cet ouvrage de façon imagée, détaillée, expliquée, dans un but unique : manipuler l'esprit du spectateur pour lui apporter un instant de bonheur.

Et c'est là que se situe le bénéfice de la manipulation mentale dans l'illusionnisme. Pour le manipulateur comme pour le manipulé, la sortie est positive : un moment de rêve. Notre but n'a aucune autre vocation que celle d'apporter de la joie aux spectateurs.

Puis, j'ai appris qu'il avait choisi le métier d'avocat, ce qui ne m'a pas surpris. Tout comme les choix de défense très risqués qu'il a tout de suite pris en début de carrière. Ce goût pour l'imprévu, la surprise, dans notre milieu, nous l'avons tous.

Lorsque nous nous sommes revus, quelques années plus tard, j'ai ressenti une sorte de choc. Je me suis aperçu qu'il avait intégré l'ensemble du non-verbal qu'on utilise dans la cartomagie que je lui avais enseigné... mais, sans cartes, juste par son comportement.

On m'a souvent cloné, « magicalement ». C'est un phénomène fréquent dans le monde des magiciens. Chaque « champion » a toujours des clones. Souvent c'est agaçant. Mais là, ce fut différent. Je retrouvais une part de ma gestuelle gravée dans une attitude, une façon d'être extérieure à l'art magique. Il avait assimilé dans sa vie courante la gestion de ce que l'on appelle chez nous « les tiroirs analytiques » et s'en servait à d'autres fins qu'une illusion.

Arturo de Ascanio, une légende dans le monde magique, lui-même avocat par ailleurs, avait déjà mis en évidence cette théorie : tout être humain confronté à un mystère a un *tiroir analytique* qui s'ouvre immédiatement[1]. C'est son instinct de survie, il lui faut une explication. Notre travail consiste à ce qu'il referme ses tiroirs analytiques, muni d'une fausse explication.

En ce sens, nous sommes obligés de dépersonnaliser l'autre, l'interlocuteur. Non pas dans un sens négatif, mais en le plaçant à un étage très élevé, en le considérant comme supérieurement intelligent. Ce qui nous permet de créer la démarche intellectuelle pour comprendre, pour se mettre à sa place. *Quelle va être la réaction d'un type intelligent si je fais tel mouvement* ?

On essaie, on teste. Grâce à cela, nous trouvons un élément perturbateur et, en fonction de son intelligence que l'on imagine la plus affûtée possible, on va créer un tour : une *manipulation.*

Dans presque chaque page de cet ouvrage il y a un mot que l'on pourrait redéfinir sous une autre forme. J'imagine un dictionnaire où je lis « égoïste » avec une définition précise, or, lorsque je parcours le livre, je décèle d'autres définitions.

Si l'on prend par exemple le mot « égoïste » au premier degré, il s'agira d'un individu qui se fiche de son prochain, mais si l'on imagine que cet égoïsme est une forme de solution existentielle pour rendre finalement les gens heureux, ça devient un comportement positif, altruiste.

L'égoïsme du magicien qui conserve ses secrets n'a pas d'autre but que de fournir du bonheur au spectateur.

Lorsque j'ai remporté le Prix mondial de la FISM, ce fut grâce à une routine baptisée *Champagne*. Toute la routine, l'enchaînement d'illusions rapprochées, est conçue sans dialogue avec le public. Tout est basé sur le non-verbal. Je ne prononce pas un mot, n'utilise aucun baratin. L'illusion se veut directe. J'y reviendrai, mais avant cela, examinons quelques illustrations pratiques de ces techniques non verbales.

Prenons par exemple un principe magique de base, illustré comme suit : une conférence. Un conférencier commence. Sur la table,

1. Arturo de Ascario et Jesus Etcheverry, *The Magic of Ascanio : the Structural Conception of Magic*, Madrid, Paginas 2005.

devant lui, deux verres. L'un est posé normalement, l'autre tourné, horizontalement. Croyez-moi sur parole, rien dans son discours ne sera enregistré correctement tant que le verre espiègle ne sera pas remis dans sa position normale, tant qu'il ne sera pas mis en symétrie par rapport à l'autre. C'est notre cerveau cartésien qui l'impose. Il a le plus grand mal à vivre dans l'asymétrie. L'auteur le développe en d'autres termes lorsqu'il invoque la dissonance cognitive et ses multiples applications. Mais pour nous, c'est le même principe, invoqué par un autre mot et utilisé à d'autres fins.

Dans un timing précis, tout en parlant, une des deux mains du conférencier s'empare du vilain verre et va le remettre en position normale, *cohérente*. Au moment de ce geste, il pourrait de l'autre main aller chercher une cagette de kiwis sous la table, personne ne s'en apercevrait. De là, naît l'effet magique, par une manipulation des perceptions de l'autre.

L'action en transit est un autre exemple de notre art, que l'on retrouve d'une certaine façon dans ce livre, lorsque l'auteur l'adapte à la rhétorique ou à la gestion du mensonge. Comment la définir ? Pour faire simple : *quelque chose que le regard doit manger*. Par exemple, mon but est de produire une carte de la poche de ma veste. La carte choisie est signée d'un spectateur, qui vient naturellement d'un paquet mélangé et placé loin de ma veste. Il n'y a donc aucune possibilité matérielle que la carte se désintègre du jeu pour atterrir dans ma poche, comme une fleur.

Il faut donc que je l'empalme, que je la subtilise, pour l'amener dans cette poche. La carte est subtilisée avec le jeu en main droite. Le jeu est passé à la main gauche pour libérer la main droite. Mais dans le même temps, la main gauche qui tient le jeu va venir ouvrir le pan de veste, et la main droite peut foncer dans la poche. L'action de mettre le jeu en main gauche et d'utiliser cette dernière pour ouvrir la veste, et attirer de ce fait l'attention du spectateur sur cette zone, est une *action alibi, une action en transit*. Il est naturel que j'ouvre la veste, donc la suspicion sur l'autre main diminue. Si je n'exécute pas cette action, ce détournement d'attention, le regard mangera la main qui dissimule, pas celle qui crée le mirage.

Un autre exemple de manipulation mentale, utilisée par les illusionnistes et développé sous une autre forme dans le dernier chapitre de ce livre, pour la vie courante : la *parenthèse d'oubli.*

L'objectif premier est de faire oublier un objet du spectateur, ce qui amènerait sa non-importance puisqu'on le dégage de son écran analytique. Ce qui signifie que lorsque l'on touchera cet objet cela passera inaperçu.

L'utilité en illusionnisme est énorme : remplissage, changement, ou transformation. Comment rajouter l'air de rien vingt-six cartes sur un jeu ? Si l'on a oublié le jeu, personne ne s'en apercevra. C'est exactement le même procédé que l'auteur décrit et explique lorsqu'il décrypte la captation d'informations dans une discussion pratiquée par les « médiums » ou dans les approches réalisées par les services de renseignements. Le sujet oublie qu'il donne lui-même des informations.

Champagne est devenu un classique. À l'époque, la théorie magique majeure était celle de Tony Slydini[1] qui considérait que, pour faire une apparition, par exemple, il faut d'abord créer un champ visuel pour habituer les gens à regarder ce dernier et, au moment de l'effet, sortir brutalement de ce cadre. On sait alors que tous les regards vont suivre. À ce moment précis, vous pouvez aller chercher un babouin dans votre poche, personne ne le verra.

Or, le paradoxe de *Champagne* réside dans le fait que, lors du final, des verres de champagne apparaissent remplis à quelques centimètres du public, alors que je restais dans le cadre. Ce qui a fait de ce numéro un classique analysé par mes pairs. La même

1. Tony Slydini fut un des magiciens les plus respectés au monde. Il avait maîtrisé l'art de la diversion à tel point qu'à la fin de sa carrière il exécutait ce que l'on appela des méta-tours de magie.

Concrètement le spectateur se trouve à quelques centimètres de Slydini, mais est pourtant incapable de comprendre comment il obtient l'effet alors que le public dans la salle perçoit l'intégralité du *modus operandi* sans comprendre comment la victime peut être aussi aveugle. Démonstration ici : http://www.youtube.com/watch?v=FW6oQZc_c80. Voir page QR Code.

question revenait en permanence : comment se peut-il que les gens ne perçoivent pas l'apparition ?

Faites le test vous-même en regardant *Champagne*[1].

À force de réfléchir, mes confrères se sont demandé si le rythme de la gestuelle associé à la musique y était pour quelque chose. Ils avaient raison. Comme mes mouvements étaient chorégraphiés, le tempo de ces derniers accompagné d'une mélodie créait un effet hypnotique sur le spectateur.

C'est exactement le même procédé qui est utilisé dans la routine plus récente *Ultimate cartes folles*, un enchaînement de transformations de cartes visuellement impossible à remonter pour le profane, et ayant bluffé beaucoup de mes confrères. Habituellement, pour ce tour, on utilise beaucoup de cartes à doubles faces (un roi sur le recto, un dix sur le verso, par exemple). Beaucoup de gens le savent. Mon idée fut d'utiliser le rythme, de m'affranchir de ce stock encombrant, afin de pouvoir montrer à chaque transformation le dos de chaque carte. Voyez plutôt[2]. C'est ce que j'ai encore retrouvé dans ce livre, au sein du chapitre « *Brainwashing* », qui développe les techniques permettant de créer une forme d'extase en conditionnant un être humain d'une façon optimale. Par l'utilisation, entre autres, du rythme.

Le rythme n'est pas seulement de la musique, n'est pas associé qu'à la musique. Les mouvements binaires faits par les mains, la façon de s'asseoir d'un individu, son regard, sa gestuelle, toute sa communication non verbale est basée sur un rythme. À nous de l'utiliser ou de le décoder. C'est ce que fait d'ailleurs le héros de la série *Mentalist*. Sauf que, dans cette série, le titre est presque faux.

Un mentaliste est un illusionniste dont la spécialité est de recréer des effets paranormaux, une forme de télépathie visible : je vais découvrir ce que tu penses. Écris un chiffre sur l'ardoise,

1. Vidéo de la prestation : http://www.youtube.com/watch?v=WLbmGKarZxk. Voir page QR code.
2. Vidéo de la prestation : http://www.youtube.com/watch?v=5BjK_n7UHwE. Voir page QR code.

yeux bandés, je le révèle, et tiens, profites-en pour regarder dans l'enveloppe posée ici depuis le début, il y a quoi ? Le chiffre pensé. Bravo, merci, au revoir.

Ce n'est pas du tout ce que fait Patrick Jane dans la série. Il fait de l'étude comportementale. Son passé de prestidigitateur est en effet un alibi pour le titre, mais il réalise peu, concrètement, des démonstrations de mentalisme lorsqu'il résout ses énigmes.

Le terme « mentalisme » a donc pris une acception plus large au regard du succès de cette série. Quand John Bastardi Daumont intitule son ouvrage, *Les Secrets d'un mentaliste*, il ne révèle pas seulement certaines techniques utilisées par des magiciens opérant la discipline du mentalisme, il expose aussi une part impressionnante de toutes les techniques majeures de manipulation mentale, utilisées par d'autres professionnels, dans d'autres milieux.

Car Patrick Jane est avant tout un Sherlock Holmes nouvelle génération. Le personnage de Sherlock Holmes faisait du *cold reading*[1] bien avant que les mentalistes professionnels l'utilisent sur scène. Les médiums et spirites, en revanche, le faisaient aussi.

Observation, déduction, analyse de rythme, de posture, induction d'un comportement, conditionnement de l'autre, décryptage. Ce qui suivra dans les pages que vous vous apprêtez à tourner.

Dans le livre de John Bastardi Daumont, je retrouve de façon déguisée tous les éléments qu'utilise un authentique illusionniste dans la vie courante, à des fins différentes. Je découvre qu'ils sont utilisés par d'autres...

L'idée d'avoir associé à son élaboration magiciens, agents de renseignements, policiers, avocats et journalistes rend cette fusion explosive, et m'a permis de découvrir de nouvelles pistes de réflexion pour l'art magique. Personne n'avait jamais effectué cette démarche à ce niveau de précision.

1. Technique d'observation permettant de déduire de constatations matérielles (étude d'objets, d'environnement, de vêtements, de gestuelle) la personnalité d'un individu.

À ce titre, dans le monde magique, je considère déjà *Secrets d'un mentaliste* comme un ouvrage de référence. Dans le monde profane, également.

Nous agissons en pleine lumière, les espions dans l'ombre, mais nos techniques présentent de nombreuses similitudes.

Car tout ce que l'on trouve dans le bouquin que vous tenez dans les mains, qui est à mes yeux un *bouquet*, résume avec exactitude les aspects cachés des rapports entre les êtres, à tous niveaux, toutes sphères sociales confondues.

En résumé, ce que vous tenez dans les mains, je l'intitulerai : la Vie.

Suppléments vidéos – QR Code

Pour regarder directement sur votre smartphone la routine *Champagne*, scannez le QR Code suivant :

Pour regarder directement sur votre smartphone l'impact de la théorie de Slydini, scannez le QR Code suivant :

Pour regarder directement sur votre smartphone la routine *Ultime cartes folles*, scannez le QR Code suivant :

La manipulation occulte : point de vue d'un agent de renseignements

Par Bernard Aufan ancien commissaire de la Direction de surveillance du territoire (DST)

John Bastardi Daumont, l'auteur de cet ouvrage a été un de mes élèves, dans mes fonctions d'intervenant à un Master de la faculté de droit de Nice. Il fut aisé de le classer d'emblée dans ce que j'appelle le troisième contingent des participants. Chaque année voit arriver en effet, c'est presque rituel, trois groupes bien distincts :

– le premier, de loin majoritaire, est composé essentiellement de jeunes gens issus du milieu juridique (familles d'avocats, notaires, policiers et gendarmes, militaires, douanes etc.), désireux de suivre la filière de leurs aînés car déjà formatés. Ils sont généralement assidus, consciencieux, raisonnablement interactifs et ne réservent aucune surprise ;

– les seconds constituent un résumé quelquefois amusant des « égarés » des études supérieures ; ils vagabondent d'une discipline à l'autre au gré de leurs hésitations, humeurs et des moyens financiers parentaux ; d'assiduité relative, en quête d'une destination assez peu lisible. Ils sont généralement distraits et discrets. Manifestement l'obtention d'un diplôme ne semble pas être un paramètre majeur de leur programme personnel ;

– le troisième contingent quant à lui, très minoritaire, est un concentré de professionnels, déjà immergés dans la vie active en recherche de compléments de diplômes, et d'étudiants à forte personnalité, arborant très souvent les signes distinctifs de leur catégorie : ponctualité aléatoire, équipement hors normes (super-ordinateurs, ouvrages complémentaires feuilletés en cours, etc.) et occupant des places excentrées par rapport au gros des troupes. Ce sont des originaux et des individualistes. Ils interviennent fréquemment pour poser des questions pertinentes.

JBD appartient bien à cette catégorie d'outsiders ! Et lorsque je fus amené à suivre quelque peu le cursus de l'intéressé, comme pour la plupart, je ne fus pas surpris de son parcours atypique. Passer de la carrière d'illusionniste arpentant les cabarets et restaurants du Sud-Est à celle d'avocat dans un laps de temps assez court – et en repassant par la case « études » – relève du grand écart (peut-être son meilleur tour de magie...). Le tout, en trouvant le moyen entre-temps de travailler au Parquet de Nice, dans la section qui traite des escroqueries, abus de confiance et tromperies variées : l'économique et financière. Le choix ultérieur délibéré de causes et de clients sortant de l'ordinaire a complété le tableau et entraîné la constitution d'un très éclectique réseau d'amis efficaces et de quelques solides et durables inimitiés. C'est le propre des gens de caractère.

L'auteur aborde en effet sans prétention et avec humour le thème majeur de la captation de l'« Autre » agrémenté de solides références.

Son parcours personnel, associé à un esprit vif et curieux, lui a permis d'effectuer cette promenade intellectuelle dans un monde pourtant très manuel et très fermé : celui des professionnels de la magie. Avec en prime la projection permanente de ses techniques dans l'univers profane. Du fait, par ailleurs, des origines immémoriales de cet art, qui se parait souvent des attributs du divin, il était opportun, comme l'a fait judicieusement John Bastardi Daumont, de jongler constamment avec les références primitives et leurs avatars modernes.

Cette faculté de capturer et dévier comme on le désire l'attention de la cible choisie et les techniques qui s'y rattachent est bien décortiquée dans ce traité qui n'a par ailleurs aucune prétention exhaustive. Connaissant bien l'auteur, j'imagine qu'il pourrait nous pondre un second tome. Celui-ci pose des bases, une rencontre de techniques précises et utiles que je n'avais jamais encore lue.

Sa vocation n'est pas de faire de tout un chacun un Houdin ou un agent Popov, mais ouvre la voie à la passionnante découverte de ce monde souvent contemplé mais fort peu connu : la manipulation mentale. Sa lecture vous donnera les armes pour vous en défendre ou pour attaquer.

Le succès des séries télévisées américaines traitant de ce sujet montre que le grand public ne s'intéresse pas qu'au football. Certes, les images de ces femmes policiers à l'*animus* hypertrophié bousculant leurs camarades mâles à l'*anima* moins colossal relèvent de la caricature, mais mettent pourtant bien en lumière la nature de certains petits génies aux sens et à l'analyse aigus. C'est dans ce créneau précis que se situent les mentalistes de 2010, capables de rejoindre et d'induire l'attention du ou des autres tout en étant dépourvus d'un bloc-notes truqué ou autre matériel électronique. En travaillant uniquement l'esprit de leur cible. S'ils ne sont pas légion – heureusement pour nous tous –, ces individus, les manipulateurs d'âmes, existent bien, comme le confirme l'auteur qui les a côtoyés et s'en est nourri. Les lignes qui suivront ne relèvent pas de la fiction. Il est donc évident que ce phénomène pérenne, se perfectionnant au gré des progrès des sciences humaines et des découvertes technologiques, intéresse une partie de plus en plus importante de l'univers des lecteurs.

Car de nos jours, la manipulation mentale est partout.

Encore faut-il distinguer dans ce domaine l'exercice d'un véritable art pratiqué par des individus particulièrement doués (et à leur seul profit) en vue de divertir, et l'action des pouvoirs, quels qu'ils soient, utilisant certains modes identiques pour asseoir leur statut. En tant qu'ancien agent de renseignements, je travaillais pour le pouvoir étatique.

Ces pouvoirs, pris au sens large, peuvent englober n'importe quel donneur d'ordres : monarque ou président d'un pays, leader syndicaliste, chef religieux, etc. Leur caractéristique est de s'articuler sur deux axes en concomitance : gestion de l'adversaire ou du voisin et maintien de la cohésion de ses propres sujets. On peut dire que les deux entités subissent plus ou moins, cela dépend des intentions et du talent du supérieur, les influences et les impulsions générées par ce dernier. *Le Viol des foules* de Serge Tchakhotine[1] illustre parfaitement ce comportement.

Bien entendu, l'échelle de ces pratiques, pour certaines fort anciennes, est très large. Elle se déploie en effet du simple rituel répétitif assorti éventuellement de signes forts, pour impressionner et souder l'auditoire autour de thèmes fondamentaux (survie du groupe, etc.) à la manipulation des foules de ces deux derniers siècles notamment.

L'homme a toujours eu besoin de symboles pour conforter son attention. Habits, décorations, atmosphère, son, etc., et prise en charge de son inconscient. La perruque du juge anglo-saxon ou la robe d'un avocat sont là pour nous le rappeler. Mais, au-delà de l'apparat, il est évident qu'un « plus » est nécessaire chez celui qui voudra pénétrer et aiguiller la conscience des autres.

Ce « plus » peut résider dans son habileté, manuelle et intellectuelle, dans sa capacité d'anticipation des réactions et dans une connaissance profonde des instincts humains de base.

Un Staline ou un Hitler, pourvus, semble-t-il, de surcroît d'un magnétisme indiscutable, ne sont pas arrivés à leur poste par hasard, et le fait d'avoir basé l'essentiel de leur pouvoir sur leurs services spéciaux n'en est pas un non plus. Les États modernes n'échappent pas à cette tentation d'induire leurs sujets avec évidemment beaucoup plus de nuances et de buts limités. C'est pour cette raison que la propension à s'approprier la communication sous toutes ses formes *via* les médias est récurrente pour tous les pouvoirs, et les exemples abondent. Parmi tant d'autres, le matraquage actuel au sujet de la sécurité routière : l'État

1. Serge Tchakhotine, *Le Viol des foules*, Paris, Gallimard, 1992.

s'acharne, et uniquement là, à vous sauver malgré vous, graines de voyous qui dépassez d'un kilomètre à l'heure la vitesse autorisée et vous ferait espérer d'être atteint de strabisme divergent vertical pour avoir un œil dehors et un sur le compteur.

Les organisateurs de ces dispositifs ne font qu'agir sur les leviers fondamentaux qui régissent le comportement humain : la peur de la sanction, de plus en plus disproportionnée, la sanction de type scolaire – système de notes, de points. Il faut noter au passage l'utilisation du citoyen. Lorsqu'on a besoin de sa voix, il est déifié par son appartenance au peuple : *vox populi vox dei*. Juste après, il est infantilisé. Troisième stade : la mise à l'index de l'individu déviant (être sanctionné en ce domaine est en plus vexatoire), la surresponsabilisation du coupable qui rejoint le monde de la vraie délinquance, l'utilisation massive pour formater le citoyen du vecteur idéal, car omniprésent et permanent : les médias. Utilisation lambda des techniques de lavage de cerveau, que l'auteur développe par le menu dans la quatrième partie de l'ouvrage. À quand la ceinture occipitale et la coquille de boxeur ? En attendant reconnaissons que cela occupe le terrain à côté du chômage et de l'insécurité, de l'économie etc., et assure le bonheur des lobbies équipementiers.

Ce principe de permis à points est si efficace que l'on peut se demander d'ailleurs si l'on ne pourrait pas l'étendre au monde des politiques pour chaque erreur de leur part grevant notre avenir.

Notons toutefois que la jonglerie avec les médias n'est pas exempte de danger pour les manipulateurs et que, bien souvent, ils sont en effet victimes du retour de bâton. Tel le prestidigitateur qui rate son numéro. La politique contemporaine française en est une parfaite illustration. Mais tout cela fonctionne, et particulièrement dans le domaine de la sécurité étatique. Il n'est pas de petit pays qui, à l'image des grands, ne possède ses services spéciaux. Ici, la lutte avec le voisin en attaque et en défense est permanente, ami ou ennemi logés à la même enseigne.

Les méthodes utilisées ne présentent pas les mêmes aspects qu'au sein du monde magique, ne serait-ce que par la différence du facteur temps. Nous ne trouvons pas ici les fameuses règles d'unité de temps et de lieu, et certaines opérations d'intoxications, manipulations et travail du mental de l'objectif que nous menons peuvent se dérouler sur des années.

En revanche, la supercherie visuelle est bien là et à grande échelle. Quelques exemples parmi une multitude : les faux cargos surarmés américains et britanniques de la Première Guerre mondiale, conçus pour attirer et inciter les sous-marins allemands à faire surface car on les savait friands d'exécutions au canon à l'économie. Un instant hors de l'eau les imprudents submersibles subissaient alors un feu à volonté surprise des Alliés, rythmé par le cri de guerre « *Remember Lusitania* ! », slogan de vengeance des Anglo-Saxons destiné à rappeler à l'adversaire le paquebot britannique *Lusitania* coulé le 7 mai 1915 par un sous-marin allemand.

Tous les États surtout en situation de belligérance ont eu recours à la pratique du subterfuge à grande ou à petite échelle. La fausse 4e Armée alliée supposée se préparer à débarquer au plus court en France durant la dernière guerre, alors que les vrais préparatifs concernaient la Normandie, en est une illustration. Tout comme le message de l'US Navy du château d'eau de Midway en panne pour obliger les Japonais à commenter le pseudo-incident et donc à livrer le tant désiré nom de code nippon de cette île.

La vieille technique du leurre est encore utilisée partout.

Dans les temps récents ruses, tromperies et subterfuges sont sans cesse améliorés et renouvelés mais également contrariés par une deuxième différence de taille par rapport au monde de l'illusionnisme professionnel : on ne peut plus masquer une information depuis la révolution Internet ; même la Corée du Nord, la Chine ou le Vietnam, champions du silence institutionnel, ont grand-peine à tout maîtriser.

La gestion des corps et des esprits n'est plus aussi évidente qu'auparavant, de plus, aucun secret n'est vraiment à l'abri ; l'exemple des massacres perpétrés par l'Armée rouge dans la forêt de Katyn et mis à l'actif des nazis, camouflé pendant plusieurs décennies, est significatif.

Mon expérience professionnelle d'agent de renseignements me permet d'affirmer que nous ne sommes pas au bout de nos surprises en ce domaine.

Enfin, il faut également mentionner une troisième différence, et non la moindre, celle qui concerne les protagonistes. Si le monde des professionnels est relativement stable dans son parcours, à savoir qu'un artiste occupe un temps donné un créneau précis d'activités de « magicien », comme l'a fait l'auteur de ce livre, il n'en va pas de même pour les employés des services d'un État. Agents fanatiques et idéologues pour certains, simples fonctionnaires standards pour d'autres (la majorité, contrairement à une légende tenace), *condottiere* enfin pour d'autres encore, les facettes ne manquent pas.

Sans compter les authentiques traîtres et infiltrés pour faire bonne mesure. Les espions anglais Kim Philby et Guy Burgess restent une référence en la matière. Ces deux brillants sujets britanniques au statut social affirmé n'en devinrent pas moins des fanatiques politiques, œuvrant contre leur pays de manière délibérée, et des esprits contestataires contre l'establishment. Philby, pourtant nommé à la tête de la section IX affaires soviétiques au MI6[1], se transforma en un redoutable agent marxiste, peut-être pour faire bonne mesure avec son père authentique pronazi. Quant à Burgess, il se servit en outre de son homosexualité pour fréquenter avec succès tous les milieux stratégiques de l'époque. À eux seuls, ils parvinrent à causer des torts considérables aux pays de l'Ouest. Leur retournement avait pourtant pour seule origine une modification mentale.

1. MI6 : service de renseignements britannique dont le but est de protéger le Royaume-Uni contre toute attaque extérieure au pays et de mener des opérations d'espionnage à l'étranger.

À cela il faut ajouter pourtant les révolutions géopolitiques, la fin des deux blocs, l'émiettement de l'échiquier traditionnel, la mondialisation, qui a entraîné la mercenarisation de certains de ces acteurs qui se livrent désormais avec tout leur savoir-faire au plus offrant.

Il n'est pas rare d'apercevoir d'anciens officiers du KGB ou du GRU, anciens communistes sincères au salaire de misère, se pavaner dans nos palaces de l'Ouest avec Range-Rover ou Audi dernier cri, (signal fort de réussite surtout si de couleur noire avec vitres teintées). Ils ont goûté au charme du capitalisme sauvage alors qu'on incite leurs anciens adversaires à rouler à bicyclette pour cause d'idéologie galopante.

Le monde change, mais la constante humaine d'induire le prochain pour de multiples raisons, bonnes ou mauvaises, est bien vivante.

De récentes découvertes scientifiques notamment en neuropsychiatrie mettent en évidence que le cerveau réagit en fait constamment à tous les stimuli, y compris ceux de très basse intensité (vider sa poubelle et être confronté à plusieurs couleurs induisant un tri sélectif), et non pas seulement à des émotions fortes.

Le champ d'intervention est encore plus vaste que l'on ne l'imaginait il y a une décennie.

Il reste de beaux jours pour les artistes de la manipulation dont on appréciera les talents en découvrant l'étude passionnante de John Bastardi Daumont.

Avant-propos

L'homme du XXIe siècle vit dans un monde interprété pour lui. Au travail comme au repos, son esprit est perpétuellement sollicité par des messages publicitaires, politiques, ou religieux, conçus par d'autres dans le but d'emporter sa conviction ou de susciter son adhésion.

Le terme « propagande » souffre d'une mauvaise réputation. Il est devenu un *mot poison*, tandis que « communication » devient un *mot vertu*. Pourtant, jamais les experts en désinformation du siècle dernier n'auraient pu concevoir de meilleurs instruments d'influence que ceux qui sont aujourd'hui entre les mains de tous.

Les sorciers de jadis avaient recours à des artifices de fakirisme, de dextérité, ou à des complices afin de concrétiser la manifestation de leurs pouvoirs. De faux prophètes, vrais escamoteurs, décachetaient secrètement les écrits déposés par les fidèles avant la fermeture du temple pour se transformer en oracle au lever du soleil. Le mentaliste d'antan, pour faire croire à des facultés paranormales, apprenait des grilles mnémotechniques.

Le temps a passé, et la recherche d'ondes alpha s'est substituée aux cérémonies rituelles chamaniques. La psychologie cognitive supplante l'observation malicieuse du devin. Les images de synthèse ont remplacé le coffre à double fond de l'illusionniste. Le conseiller en marketing a vaincu le faux médium. Les enchanteurs de notre temps emploient d'autres moyens, mais l'objectif reste le même : subjuguer, convaincre... manipuler.

Cet ouvrage est un manuel de vigilance contemporain du mentalisme moderne. Il conférera à ses lecteurs les armes suffisantes pour veiller à ce que leur consentement, en toutes situations, soit donné en connaissance des moyens visant à le corrompre.

Il leur permettra, aussi, de ramollir la tension des autres consciences.

Ce libre choix leur appartient.

John Bastardi Daumont,
Paris, le 1er novembre 2010

Παῦσις – Pausis

Au cours d'une séance de communication spirite avec l'outre-tombe, vous confiez à un médium plusieurs affaires personnelles de votre grand-père décédé avec lequel vous souhaitez parler. Parmi ces différents objets se trouve un chapeau. Les yeux fermés pour la concentration, vous sentez que le médium dépose le chapeau de votre aïeul sur votre tête.

Après quelque temps alors que vous sentez encore la présence du chapeau, le médium peut vous faire constater qu'il s'est dématérialisé. Vous portez en effet vos mains sur votre tête, et la sensation du chapeau disparaît en même temps que vous vous rendez compte de sa disparition.

Comment est-ce possible ?

Réponse en fin de chapitre

Lie to me (mentez-moi)

De la gestion du mensonge

Savoir décrypter le mensonge, et savoir mentir, est une priorité pour toute personne s'intéressant à la manipulation mentale.

L'intitulé de ce chapitre est un clin d'œil à une série américaine diffusée depuis septembre 2009 sur Fox et, plus récemment, en France. Elle met en scène le docteur Cal Lightman, interprété par l'excellent Tim Roth. Ce chercheur a une particularité sur laquelle repose l'ensemble du concept : il est capable de deviner, quasiment à coup sûr, si quelqu'un lui ment. Profitant de ce talent acquis au prix d'années de recherches sur la psychologie humaine et le langage corporel, le docteur Lightman crée un centre destiné à assister des organismes privés ou la police dans la résolution d'enquêtes.

Comme dans la quasi-totalité des séries américaines, le *happy end* est de rigueur, et, Lightman ne se trompant jamais, les infâmes criminels – menteurs – finissent toujours sous les verrous. En réalité, le personnage du docteur Lightman est inspiré d'un personnage réel. Il s'agit du célèbre psychologue américain Paul Ekman, qui fut l'innovateur majeur d'une théorie : la répercussion des émotions humaines sur les expressions faciales.

Ce que l'on appelle, plus couramment, les « micro-expressions ».

Selon Ekman, même lorsqu'un individu cherche à dissimuler une vérité, son visage va émettre, de façon extrêmement brève, une expression qui traduit l'émotion qu'il ressent, et cela malgré sa tentative de se maîtriser.

Pour mener à bien ses expériences et développer son hypothèse, Paul Ekman s'est rendu dans de nombreux pays à la recherche de sociétés primitives aux membres desquelles il présentait des photographies afin que ceux-ci essaient de caractériser les émotions des visages représentés. Devant un taux de réussite proche de 100 %, il en conclut que les micro-expressions sont transculturelles et s'apparentent à un réflexe inné. Sept micro-expressions furent isolées avec certitude : la joie, la tristesse, la colère, la surprise, la peur, le dégoût et le mépris.

Aujourd'hui réputé mondialement, Paul Ekman résume l'ensemble de son étude dans un livre que je vous recommande, malheureusement pour l'heure uniquement en langue anglaise : *Emotions Revealed : Recognizing Faces and Feelings to Improve Communication and Emotional Life*[1].

Il dispose aussi d'un site Internet, où vous pouvez acheter des programmes d'entraînement en ligne si vous avez envie de vous prendre pour le héros de votre série favorite. Vous vous exercerez alors à repérer sur des visages des micro-expressions, projetées pendant une fraction de seconde, et à les associer aux sept émotions énoncées plus haut.

En cas de succès, si vous réussissez à voir pendant ce court instant quel est le réflexe inconscient du visage qui vous est présenté, et, ainsi, quelle émotion ce comportement traduit, le célèbre docteur Ekman – ou plutôt, son webmaster – vous gratifiera d'un certificat de réussite :

1. Paul Ekman, *Emotions Revealed : Recognizing Faces and Feelings to Improve Communication and Emotional Life*, New York, Times Books, 2003.

Certificate of Training

This is to certify that

Bastardi Daumont John

has successfully completed the training course

METT Advanced
Satisfactory Level

Issued this 8th day of June, 2010

PAUL EKMAN GROUP

Paul Ekman
Paul Ekman, Ph.D

Je vous invite donc, si vous souhaitez travailler la technique des micro-expressions pour déceler le mensonge, à vous rendre sur le site du docteur Paul Ekman[1] afin d'expérimenter vous-même votre capacité de perception.

J'ai le plus grand respect pour ce psychologue, ainsi que pour sa théorie. Il met en évidence un fait incontestable, et a eu le mérite de le démontrer : les émotions sont universelles et se traduisent par des manifestations physiques concordantes, quelles que soient l'ethnie ou la culture.

La micro-expression diffère de l'acte social qui pour sa part dépendra de l'anthropologie culturelle. Ainsi, la différence entre les cultures est parfois si importante qu'elle devient source de confusions. Le salut nippon par exemple, tête inclinée, marque de respect au Japon, est perçu comme un signe de soumission en France.

L'universalisme des micro-expressions est en revanche constant, aussi peut-on féliciter le docteur Ekman pour sa découverte.

1. Site de Paul Ekman : http://face.paulekman.com/default.aspx. Voir page QR Code.

Mais, comme l'écrivait Emmanuel Anati dans son ouvrage *La Religion des origines*[1], le sentiment de religiosité est également universel, ainsi que le symbolisme primordial qui en découle. Les premiers signes symboliques à connotation sacrée (croix, rond, flèche, pour ne citer qu'eux) furent retrouvés dans des sites préhistoriques à des milliers de kilomètres de distance à une époque où l'homme n'avait pas la possibilité matérielle de communiquer à son prochain son code religieux local. Des tribus de l'Amazonie à celles de l'Australie, les mythes d'origine, tels que le besoin de sépulture, obéissent pourtant à des canons similaires. Nous sommes dès lors, comme en matière de micro-expressions, dans le domaine de l'inné.

Tout comme pour les fantasmes, les besoins primaires de reconnaissance sociale, l'exigence de sécurité, la capacité d'abstraction, le sentiment amoureux...

Tout ce qui nous distingue d'un crapaud, finalement.

En outre, et c'est la seconde critique que je me permettrai humblement de formuler face à l'engouement qu'a pu entraîner une telle théorie et à l'exploitation commerciale qui en est faite actuellement, les micro-expressions ont été analysées, codifiées, décortiquées et exploitées des siècles avant la naissance de la psychologie moderne. Par qui ? me demanderez-vous.

Eh bien, par les joueurs de poker, tout simplement.

Ce que l'on appelle micro-expressions, dans le langage du profilage, de la psychologie, ou du comportementalisme, se nomment sobrement *poker face*, dans le jargon des joueurs. Dès Louis XIV, le *jeu de l'ambigu*, ancêtre du poker, introduisait une hiérarchie de combinaisons de cartes à masquer à son adversaire, en poussant celui-ci à miser ses deniers dans la confiance qu'il plaçait dans son propre jeu. De nombreux jeux dérivés aboutirent au poker moderne, qui tire son nom du verbe anglais *to poke*, c'est-à-dire, « pousser, attiser ».

Par ces mots, il faut entendre : inciter, pousser au bluff... mentir.

1. Emmanuel Anati, *La Religion des origines*, Paris, Bayard, 1999.

Aussi, les *joueurs de mensonge*, praticiens de poker, ou de toute autre discipline où le bluff est de mise, comprirent très vite la faiblesse de leur condition d'homme et les messages inconscients que leur corps était susceptible de produire malgré leur volonté. Ils réalisèrent que les informations les plus fiables qu'ils pouvaient échanger avec un adversaire se situaient dans le domaine du comportemental, plus encore que dans les cartes distribuées.

Comme l'indique Jean Pierre Vallarino, Prix mondial de manipulation de cartes :

> Le non-verbal représente 80 % de notre langage. Dans une situation donnée de bluff, la plupart des joueurs craquent : un œil qui bouge, une jambe qui s'agite, une pupille qui se dilate. Tu auras beau garder le silence, parce que tu es un pro, ou que tu auras signé un pacte avec le diable. Tu pourras garder la bouche cousue, tu auras toujours les doigts, la bouche, le front qui parleront à ta place.
>
> Lorsque l'on a assimilé le code gestuel d'un individu selon une configuration de jeu donnée, on peut le mettre en application immédiatement, s'en servir pour le reste, et associer ce code à un comportement de jeu. Le véritable pouvoir n'est pas celui des cartes. C'est celui de l'esprit sur l'esprit[1].

Dès lors, les joueurs cherchèrent les moyens de contrecarrer ce handicap.

Dans l'Amérique du Far West, ce fut l'utilisation de chapeaux abaissés de façon à masquer le regard. Dans les championnats actuels, il y aura toujours des casquettes soigneusement vissées, des lunettes noires, des mains placées sur le visage.

Pourquoi, de tout temps, une grande partie des joueurs de mensonges masquent-ils leur visage ?

Tout simplement parce qu'ils savent que celui-ci les trahit. Et ils n'ont pas attendu le docteur Ekman pour leur apprendre.

1. Entretien avec l'auteur.

Roi des jeux, le poker est une lutte sans merci où la ruine guette chaque joueur. Le champ de bataille par excellence de la ruse, du bluff, de l'esbroufe. En cartomagie, j'effectuais souvent des démonstrations de triche, qui constituent un réel spectacle. Dans les conditions contemporaines de jeux, les techniques utilisées par les tricheurs d'antan, que nous reproduisions avec beaucoup d'efforts, seraient aujourd'hui totalement inefficaces.

Ces techniques sont nombreuses : donne du dessous (pour simuler la donne d'une carte du dessus du paquet, mais provenant en réalité du dessous), donne en second (même principe), donne du milieu, faux mélange, saut de coupe (pour neutraliser une coupe de l'adversaire), etc. Applicables dans les parties entre amis à vos risques et périls, elles sont désormais désuètes dans le monde du poker moderne. Pour une raison simple : afin d'éviter les risques de triche, le joueur ne touche quasiment pas les cartes.

Un conseil, si vous jouez entre amis et mélangez vous-même le jeu. Nous partirons du principe que, dans vos partenaires, se trouve un immonde manipulateur. Pour neutraliser 90 % des techniques de triches « manuelles », au moment de la donne, étalez le jeu face en bas sur la table afin de contraindre le joueur à prendre les cartes une par une pour les distribuer.

Vous remplacez ainsi par un geste simple la présence d'un sabot, distributeur de cartes prenant la forme d'une boîte à l'intérieur de laquelle on place un ou plusieurs jeux, et qui ne permet que de les prendre une par une. Bien sûr, un sabot peut aussi être truqué. Mais, avec cette méthode, vous ne laissez aucune chance à votre adversaire de tenter une manipulation telle que celles exposées plus haut. On appelle cela la *gentleman deal*.

Cette petite parenthèse sur les tricheurs aux cartes a pour objectif de vous faire comprendre un élément d'importance qui sera développé plus bas. Lorsque ces manipulations s'enseignaient, le premier principe à respecter était le suivant : *l'économie de mouvements*. Tout le mérite d'un tricheur – prenant un risque colossal selon la personne avec qui il joue – réside dans le fait de cacher sa splendide dextérité (au regard de la difficulté de ces manipulations). Jadis, combien de virtuoses se firent couper des doigts en commettant l'imprudence de placer innocemment une petite fioriture entre deux donnes.

La vanité est toujours au *top ten* dans le classement des causes d'échecs cuisants, et ça ne risque pas de changer.

Dans l'art magique, le principe de l'économie de mouvement se retrouve dans les développements d'Ascanio, ou de Larry Jennings, deux illusionnistes légendaires. Le théoricien Ascanio considérait que la maîtrise technique parfaite est le préalable d'un bon tour, mais constitue seulement 10 % de réussite du tour. Tout le reste se situe dans la façon de présenter ce dernier, en rendant tout soupçon invisible. Larry Jennings, pour sa part, jouait sur son look de vieux barbu amateur de pur malt, doté d'un touché approximatif, alors que l'animal était capable de faire des miracles en réalisant des manipulations nécessitant des années d'entraînement.

Dans le monde du renseignement, de l'espionnage, les micro-expressions sont également connues et neutralisées très efficacement par les professionnels. Par l'entraînement, la plupart du temps, un bon agent est capable de simuler les micro-expressions ou, par le même *modus*, de les annuler, tout comme un bon acteur. Comme le tricheur, il rend son art invisible. L'agent de renseignements effectuant le premier contact avec une cible a aussi cette faculté.

> Lorsque l'on a huit personnes qui travaillent sept jours sur sept sur le même individu, nous disposons de suffisamment de renseignements pour connaître beaucoup de ses faiblesses. Avoir une attitude de supériorité à cause de cela lors de la phase d'approche serait la pire des erreurs à commettre et réduirait le travail antérieur à néant. C'est une base. On occulte, on observe, on ne se vante pas[1].

1. Bernard Aufan, ancien commissaire divisionnaire à la DST, entretien avec l'auteur.

En outre, si vous souhaitez vous-même à moindre effort ne plus dégager inopinément de gestes qui vous trahissent, il suffira d'employer la chimie pour biaiser la clairvoyance de ceux qui pensent que le décryptage du mensonge est une science exacte.

La simple prise d'une médecine contenant du diazépam (molécule du Valium) ou de l'alprazolam (molécule du Xanax) permettra, par l'effet du relâchement musculaire produit, d'altérer considérablement la mécanique des micro-expressions. Et de posséder, dès lors, un visage fatigué, certes, mais relativement neutre. Encore faut-il disposer d'ordonnances en ce sens. Si ce n'est pas le cas, autant revenir aux sources naturelles et se faire une bonne infusion de valériane, plante aux effets plus légers mais approchant les benzodiazépines. Ou encore, un thé de scullcap, plante dont la vente est prohibée aux États-Unis mais pas encore interdite par la législation française, alors qu'elle procure un effet particulièrement... tranquillisant.

Les services de renseignements ont longtemps cherché à mettre au point une méthode chimique permettant d'annihiler le mensonge.

Aux États-Unis, dès la fin de la Seconde Guerre mondiale, les services secrets montèrent un programme dénommé *Operation Paperclip* dont le but tenu confidentiel était le conditionnement de l'esprit humain, par tous les moyens (chimiques inclus). Pour parvenir à ce but, ils recrutèrent des scientifiques nazis à qui ils offrirent une nouvelle vie en échange de leur expertise en matière de torture et de lavage de cerveau. Puis, afin de répondre aux techniques de conditionnement utilisées par les services secrets chinois sur les prisonniers américains pendant la guerre de Corée (essentiellement psychologiques), la CIA poursuivit le projet en le rebaptisant MKULTRA, en partenariat avec un service de chimie militaire spécialement financé pour l'occasion.

Même si le programme comportait des recherches sur l'hypnose, la psychologie cognitive, les radiations, les électrochocs, la plus grosse partie des millions de dollars investis était consacrée aux recherches toxicologiques. L'objectif principal de la CIA était de mettre au point un sérum de vérité. Elle réalisa plusieurs expériences, la plupart du temps à l'insu des personnes testées, en utilisant des mélanges à base de dextrine, de scopolamine et de cannabis, de LSD, d'alcool, de psilocybine...

Mais la méthode la plus efficace était le duo amphétamines/barbituriques : les sujets ingéraient la première substance, puis, lorsque l'assoupissement arrivait, on les réveillait avec la seconde. L'état de désorientation mentale qui en résultait permettait de neutraliser la résistance mentale et d'obtenir des réponses spontanées lors d'interrogatoires[1]. En 1976, le Président Gerald Ford interdit les expérimentations avec des drogues sur les sujets humains, à l'exception de ceux qui donnaient un consentement écrit. Puis, le Président Jimmy Carter prohiba définitivement ce type d'opération sur tout individu.

Officiellement.

> Les manipulations chimiques de comportement, principalement dans le domaine militaire, sont encore officieusement utilisées. Nous le savons. Même si la France est restée timide en la matière, de nombreux États continuent jusqu'à nos jours. Le projet JEDI, par exemple, pendant les opérations menées en Irak. Je n'en dirai pas plus. Disons qu'officiellement, c'est terminé[2].

Benoîtement, nous aurons donc la naïveté de croire qu'en 2010, le mensonge, sa détection et sa gestion par les services secrets se pratiquent « à la loyale ». Je ne le pense pas un seul instant, mais ayons confiance en la bonté naturelle de l'homme, en ces temps difficiles, et concentrons-nous uniquement sur les méthodes psychologiques.

Bernard Aufan, ancien commissaire divisionnaire de la DST, dont je suivis l'enseignement, résuma un jour parfaitement le plaisir

1. John Marks, *The Search for the Manchurian Candidate*, New York, Times Books, 1979, p. 42.
2. Bernard Aufan, entretien avec l'auteur.

qu'un manipulateur peut ressentir lorsqu'il est confronté à un individu à sa mesure, sur ce terrain : « En matière de mensonge, rien n'est plus plaisant pour un professionnel que de se retrouver en face d'un alter ego, d'un homme formé, car c'est dans de telles situations que l'on perçoit le savoir-faire, que l'on apprécie la maîtrise à sa juste valeur[1]. » Tout comme un illusionniste qui serait éberlué par la performance d'un de ses pairs, ou un avocat subjugué par la plaidoirie bouleversante d'un de ses confrères, au profit d'un client pourtant coupable.

Principe commun : tous connaissent la méthode et sont fascinés par sa parfaite exécution. Car en matière de mensonge, il n'y a pas de règle, de logique, de véritable démonstration immuable comme en mathématiques ou en physique.

Il y a un *modus operandi.*

Mentir est un art, et non une science. Décrypter le mensonge aussi.

C'est ce que nous allons étudier dans les lignes qui suivent.

Mentir avec tenue

N'importe qui peut proférer des paroles menteuses ;
les mensonges du corps exigent une autre science.

François Mauriac[2].

L'homme est un animal qui ment, et son intelligence est souvent proportionnelle à sa faculté de faire croire ce qui n'est pas.

Lorsque j'étais illusionniste, par nécessité artistique, je mentais tout le temps, pour créer du bonheur. La magie, la prestidigitation ou le mentalisme sont des arts de l'imposture, dont le but est d'enchanter l'autre un court instant, de lui apporter un plaisir fugitif. Beaucoup se servent de l'illusionnisme pour se mettre en

1. Bernard Aufan, entretien avec l'auteur.
2. François Mauriac, *Thérèse Desqueyroux*, Paris, LGF, 1989.

avant eux-mêmes. Alors que seul le bonheur de l'autre compte. Prestidigitateur n'est que média de joie.

Aujourd'hui encore, mon métier d'avocat pénaliste me conduit à être en permanence confronté à la délinquance, au crime, et, *de facto*, au mensonge. La déstabilisation morale a donc été relativement faible lorsque j'arrivai dans ce beau métier. Le mensonge fait partie intégrante de la Justice. L'adage que l'on inculque aux jeunes juristes est toujours le même, depuis Cicéron : « Il n'y a pas de vérité absolue, il y a la vérité judiciaire. » La vérité des hommes, telle qu'ils en auront décidé. Donc, parfois, une vérité construite sur les sables mouvants d'un artifice.

À l'inverse des professeurs de psychologie, qui travaillent souvent avec pour seuls cobayes des étudiants se prêtant à des expériences organisées en faculté, conditionnés inconsciemment à vivre une expérience de laboratoire, l'homme de loi, le prestidigitateur ou le mentaliste travaillent sur un matériau impromptu soumis à un contexte souvent aléatoire, chaque fois différent. Comme le professionnel du renseignement, ils doivent donc, en permanence, s'adapter et observer.

J'ai rencontré dans le cadre de l'avocature de bien piètres menteurs, débusquables facilement, qui faisaient peine à voir. Régulièrement l'envie fut forte de leur dire : « Mais bon sang, si vous voulez vraiment mystifier quelqu'un, faites un effort, de grâce, mentez mieux que ça. »

Souvent la franchise doublée de la pédagogie du professionnel qui explique est préférable au ridicule d'une précaire fourberie, quoi qu'en pense le client.

Tout dépend cependant du cas d'espèce.

Pour remédier à cet inconvénient, que mes clients soient innocents ou pas, il est capital de les préparer systématiquement pour l'audience comme on se prépare à un combat de boxe, en leur expliquant le moindre détail, le déroulement des évènements, en les préparant toujours au pire, et en créant un consensus entre eux et moi sur la façon de traiter leur cas.

Même s'ils doivent passer trois heures dans mon bureau, je fais en sorte qu'ils en ressortent suffisamment sûrs d'eux pour présenter à la justice leur honnêteté, avec la clarté requise... ou, leur *version*, de manière crédible. Car la crédibilité, en toute situation, représente un objectif majeur. Il est flatteur et rafraîchissant pour des interlocuteurs de sentir qu'on les présume intelligents.

Quelquefois – j'ai un sourire en écrivant ces lignes –, j'ai eu la chance de rencontrer des menteurs de génie, qui n'avaient presque pas besoin de préparation. Si, une : les calmer, acheminer cette troublante liberté mentale vers une certaine démonstration logique, cohérente pour un esprit neutre, celui du juge. Je me suis alors interrogé sur le point commun qui pouvait relier ces individus, dans leur aisance, leur dextérité, leur appétence pour manier la tromperie.

La constante, qui va générer l'efficacité d'un mensonge, est systématiquement la même : *la croyance en ce que l'on dit*. Il n'est pas pour autant question de mythomanie, pathologie particulière cousine de l'hystérie, mise en évidence en 1905 par l'aliéniste Ernest Dupré. Mais celle-ci devra être développée pour mieux comprendre le *modus*.

Un mythomane n'utilise pas ses mensonges dans un but utilitaire, comme un escroc pourrait le faire en employant des manœuvres frauduleuses afin d'obtenir la remise d'un bien. Au contraire, le mythomane a besoin de ses mensonges pour satisfaire son équilibre mental, orienté vers la fuite d'une réalité qui n'existe pas.

Il a besoin de croire en ses mensonges.

Néanmoins, le mythomane est conscient, en son for intérieur, sauf dans les cas très graves, de cette fuite. Et lorsque cette fuite n'est matériellement ou mentalement plus tenable, plus acceptable, sa déviance peut le conduire au drame.

Tel fut le cas de Jean-Claude Romand, qui pendant plus de vingt ans a fait croire à sa famille et à l'ensemble de sa surface sociale qu'il travaillait en tant que médecin, à l'Organisation mondiale de la santé, alors qu'il était dépourvu du moindre diplôme de médecine générale. Confronté à la découverte de sa supercherie par sa femme, il l'assassina ainsi que ses enfants, ses parents et... son chien.

Lors de son procès, qui eut lieu en juillet 1996, la Présidente de la Cour d'assises eut ces mots, éloquents :

> Comment la sincérité serait-elle une condition de l'amitié ? Le goût de la vérité est un confort, parfois. Ou un égoïsme. [...] La vérité, comme la lumière, aveugle. Le mensonge est un beau crépuscule qui met chaque objet en valeur. On voit parfois plus clair dans celui qui ment que dans celui qui dit la vérité.

Jean-Claude Romand lui répondit alors :

> J'ai peut-être fonctionné dans ce sens-là. Parfois, on peut mentir, juste pour voir un peu de joie chez les autres[1].

Le « peu de joie » s'est transformé en cinq morts.

Ce tragique fait divers, inédit par l'ampleur du crime et la longévité de cette dissimulation, a fait l'objet d'un livre, *L'Adversaire*, d'Emmanuel Carrère, où l'auteur retrace à travers une enquête méticuleuse la vie et les zones d'ombre de cet homme, puis, d'un film, du même nom, dans lequel Daniel Auteuil interprète magistralement ce personnage tourmenté.

Jean-Claude Romand avait besoin de *croire en ses mensonges*. Et c'est en ces quatre mots, précisément, où se situe le *modus operandi* de tous les virtuoses de la tromperie.

1. *Libération*, 2 juillet 1996.

Le souvenir pour mensonge : technique du feed-back

André Malraux résume tout par ces mots : « Je mens, mais mes mensonges deviennent des vérités. » Celui qui cherche à démontrer sa vision de la vérité aura toujours moins d'impact que celui qui y croit. Comme Coué l'a analysé, chaque fois qu'il y a conflit entre l'imagination et la volonté, c'est l'imagination qui domine[1].

Si un individu croit en son mensonge, fermement, la capacité d'imaginer s'ouvre à lui de façon naturelle. S'il n'y croit pas, s'il ne fait pas *l'effort d'y croire*, il va devoir accomplir une activité de construction intellectuelle pour déclencher sa faculté d'imagination, pour créer des représentations mentales du scénario qu'il établit, et, ainsi, perdre de l'énergie dans la transmission de son message. Il sera dès lors moins convaincant.

Alors que celui qui a brisé la barrière de sa propre conviction est libre d'imaginer. Afin de faciliter cette mise en condition, un bon menteur peut avoir recours à une technique simple, utile, et peu onéreuse en termes d'énergie, celle que nous appellerons ici le *feed-back*.

La technique du feed-back consiste à se remémorer une situation déjà vécue pour la projeter dans un contexte imaginaire, temporellement différent. La disposition d'esprit ainsi atteinte permet de s'affranchir de l'effort de construction d'un mirage émotionnel, d'une création de sensation. Soulagé de cette exigence cruciale (se forcer à jouer), le menteur se retrouve dans un contexte mental que les praticiens d'arts martiaux nomment le *munen* ou libre de toute pensée[2].

1. Hervé Guillemain, *La Méthode Coué. Histoire d'une pratique de guérison au xxe siècle*, Paris, Seuil, 2010.
2. Kazumi Tabata, *Tactiques secrètes. Leçons des grands maîtres des temps anciens*, Noisy-sur-École, Budo éditions, 2004.

Exemple

Il est 6 h 50 du matin, et la police déboule chez vous. Perquisition. Les enquêteurs découvrent une grosse quantité d'argent liquide dissimulé dans un coussin, et, par malheur, vous avez eu des conversations téléphoniques ambiguës – écoutées patiemment par la brigade des stupéfiants – avec un ami pratiquant l'immonde activité répréhensible de brocante de drogue.

Vous allez donc devoir vous expliquer sur la provenance de ces fonds malencontreux. Par bonheur, aucune preuve ne vous confond formellement. Votre ami maquignon ne vous mettant pas en cause, l'objectif des policiers sera donc d'établir un lien entre cet argent (rudement gagné, n'en doutons pas) et la crapuleuse schnouff. Si, par le passé, vous n'avez eu aucune expérience honnête génératrice d'argent liquide, et que le pécule découvert à votre domicile provient bien de la vente de reniflette, vous aurez du mal à produire spontanément une explication convaincante sur l'origine de votre bourse noire.

En revanche, si vous avez déjà effectué, même des années auparavant, un travail payé en liquide, non déclaré, votre raisonnement se fera en un éclair : mieux vaut le travail dissimulé que la condamnation pour trafic de stupéfiants.

Dans les deux cas, si vous avez décidé de ne pas avouer, il va vous falloir mentir. Et c'est dans le second cas que votre performance sera meilleure.

L'explication de petits travaux, de reventes successives de voitures, de troc d'objets divers se fera avec beaucoup plus de facilité, car *vous l'avez déjà fait*. Ensuite, vous serez confronté à ce que l'on appelle « la réalité du dossier », et, contraint ou non d'avouer votre forfaiture, mais, par le jeu du feed-back, de la remémoration d'une expérience passée, votre mensonge s'invoquera plus facilement dans la situation d'urgence que représente un interrogatoire.

J'emploie le mot « invocation » à dessein. Vous invoquerez une situation passée pour répondre à une difficulté présente.

C'est exactement la même technique utilisée par les acteurs lorsqu'ils ont à simuler des émotions basiques comme la tristesse, la joie, le rire, la colère, le mépris, ou toute autre expression analysée par le docteur Ekman dans ses travaux.

C'est aussi la même technique utilisée par les illusionnistes, et cela au plus haut niveau. Comme l'indique Derren Brown, le meilleur mentaliste européen, spécialisé dans la manipulation psychologique,

> une bonne prestation doit être plus ressentie que vécue [...] la façon la plus naturelle d'atteindre le bon niveau de communication pour rehausser la présence et le sens consiste simplement à croire en la magie que vous êtes en train d'accomplir[1].

La croyance en un mensonge, et donc la pertinence de sa communication, sera beaucoup plus efficace si elle s'accompagne d'un feed-back d'une émotion déjà vécue. Aussi, lorsque vous devez mentir sur un lieu, un temps, une rencontre, n'imaginez pas, remémorez-vous, en un instant, une situation analogue à celle que vous désirez construire, et adaptez-la au contexte présent.

N'oubliez pas la célèbre phrase d'Abraham Lincoln : « Aucun homme n'a assez de mémoire pour réussir dans le mensonge. » Quand Lincoln émet cet avis, il part du postulat – réel – selon lequel lorsqu'un individu invente une histoire et qu'il doit la répéter plusieurs fois à différentes époques données, il ne peut conserver de cohérence précise dans ses versions.

C'est sur ce principe, énoncé par Lincoln, que fonctionne la quasi-totalité des interrogatoires de police lors d'une longue garde à vue. Un mis en cause placé en cellule pendant une durée de vingt-quatre à quatre-vingt-seize heures en sera régulièrement extrait – de préférence quand il commence à s'endormir – pour être présenté devant un officier de police judiciaire qui lui reposera encore et toujours les mêmes questions, qu'il aura actées précédemment.

1. Derren Brown, *Magie absolue, un modèle de représentation forte du close-up*, Chasseneuil-du-Poitou, CC éditions, 2005.

Cela pour relever les incohérences.

Si le manipulateur en herbe a inventé une histoire de toutes pièces, des détails lui échapperont. S'il transpose une histoire vécue dans un contexte temporel différent, ses chances de résister sont plus importantes. En fonction du même principe, les services de renseignements, lorsqu'ils doivent recruter un agent informateur, le choisissent dans le milieu précis où il devra intervenir.

> Le concept de l'agent secret qui aurait quelques mois pour apprendre une nouvelle vie, un nouveau métier, une nouvelle culture, et que le gouvernement envoie sur différentes missions tout au long de sa carrière, est un mirage total, digne d'un roman de gare. Nous allons le chercher directement à la source[1].

Car, l'agent, recruté issu du milieu où il va devoir intervenir, aura donc, en situation de mensonge, beaucoup moins de difficulté qu'un autre à improviser. Pendant la préparation de cet ouvrage, j'ai rencontré différentes personnes, psychologues, illusionnistes, policiers, magistrats, avocats, acteurs, et recueilli leurs témoignages, leur ressenti face au principe de manipulation mentale.

Parmi elles, un enquêteur, dont je ne peux divulguer le nom travailla sur de nombreuses affaires sensibles de grand banditisme, à la BRB (Brigade de répression du banditisme).

Là où, couramment, ça chauffe.

Sachant qu'il tiendra bientôt ces pages, je le désignerai par un surnom présentant un double avantage : préserver son identité et le faire sourire. Je le baptiserai donc Bamako, en hommage à une facétie commune, faisant référence à un ami commun escroqué, comme le dernier des niais, *via* Internet par un hameçonnage classique de fabrication nigérienne, dont nous nous sommes souvent moqués.

1. Bernard Aufan, entretien avec l'auteur.

> Le principe de Lincoln est utilisé tout le temps chez nous. Nous avons le dossier, il (le prévenu) a sa mémoire. L'une est faillible, l'autre beaucoup moins. Dans les années 1980 c'était la religion de l'aveu. Moins de pression, moins de contrôle. On faisait cracher les gars par tous les moyens. Dans un temps éloigné, on pouvait sortir des trucs du genre « tes collègues qui sont là, en bas, t'ont balancé ». Réponse : « Je veux voir les procès-verbaux !!! » Et bien, qu'à cela ne tienne : « Tiens, les voilà » (des faux, du bluff). Le mec s'allongeait. Maintenant, quand on a du biscuit, plus besoin de mettre autant de pression. On a le matériel qu'il nous faut. Vidéo-surveillance, photos, ADN, témoignages... tout est plus facile. Mais ça dépend toujours du client et de l'enquêteur. Plus que jamais, le type qui s'enchaîne dans une stratégie de mensonge a intérêt à avoir une bonne mémoire, car quand on le tient, on a du matos derrière[1].

Car l'ennemi d'un bon mensonge, pour tout mentaliste cherchant à le détecter, est l'improvisation. Voilà pourquoi tout menteur qui se respecte doit savoir se jouer de l'attente et des silences. Pour combler la position de faiblesse dans laquelle il est placé lorsqu'on tente de le confondre.

Concerto pour un mensonge en silence

Un jour, Bamako eut en face de lui un truand connu nationalement pour ses évasions spectaculaires, notamment dans le sud de la France. Ce que l'on appelle « un dur », une figure majeure du grand banditisme. Sans le nommer, un adepte des escapades aériennes. Ayant défendu avec beaucoup de plaisir plusieurs personnes fichées au grand banditisme, j'étais curieux de connaître son ressenti, de l'autre côté du miroir, lorsqu'il se retrouve en face de ce type de personne et qu'il doit appliquer la religion de l'aveu.

1. Laurent X., alias Bamako, entretien avec l'auteur.

Car Bamako est le type de flic issu des *eighties* ayant pratiqué sans scrupule la religion de l'aveu jusqu'à son paroxysme physique.

Nous nous entendons fort bien, aussi, avec Bamako, les discussions sont empathiques.

Je mentionne le plaisir ressenti dans ce type de dossier car les individus en question, pour ceux que j'ai connus, et quoi que l'on puisse leur reprocher, font généralement preuve de beaucoup de professionnalisme dans la gestion de leurs affaires, aussi c'est toujours agréable d'élaborer des stratégies de défense avec eux : on va directement à l'essentiel.

La traversée du miroir, à l'issue de notre discussion, faisait de nous des jumeaux. Car d'un côté comme de l'autre, nous étions confrontés à une donnée stratégique majeure : *la gestion du silence.*

> Lorsque tu as un individu comme cela en face de toi, mon vieux, tu sais, d'entrée de jeu, que tu pourras lui présenter n'importe quelle preuve, lui faire ce que tu veux, il ne parlera pas. Au contraire, il est calme, il t'observe, et guette la moindre de tes erreurs pour se barrer. C'est toi qui as l'impression d'être surveillé. Rien à voir avec une petite frappe qui crânera devant ses potes et se pissera dessus devant nous, ou un blaireau qui veut se faire passer pour un caïd, qui flatte son ego en entendant ses faits d'armes et, là, il va tout te cracher car cela le valorise : « C'est moi qui ai fait cela, je ne suis pas n'importe qui, je suis en place ! » Le silencieux, c'est différent. Là, la cible du mec, même s'il est en infériorité physique, même entravé, sa cible, c'est toi. Avec ce genre, t'as intérêt à la jouer roublard. Dans un autre genre, je me souviens d'un Kosovar pas mal non plus : « Moi pas parler, toi police française, tu peux faire ce que tu veux, les Serbes ne m'ont pas fait parler c'est pas toi qui vas le faire !! » et, là, le type enlève sa chemise et nous montre son corps farci de cicatrices en tout genre. On sait que les techniques classiques ne fonctionneront pas avec ces mecs. On va devoir la

jouer sympa, on est obligé de donner du biscuit, le bluff ne marche pas[1].

Ne pas parler lorsque l'on est accusé de quelque chose, que ce soit dans ce genre de situations pénales ou dans le cadre de sa vie privée, au-delà de la noblesse esthétique du stoïcisme, présente un intérêt stratégique majeur : *c'est l'autre qui parle*. En parlant, il vous donne des informations. Ses informations. Ce qui vous procure un avantage non négligeable pour construire par la suite une réponse adaptée, moins improvisée.

Détendons-nous avec un exemple lambda :

M. Zemoor entretient avec Mlle Nolo une relation adultère. Mme Zemoor s'en aperçoit. En rentrant de son travail après une sieste crapuleuse avec Mlle Nolo, M. Zemoor, prévenant, s'arrête pour acheter un bouquet de fleurs pour madame et passe la porte de chez lui, sourire aux lèvres. Il découvre alors sa femme, raide comme un piquet, l'attendant dans le salon, des larmes sur les joues, prononçant, d'un trait glacial : « Salaud, je sais tout. Comment as-tu pu me faire ça ? »

La réaction ordinaire d'un individu qui n'est pas disposé à quitter sa compagne si subitement va se traduire par une soudaine montée d'émotion, suivie d'une tentative d'explication pour essayer de feindre l'innocence. « Qu'est-ce que tu veux dire ? Bon sang mais qu'est-ce que j'ai fait ? »

À ce moment précis le couperet tombe : « Tu sais très bien ce que je veux dire. Explique-toi, je veux tout savoir. » (Pratique courante chez les cocus qui consiste, quitte à se faire le plus grand mal possible, à connaître le moindre détail de la relation adultère de leur conjoint).

Dès le début, en répondant par une interrogation, sans aplomb, M. Zemoor commence à perdre la partie. Placé dans cette situation, il n'a pas beaucoup de possibilités :

1. Laurent X., alias Bamako, entretien avec l'auteur.

– soit il avoue sa forfaiture, piteusement ;
– soit il essaie d'apprendre ce que sa compagne sait afin d'adapter ses réponses à la consistance des charges qui pèsent sur lui.

Dans les deux cas, il peut être victime d'un bluff, sans en prendre garde, son raisonnement étant paralysé par deux facteurs précis :
– puis-je m'en sortir ?
– que sait-elle ?

Nous sommes ici exactement dans le même schéma que celui d'un individu arrêté par surprise pour un délit et qui, face à son interrogateur, n'aurait aucune connaissance du contenu du dossier sur la base duquel repose l'accusation. Une situation de garde à vue, telle qu'elle est malheureusement conçue selon la procédure pénale française actuellement en cours de modification.

Dans ce genre de configuration, un praticien du mensonge, dans un premier temps, ne va pas chercher à rentrer à vif dans la discussion. Il va, au préalable, jauger.

Et cette phase d'évaluation, ou de pesage (dans le jargon du monde du renseignement), ne se fera que grâce à l'utilisation d'une méthode qui va de soi, mais qui n'est pourtant pas si évidente à mettre en œuvre : *le silence*.

Confronté à un accusé qui se borne au silence, l'accusateur, en quête de réponse, aura toujours, psychologiquement, un objectif : briser ce mutisme. Cela pour deux raisons : d'une part car cette réticence va à l'encontre de son but (l'aveu), d'autre part parce qu'elle remet en question la position de supériorité dans laquelle il pense être. Pour parvenir à stopper cet engrenage, sa seule possibilité naturelle est d'évoquer ses arguments afin de confondre l'accusé. Or, c'est précisément lors de cette phase que l'accusé récolte les renseignements qui lui sont utiles pour se défendre, *a posteriori*.

Le silence est l'aïkido du menteur.

Revenons à M. Zemoor.

Plutôt que de se laisser submerger par l'émotion et répondre immédiatement en se plaçant ainsi en position d'infériorité, d'assujettissement, il aurait dû formuler une réponse du type : « Mais qu'est-ce qui te prend ma chérie ? tu as bu ou quoi ? »

Ce à quoi madame répondrait : « Tu sais très bien ce que j'ai, et en plus tu me prends pour une idiote ??? »

Et M. Zemoor, de conclure, en se dirigeant paisiblement vers son bureau : « Écoute, j'ai eu une journée harassante, tiens, je t'avais apporté ça (le bouquet), je n'ai ni le temps ni l'envie de me disputer, j'ai encore du travail. »

Dans cette configuration, M. Zemoor garde le contrôle de l'échange. En sus de la colère (qui augmentera quasiment à coup sûr face à une telle indifférence), madame va devoir lui expliquer les raisons précises de son indignation. Aussi, toute tentative de bluff qu'elle aurait pu envisager est neutralisée. Ce comportement est radicalement différent de celui du M. Zemoor affolé à l'origine de la dispute. En prononçant les mots : « qu'est ce que *j'ai* fait ? », il se place en effet déjà en position de défense, et donc, au regard de son accusateur, en position de présumé coupable.

Exactement comme le mis en cause dans une affaire pénale qui répondrait à une série de questions, dans le cadre d'une garde à vue, « mais *je* n'ai rien fait ».

Un habile menteur dira plutôt « Je ne comprends rien à cette affaire. Il va falloir m'expliquer, car, là, navré, mais je n'ai rien à vous dire ».

Il n'existe pas (sauf en situation de guerre) de conditions d'interrogatoire plus dures que celles d'une garde à vue. C'est la raison pour laquelle je prends cet exemple. On est loin des expériences paisibles de manipulation effectuées dans le confort d'une faculté de psychologie, devant un thé tiède, entouré de charmantes étudiantes.

Non, là, c'est différent. Sans vouloir trop geindre sur la rudesse de ces conditions déplorables, comme cet écrivain français, arrêté alors qu'il sniffait allègrement un rail de cocaïne sur le capot d'une voiture, et qui nous a fait de ses vingt-quatre heures de rétention une pleurnicharde complainte, je dois avouer, effectivement, que c'est une phase délicate.

Les autorités vont jouer avec le sommeil du mis en cause, avec sa liberté d'aller et de venir (en l'enfermant dans une cellule humide), avec sa dignité (en pratiquant des fouilles), avec son ignorance (car il n'a pas accès au dossier), avec son intégrité physique (en le menottant), et avec sa surface sociale, en l'empêchant d'avoir des contacts extérieurs.

Je le constate tous les jours depuis des années, en qualité d'observateur et d'intervenant, mais j'ai également eu la chance, comme le malchanceux toxicomane cité plus haut, d'y faire jadis un petit détour. Ce qui me permit d'ajouter le ressenti personnel à une froide analyse extérieure.

Considérant depuis l'enfance que seules la mort ou une tétraplégie constituent des catastrophes, une fois la surprise passée, j'avais au fil des heures pris la chose avec philosophie, décidant de m'enrichir du moindre détail. Me rendant à cette piteuse évidence, il s'agissait de mon unique distraction possible. Enfermé dans cette cellule humide, avec pour seul mobilier de charmantes toilettes turques nuancées d'une chaude couleur brune pendant cette petite vingtaine d'heures, je parvins avec le temps à me rappeler le principe n° 9 posé par les initiateurs de la programmation neurolinguistique (PNL) : *Tout comportement est orienté vers l'adaptation*.

Les conditions de cette expérience furent optimales, car, pour une raison que je ne développerai pas plus ici, lorsque j'ouvris les yeux, me découvrant dans ce douillet cocon, je ne me souvenais plus de la raison de ma présence.

Je tentais donc de m'adapter à chacun des stimuli qui se présentaient à moi, me considérant comme un sujet test.

L'un d'entre eux me marqua. Le menottage.

Faisant fi du fait que la pratique de prestidigitation, associée à de graciles poignets, et, surtout, à un policier imprudent qui n'avait pas assez serré l'objet m'auraient permis de me libérer en quarante-cinq secondes, je décidais de jouer le jeu (accessoirement, je n'avais sur l'instant aucune raison objective et dépourvue de tenter une évasion à la Houdini).

Menotté, on est diminué, c'est un axiome. Mais il ne faut pas focaliser son attention sur cette diminution. En réalité, si l'on vous menotte, c'est parce que vous représentez, sur le moment, une forme de danger. Un danger que l'ordre public doit gérer, manipuler, et atténuer par une entrave physique. Prenant conscience de cela, je me souviens avoir ressenti, non pas de la crainte ou de la colère, mais un bénéfique apaisement, car je n'étais pas placé dans une situation dans laquelle je devais contraindre l'autre, cela au prix d'un effort mental ou corporel. Non, c'est l'autre qui devait me contraindre, et cela au prix du dispositif coûteux (hommes, matériel, locaux) mis en œuvre autour de moi.

Ici réside une part de ma démonstration.

Dans un rapport de force, quel qu'il soit, lorsque autrui veut vous confondre, vous contraindre, ou vous maîtriser, cela signifie que vous êtes à ses yeux un élément perturbateur à gérer, comme ce mari adultère, dans le couple de Mme Zemoor.

La puissance que vous confère ce seul statut de « problème » dans le mental d'autrui ne doit jamais être sous-estimée.

L'illusionnisme tout entier repose sur un élément perturbateur qui produira l'effet. De même, le retournement d'un agent de renseignements se réalise grâce à une déstabilisation subite de la cible, fulgurante pour cette dernière mais issue d'une longue préparation, dont le résultat est le suivant : la ferrer comme un poney docile. L'aveu non maîtrisé émergera d'une pièce maîtresse abattue par un enquêteur patient, au bon moment. De même, une histoire, une narration quelconque, devient insipide sans sa dose de rebondissements.

Ne vous laissez pas prendre au jeu de la surprise. En vous considérant vous-même comme une donnée problématique pour l'autre, vous prenez une distance qui permet une meilleure vision analytique.

Beaucoup d'amateurs (coupables) vont être tentés dans un premier temps de nier par réflexe les faits qu'on leur reproche, sans pouvoir prendre connaissance du dossier accablant établi contre eux, pour revenir ensuite lamentablement sur cette négation catégorique une fois les cartes abattues par l'interrogateur. Erreur majeure, car cela crée un mensonge avoué, la négation originelle, sur laquelle on revient ultérieurement, une fois confronté à l'évidence. Aussi, des mois après sa garde à vue, lorsque le prévenu comparaîtra, il s'entendra dire par la juridiction en charge de son sort :

« Enfin, monsieur, dès le début de votre interrogatoire par les services de police, vous avez menti... et aujourd'hui vous souhaitez que l'on vous croie ? »

« La première chose que je fais, c'est de voir comment je le tiens, ce que j'ai contre lui, si j'ai du biscuit », disent la plupart des officiers de police judiciaire.

Dès lors, une négation immédiate sans prendre garde de la méconnaissance des éléments possédés par votre cible a un effet pervers déplorable.

Je tiens à préciser que l'arme du silence n'est bien sûr pas un instrument définitif. Elle doit toujours être considérée comme un moyen transitoire, celui qui permet de faire le lien entre la teneur des éléments à contrecarrer par le raisonnement et les méthodes pour y parvenir. Elle rend possible le recul nécessaire que doit prendre l'esprit pour élaborer une stratégie de défense.

Cette courte phase de recul peut être mise à profit pour capter des informations sur le *body langage* de son interlocuteur, pour puiser le plus d'informations possible sur sa connaissance. Évidemment, cette phase perd en efficacité si vous êtes pris en flagrance dans le comportement qu'il convient de dissimuler.

Le feed-back et une bonne gestion du silence doivent s'accompagner du troisième instrument, le plus efficace : la gestuelle, le langage corporel, le body langage.

Souvenez-vous qu'en matière de communication humaine, 80 % du message transmis est non verbal.

La grâce de l'homme qui ment

Évidemment, la première règle dans le mensonge bien manié est la confiance en soi. Absolue. C'est triste à dire, mais se surestimer dans la froideur est parfois utile. Un ancien mentor avec lequel je me suis entretenu pour la rédaction de cet ouvrage, un professionnel du mensonge, a eu ces mots qui pourront paraître durs mais qui sont pourtant pertinents en termes d'efficacité. Selon lui, un authentique manipulateur ne doit pas être accessible à l'affectif.

> – L'autre est un gibier déjà captif. Toujours.
> – Comment ça toujours ? vous voulez dire que vous le sous-estimez par principe ?
> – Non, juste qu'il doit être considéré comme un gibier captif. C'est le seul moyen de s'extraire de sa propre empathie humaine, de ne pas laisser vos propres émotions s'exprimer dans votre rapport à l'autre. N'oubliez jamais que le principal objectif d'un manipulateur mental (commercial, agent de renseignements, mentaliste...) c'est : l'autre, d'accord, mais tel que je le veux[1].

À titre d'exemple je reprendrai le mémorandum adressé par Lénine à Tchitcherine, commissaire aux Affaires étrangères, en 1921, qui mérite d'être reproduit *in extenso* pour illustrer ce propos. Surtout lorsqu'on connaît les conséquences postérieures qu'entraînèrent ces instructions :

> Les milieux cultivés de l'Europe occidentale et d'Amérique sont incapables de comprendre ni la situation actuelle des choses ni le

1. Bernard Aufan, entretien avec l'auteur.

> rapport réel des forces. Ces milieux doivent être considérés comme des sourds-muets. La révolution ne se développe jamais en ligne droite ou par croissance ininterrompue, elle se présente comme une série de coups d'accélérateur et de coups d'arrêt, d'attaques et d'accalmies.
>
> Il faut annoncer la séparation fictive de notre gouvernement et des organes gouvernementaux, et surtout d'avec le Kominterm. Les sourds-muets croiront cela.
>
> Exprimer notre souhait d'établir des relations diplomatiques avec les pays capitalistes. Les sourds-muets croiront cela.
>
> Dire la vérité est un préjugé bourgeois et mesquin tandis qu'un mensonge est souvent justifié par des objectifs.
>
> Les capitalistes du monde entier et leur gouvernement fermeront les yeux sur les sortes d'activités dont j'ai parlé et deviendront de plus en plus aveugles et sourds-muets.
>
> Ils nous fourniront le matériel et la technologie dont nous manquons. Nous nous retournerons contre nos fournisseurs. Autrement dit, ils travaillent à préparer leur propre suicide[1].

Parler de confiance en soi, en ce qui concerne Lénine, serait presque un euphémisme, à la lecture du texte ci-dessus. Cela ne signifie pas que Lénine sous-estimait ceux qu'il nommait les sourds-muets. Bien au contraire. Il ne donnait ce genre de directives qu'en raison des nombreuses informations dont il disposait sur ses adversaires. Du temps que ses services avaient passé à travailler dessus.

Les *sourds-muets* l'ont cru, et ce fut un modèle parfait de désinformation. La confiance en soi ne peut se ressentir convenablement si les émotions humaines classiques, tels le tract ou l'embarras, prennent possession de votre enveloppe charnelle. Aussi faudra-t-il les désamorcer. L'atténuation de ces sensations peut s'obtenir par une bonne gestion de la respiration : une expiration profonde

1. Vladimir Volkoff, *La Désinformation arme de guerre*, Lausanne, L'Âge d'homme, 2004, p. 35.

permettra de se resynchroniser et d'obtenir une plus grande décontraction dans la parole. Une bonne oxygénation rend possible la limitation de la démonstration émotive.

La respiration usuelle renouvelle un dixième de la capacité pulmonaire. Une respiration complète, partant du ventre, pour remontrer vers le thorax et la clavicule, permet de renouveler presque huit dixièmes de cette capacité. Évidemment, cet exercice ne doit pas être visible pour votre interlocuteur.

Une situation de contre-argumentation par le mensonge ne doit pas être perçue comme un combat. Neutraliser n'est pas combattre. Deux navires de guerre évitent l'affrontement. *Il convient de garder son calme.*

> Quand nous étions au Vietnam, il y avait deux sortes de pilotes. Ceux qui, lorsque leur appareil partait en vrille, commençaient à perdre pied et à paniquer. Presque annonçaient-ils à l'équipage : nous sommes foutus. Et ceux qui se laissaient emporter par la vrille, calmement, car l'énergie déployée par ce phénomène leur permettait parfois à un moment ou à un autre de redresser l'appareil. Ils se laissaient « partir en vrille », calmement. Entre nous on appelait cela : la maîtrise du Glide [du terme anglais, « glisser »], la maîtrise de la perte de contrôle de l'appareil[1].

Une gestion efficace du regard peut grandement vous aider : quand je regarde un enfant dans les yeux, son innocence me guide. C'est cela, la persuasion. Si 80 % du message transmis par l'être humain se situe dans le non-verbal, une grande partie de cette proportion est établie par le seul regard.

La programmation neurolinguistique (PNL), inventée par John Grinder et Richard Bandler dans les années 1970, constitue un ensemble de modèles et de techniques de communication destiné à améliorer les relations entre les individus et à contribuer au développement personnel. S'inspirant des travaux de nombreux

1. Bernard Aufan, entretien avec l'auteur.

psychothérapeutes, ses créateurs ont attribué une place primordiale au regard dans toute forme de communication. Selon la PNL, dans de très nombreux domaines de la vie, il faut aujourd'hui qu'une communication soit aussi une relation pour pouvoir être réussie.

Cette relation ne peut s'établir sans une transmission émotionnelle réussie. Et le moyen le plus direct, outre le toucher, reste le regard[1].

Une personne qui dira « enchantée » lorsqu'on vous la présente, mais qui fixera quelqu'un d'autre, un serveur qui au moment de prendre votre commande gardera les yeux fixés sur le bar du restaurant, un professeur qui donnerait ses cours en regardant par la fenêtre, tous ces exemples illustrent une communication manquée uniquement en raison d'un mauvais calibrage du regard.

Les yeux devront donc quitter le moins possible l'interlocuteur. Les plus émotifs auront peut-être du mal à soutenir le regard accusateur d'un individu les soupçonnant de mensonge. Dans ce cas, ils pourront décaler légèrement leurs yeux afin de fixer non pas ceux de leur interlocuteur, mais la base de son front, la naissance de l'arête de son nez. L'illusion opérera, et le contradicteur pensera que vous le regardez dans les yeux. En réalité, vous le regardez entre les yeux.

Un menteur mis à mal ne se situera pas dans la norme d'une communication oculaire ordinaire. Les créateurs de la PNL ont en effet établi des constantes en la matière : selon eux, dans une conversation normale, la durée des regards représente 60 % de la durée totale de l'échange. 33 % sont constitués de regards réciproques. C'est le minimum à conserver. Dans une salle d'attente, par exemple, où les interactions ne sont pas censées avoir lieu, le ratio passe à 1,2 à 12 %[2]. Une saine gestion du regard ne suffit pas pour que le message comportemental paraisse crédible.

Au-delà de la gestion de vos yeux, l'efficacité communicante se renforcera par une autre technique employée par la PNL : la synchronisation.

1. René de Lassus, *La Communication efficace par la PNL*, Paris, Marabout, 1995.
2. Richard Bandler, *Transe-formation*, Paris, InterÉditions, 2005.

Pour prendre deux exemples basiques, si une personne est plus petite que vous, vous allez incliner votre buste vers elle afin de vous adresser à elle. Si elle parle bas, vous prêterez l'oreille. C'est-à-dire que vous *synchronisez* avec l'autre. Cela peut se faire de façon verbale, comportementale, ou culturelle. Dans notre cas de figure, l'atténuation de la méfiance de l'interrogateur va s'obtenir par une mise en symétrie progressive de son propre corps avec le sien. Cela s'appelle, en PNL, la *synchronisation analogique*.

Sans pour autant singer l'autre, pratiquer l'effet miroir permet d'atténuer sa vigilance naturelle. Le miroir, pour se calibrer, peut commencer par être indirect (une reproduction inversée, dans un registre comportemental différent). Par exemple, votre contradicteur secoue la jambe, vous battrez le même rythme avec une autre partie de votre corps. Puis, le miroir direct, une fois la préparation et le calibrage indirect terminés, se met en place, et vous adoptez la même posture que votre interlocuteur. L'utilisation d'un comportement adaptatif à l'état interne de l'autre, par l'emploi d'une symétrie comportementale, permet, en situation de mensonge ou dans toute autre forme de communication humaine, de réduire les défenses de la cible, inconsciemment.

Observez attentivement la position de deux amoureux sur un banc public, ou au restaurant : vous les verrez naturellement en symétrie. Prêtez attention à la façon dont un individu en disponibilité active (avocat, médecin, psychiatre) va se positionner lorsque vous vous rendez à son cabinet pour une consultation. Dans bien des cas, ils effectueront ce calibrage sans s'en rendre compte.

Démasquer les menteurs inélégants

Maintenant que vous disposez de certains principes vous permettant de mentir avec la dignité requise, il vous faut découvrir les moyens permettant de détecter et de confondre ceux qui n'auront pas pris la peine de faire des efforts pour vous mystifier avec tenue. Dans une société rêvée, il n'y aurait aucun mensonge. Mais la société est constituée d'hommes, et la plupart sont des gredins.

Confronté en permanence aux sollicitations et stimuli les plus divers, chacun de nous est exposé, au moins une fois par jour, au mensonge. Faites l'expérience, votre résultat sera sans appel. Au moment où la nuit tombe, une fois rentré chez vous, dans le calme de votre demeure, relaxez-vous, fermez les yeux, reconstruisez mentalement le cours de votre journée et faites le compte en vous posant une question simple :

« Aujourd'hui, combien de fois m'a-t-on menti ? »

Évitez de faire cette expérience quotidiennement, elle vous rendrait paranoïaque.

Du commerçant qui vous indique « ne plus avoir de monnaie », au patron qui vous parle d'un « travail extrêmement urgent », en passant par l'ami qui décommande un rendez-vous « parce qu'il a un empêchement familial de dernière minute », et moult autres exemples, vous aurez, en quelques heures, été floué bien plus qu'une paire de fois.

Et, naturellement, lorsque vous allumerez votre télévision pour prendre des nouvelles du monde, on vous mentira aussi. Malheureusement, de plus en plus, l'objectif des groupes rémunérant les journalistes est économique : réduire le temps qui sépare l'évènement du moment où il sera relaté, afin d'attirer l'audience et, ce faisant, le profit. Le « journalisme d'opinion » se transfère progressivement sur la Toile, alors que les « mass media » traditionnels pratiquent l'information consommable. Dans ce système, une information chasse l'autre, et le temps laissé à l'analyse sereine du lecteur ou du téléspectateur est réduit.

> Le journaliste est devenu un historien du quotidien, ayant de moins en moins de temps pour procéder à une vérification de l'information, tant l'instantanéité de sa diffusion devient capitale, d'un point de vue économique. C'est d'ailleurs pour cette raison que l'information dite

« hyper-locale » a un grand avenir devant elle. Plus proche des citoyens, le journaliste local, *via* le net, informe directement le lecteur et lui garantit une communication immédiate et sûre[1].

Par écologie, inutile de gaspiller du papier en prenant pour illustration les nombreuses erreurs commises par des chaînes prestigieuses reprenant à tort des vidéos glanées sur Youtube. Je reviendrai sur un exemple textuel, parlant.

En juillet 2004, tous les journaux télévisés de France s'ouvraient sur ce tragique fait divers concernant une jeune femme qui avait déclaré avoir été agressée avec son pauvre bébé dans le RER D, par six jeunes barbares lui dessinant une croix gammée sur le ventre.

Les agresseurs avaient alors pris la fuite, en renversant la poussette, jetant ainsi le bébé à terre, et s'emparant du sac de la victime. Je reproduis ici l'intégralité de la dépêche AFP, apprécions ensemble l'emploi de l'affirmatif, et la précision chirurgicale de l'énoncé des faits, datant seulement de la veille.

Ça, c'est de l'information *réactive* :

> Versailles, 10 juillet 2004 (AFP).
> Six hommes ont violemment agressé, vendredi matin dans le RER D, entre Louvres et Sarcelles (Val-d'Oise), une jeune femme de 23 ans qu'ils croyaient juive, avant de lui dessiner des croix gammées sur le ventre, a-t-on appris samedi de sources policières.
> Les six agresseurs, d'origine maghrébine et armés de couteaux, ont coupé les cheveux de la jeune femme, accompagnée de son bébé de 13 mois, puis ont lacéré son tee-shirt et son pantalon, avant de dessiner au feutre noir trois croix gammées sur son ventre.
> Les six jeunes hommes, qui étaient montés dans le train à la gare de Louvres, avaient commencé par bousculer la jeune mère, puis lui avaient dérobé son sac à dos, qui contenait ses papiers d'identité.

1. Jean-Christophe Dimino, journaliste sur RMC, créateur de : http://www.hyperlocalnews.fr ; entretien avec l'auteur.

> C'est en voyant qu'elle avait une adresse dans le XVIe arrondissement de Paris – où elle n'habite plus – qu'ils auraient déduit qu'elle était juive, ce qui n'est pas le cas, a-t-on précisé de sources policières. « Dans le XVIe il y a que des juifs », avait alors lâché un des six hommes, avant que le groupe ne commence à agresser la jeune femme, a-t-on précisé de mêmes sources.
>
> Les agresseurs avaient ensuite pris la fuite en renversant la poussette, faisant tomber le bébé à terre, et en emportant le sac de la victime qui contenait, outre ses papiers d'identité, sa carte bancaire et une somme de 200 euros.
>
> La police judiciaire de Versailles (Yvelines) a été saisie de l'affaire[1].

Magie de l'écrit... Par cette simple dépêche, à partir d'un fait non avéré, le journaliste devient un ingénieur d'âmes. L'évènement fit la une des journaux, de nombreuses personnalités politiques s'empressèrent de scander leur indignation, et, avant même que l'enquête aboutisse, la France entière était légitimement en émoi. Les faits décrits transpirant de barbarie.

Le lendemain de cette ignominie, Jacques Chirac et Dominique de Villepin condamnaient publiquement ce qu'ils désignèrent comme un acte antisémite (à juste titre, au regard des informations dont ils disposaient) et provoquèrent ainsi un véritable cyclone médiatico-politique. Puis, la police découvrit dès la semaine suivante que cet emballement était le fruit d'un simple mensonge isolé, et que cette jeune femme à l'imagination fertile, avait inventé l'intégralité de cette sordide histoire.

Cette avalanche médiatique reposant sur une simple affabulation fit d'ailleurs l'objet d'un documentaire d'Éric Découty et de Vassili Silovic, qui tentèrent d'analyser les failles d'un système pouvant conduire à cet engrenage[2]. Un an avant cette bévue, dans son ouvrage *Le Cauchemar médiatique*, le journaliste Daniel Schneidermann avait

1. http://rerd2004.blogspot.com.
2. *L'Humanité*, 21 janvier 2006, http://www.humanite.fr/2006-01-21_Medias_–Histoire-d-un-incroyable-emballement.

pourtant prévenu les citoyens et sa profession de la faiblesse de l'esprit critique journalistique contemporain et du risque de manipulation auquel il s'exposait[1].

Dans l'affaire précédente, le simple mensonge d'une personne isolée a permis de provoquer une tornade médiatico-politique en France, le temps d'une semaine. Si une affabulation rapidement découverte par les services de police peut entraîner avec autant d'efficacité la croyance aveugle de nombreux journalistes, pourtant professionnels de l'information, qu'en est-il de la vulnérabilité de nous autres, citoyens lambda, à un message biaisé ?

Lorsque les mensonges sont organisés par des organes spécialement conçus à cette fin, les conséquences sont parfois plus dramatiques. En ce sens, aujourd'hui, plus aucune opération militaire ne s'entreprend sans une opération de légitimisation préalable. Au moment où j'écris ces lignes, une entreprise médiatique de ce genre vise la République islamique d'Iran. Bonne ou mauvaise soit la motivation, la méthode, pour l'heure, perdure. La victoire d'une guerre passe par l'acceptation de son principe dans l'opinion. Aussi l'intoxication des journalistes et le conditionnement du public commencent-ils en amont d'une intervention militaire et se poursuivent naturellement dans un travail d'accompagnement de l'information pendant la durée de l'opération pour continuer à la justifier et à en gommer les éventuelles bévues.

Beaucoup d'entre nous se souviennent de Colin Powell, qui produisait, le 5 février 2003, des « preuves visuelles » destinées à légitimer la guerre en Irak : du bidon.

Des écrans vidéo où défilent clips et photos censés démontrer la pertinence de la décision américaine, des documents et, apothéose, la tenue d'un échantillon d'anthrax, afin de glacer le sang de l'ensemble des parties en présence. Observez attentivement la posture, c'est du grand art.

1. Daniel Schneidermann, *Le Cauchemar médiatique*, Paris, Denoël, 2003.

Regard concentré, expression faciale de crainte, distance raisonnable pour susciter la dangerosité d'un produit tenu du bout des doigts... Majax n'aurait pas fait mieux pour présenter un grimoire maudit.

Si Powell avait été choisi par l'administration américaine pour partir en mission commandée devant le Conseil de sécurité afin de justifier la guerre en Irak, c'est parce qu'il respectait sans le savoir la règle basique dont je faisais état plus haut dans ce chapitre : *il croyait en ces mensonges*. Dès lors, son code comportemental présentait peu de failles. Aujourd'hui, *a posteriori*, et 1 000 000 de morts plus tard, il reconnaît que ce discours a entaché son parcours politique. *A blot*, une tâche, répond-il à Barbara Walters quand elle l'interroge. « C'est douloureux. Très douloureux aujourd'hui[1]. »

1. ABC News, 8 septembre 2005, rediffusion le 3 février 2007 : http://abcnews.go.com/2020/Politics/story?id=1105979&page=1.

Pour revenir à une échelle plus terrestre, heureusement, la plupart des petits mensonges quotidiens auxquels nous sommes confrontés sont globalement sans conséquence grave. Mais cela ne nous empêche pas d'apprendre à les déjouer.

Avant de passer à des éléments de méthodologie, je tiens à apporter une précision : beaucoup de mentalistes pensent qu'il y a des différences fondamentales entre le mensonge féminin et masculin. Je n'en suis pas convaincu et considère au contraire que les éléments évoqués plus bas sont universels, s'appliquent aux deux sexes.

En revanche, s'il existe une différence entre l'homme et la femme, dans la gestion du mensonge, la seule, que j'ai pu remarquer avec le temps, c'est la suivante : l'homme se caractérise dans son mensonge par la lâcheté et l'égoïsme. La femme est plus sincère dans sa malhonnêteté. Sa création d'émotions a plus de spontanéité.

Je sais tout, mais je ne dirai rien

Le principe de base dans le cadre de la gestion d'une tromperie se rapproche de la technique du silence évoquée plus haut : lorsque la découverte d'un mensonge devient évidente, il est capital d'éviter de révéler la tromperie immédiatement. Le but d'un affrontement est de désarmer l'autre. Vider de sa substance les faiblesses de son argumentation en les enregistrant avec sérénité représente une forme de désarmement.

Cela demandera un effort, mais il faut se retenir de livrer sa découverte. La meilleure méthode pour accroître l'impact de la révélation finale est de continuer la conversation, de tenter d'extraire le plus d'informations.

Car il est constant que lorsqu'une personne est confondue dans son mensonge par une autre, le ton de la conversation change, automatiquement. Dès ce moment, obtenir des renseignements supplémentaires deviendra diablement plus délicat.

En revanche, si une accumulation progressive d'éléments objectifs, de contre-vérités avérées se constitue, maîtriser une brusque révélation deviendra un casse-tête préoccupant pour l'affabulateur.

Mais, jusqu'à cette révélation, tel le chasseur qui guette sa proie, maîtrisant sa respiration avant de l'abattre, il convient de rester calme. Dans le cours de la conversation, le menteur peut avoir deux impressions :

– *maîtrise totale de la situation, il gobe (enfin je crois) ;*

– *tiens, là, je m'enfonce.*

Dans les deux cas, le précepte de Sun Tzu reste pertinent :

> À un ennemi cerné il faut laisser une issue. Montrez-lui qu'il lui reste une planche de salut et ainsi mettez-lui dans l'esprit qu'il existe une solution autre que la mort. Puis, frappez[1].

N'oublions jamais que l'homme a la fâcheuse habitude de classer les personnes rencontrées selon le degré de menace qu'elles représentent : agressif, neutre ou amical.

Cette tendance primaire, issue de notre instinct animal, implique des conséquences :

– ne jamais montrer une quelconque supériorité, au contraire, se placer en symétrie avec l'interlocuteur (utilisation de la PNL),

– ne provoquer un adversaire que lorsque la victoire est certaine.

Lorsque j'évoquais avec Jean Pierre Vallarino le personnage de Patrick Jane, héros de la série télévisuelle *The Mentalist*, et la tranquillité, la sérénité qui se dégageait de lui, il me répondit :

> L'assurance du personnage de Patrick Jane vient du fait qu'il connaît les techniques de prestidigitation, de psychologie cognitive, de *cold reading*, de body langage, d'hypnose, etc. Le mec est donc tranquille. Il n'a pas besoin d'en rajouter. Quand tu te retrouves

1. Sun Tzu, *L'Art de la guerre*, Paris, Flammarion, 1999.

avec quatre as dans ta main pendant une partie de poker, ça te change moralement l'individu. Mais tu ne bronches pas, tu restes zen. Comme Jane. Jane a quatre as dans sa manche, mais ses cibles ne le savent pas[1].

Cette sérénité, ce calme, cette retenue confèrent un avantage objectif : elles neutralisent l'impatience. Ce faisant, elles permettent de se concentrer sur l'étude du langage corporel de la personne.

La danse – timide – du menteur : les signaux physiques

Comme nous l'avons vu lors de l'introduction de ce chapitre avec le concept de micro-expression découvert par Paul Ekman, une observation attentive des réactions inconscientes de l'interlocuteur, une analyse de son body langage permet d'obtenir des résultats significatifs. Une personne qui est en train de vous complimenter, tout en affichant de temps à autre la micro-expression de mépris (sourire dissymétrique, sans expression des yeux), se transforme en livre ouvert dont la flatterie n'a d'égal que la mauvaise foi. Le paradoxe entre la micro-expression et le discours prononcé sautera aux yeux de tout observateur attentif, même si la réaction instinctive de la cible ne dure qu'un quart de seconde.

Si le menteur tente de rester détendu, ses mouvements vont se faire plus rares. Je me souviens d'une émission de télévision passée en 2009 sur une chaîne de télévision française, consacrée au profilage.

Des gendarmes ayant suivi une formation spécialisée de profilage assistaient par ordinateurs interposés leurs collègues en train d'auditionner un individu interrogé pour la troisième fois dans le cadre d'une affaire de meurtre. Le suspect se tenait devant les

1. Entretien avec l'auteur.

enquêteurs, jambes et bras croisés, et l'interrogatoire commençait mal pour les gendarmes : « Je n'ai rien à vous dire. » (Bon début.)

De là, les profilers firent aux personnes chargées de l'audition une observation qui relevait pourtant du bon sens, mais que ces dernières avaient complètement occultée : « Il est en position de fermeture. Détendez-le. »

J'avoue m'être naïvement demandé pourquoi on avait besoin de requérir trois experts en comportementalisme pour aider des gendarmes à tirer de bras et de jambes croisées une déduction si élémentaire. Pourtant, ils ne l'avaient pas remarqué, et se trouvaient handicapés par cette position de refus qui les gênait dans leur audition. Dès l'observation des profilers, ils firent apporter une collation au suspect et changèrent de ton, se montrant plus affables, prenant leur temps, et, peu à peu, la position du gardé à vue se modifia.

J'en conclus qu'au lieu, aux frais de l'État, et donc de nous autres, de financer des déplacements de spécialistes, la gendarmerie nationale devrait inclure dans son programme de formation quelques cours de langage corporel.

Bamako me confiait :

> En France, il n'y a rien de ce type, tous les jeunes qui débarquent de formation sont totalement largués à ce niveau, et on doit tout leur apprendre sur le tas. Aucune notion des codes gestuels des mecs, rien. Ils apprennent sur le tas, on les forme, mais c'est long[1].

Car, pourtant, c'est une constante, un individu enfermé dans une logique de fausseté prendra moins de place. Ses mouvements deviendront plus mécaniques. Cette réalité signifie tout simplement que la personne mentant concentre son énergie vers son mental pour opérer le mensonge, qui requiert des efforts d'imagination et de construction verbale.

1. Entretien avec l'auteur.

L'énergie dont le cerveau dispose est limitée. Si un sujet active une zone, l'énergie de l'autre zone diminue proportionnellement.

Le menteur vous désignera d'ailleurs de lui-même la zone en activité. Faites-en l'expérience, et vous constaterez que la majorité des mouvements se dirigeront instinctivement vers le visage, et plus spécialement sur la bouche. Le contact avec le corps se limitera à la tête.

Cet indice – majeur – est aisé à repérer.

Pour détecter les codes gestuels signalant le mensonge en toute tranquillité, une expérience est facilement réalisable, outre dans la vie de tous les jours, lorsqu'on observe 80 % des hommes politiques devant sa télévision. Avec quelques amis mentalistes, pour la réalisation de la revue *Exortisma*, qui traitait dans une rubrique de l'analyse du body langage, nous avions créé une sorte de petit « laboratoire ». À tour de rôle nous invitions un ami, à qui nous posions des séries de questions, lui indiquant qu'il avait le choix de mentir ou de dire la vérité, pour chacune d'entre elles. Nous l'informions aussi que nous le filmions, à l'aide d'un dispositif qu'il ne pouvait pas déceler.

À l'époque, un de nos fournisseurs de gadgets pour illusionnistes (*gimmick*), surnommé « Devil », fabriquait des livres, boîtes, paquets de cigarettes munis de caméra bien avant que cela soit la mode sur Internet. Ce personnage amusant habitant la Côte d'Azur fournissait de nombreux voyants et médiums prospérant dans cette région. Son produit phare était un petit coffret dans lequel le client plaçait un objet personnel, pendant que le médium quittait la pièce. Après son retour et tout le cérémonial requis, le « voyant » arrivait à déceler quel objet se trouvait dans la boîte obscure. Un système de leds, petites diodes lumineuses, fournissait assez de lumière dans la boîte, pour qu'une caméra miniature et un récepteur vidéo montés par les mains agiles de Devil facilitent grandement la tâche de « l'extralucide ». Pour nous, Devil avait fabriqué un livre, glissé entre les ouvrages de mentalisme de la bibliothèque de notre labo, qui capturait toutes les réactions du cobaye.

Aujourd'hui, vous pourrez faire la même expérience en vous procurant un stylo caméra type MP9 sur n'importe quel site Internet spécialisé.

Une fois que la vingtaine de questions aura été posée au cobaye, tendez-lui un formulaire où vous les aurez notées et demandez-lui de cocher celles auxquelles il a menti. Puis, vérifiez votre taux de réussite. La vidéo vous permettra, *a posteriori*, en la passant au ralenti, de vérifier les raisons de vos erreurs, les mouvements oculaires de l'interlocuteur, ainsi que la présence ou non de micro-expressions révélatrices lorsqu'il mentait.

Nous avions mis en évidence dans le cadre de ces expériences plusieurs constantes qui se reproduisaient presque systématiquement. L'une d'entre elles étonne mais est véridique : l'expression du visage, destinée à appuyer un dire, dans le cadre d'un mensonge, intervient souvent après ce dernier.

Une personne qui cherchera à simuler de la tristesse, par exemple, pleurera la plupart du temps *après* avoir commencé à énoncer les raisons de sa peine. Alors que la logique commanderait l'inverse. En effet, la montée d'émotion s'associe à la remémoration de la souffrance vécue, dès lors, l'expression faciale de tristesse devrait coïncider, ou même précéder, l'énoncé du propos.

Dans le cadre d'un menteur, c'est l'inverse qui se produit. L'émotion va mettre plus de temps à apparaître. Pour autant, si le menteur a la capacité de simuler des pleurs, cela signifie qu'il possède une certaine maîtrise de l'*acting*.

Car la plupart des gens ne parviennent pas à cette performance, à moins de posséder parfaitement la technique du feed-back exposée précédemment.

Au contraire, un menteur débutant ou occasionnel fera tout ce qu'il peut pour éviter les contacts oculaires. La plupart du temps, il détournera les yeux du regard de son contradicteur. En outre, l'émotion sera plus longue au niveau gestuel que d'habitude. Les gestes ne coïncideront pas aux propos.

Et, surtout, lorsqu'une expression va poindre, elle se limitera à la bouche et ne contaminera que rarement la partie supérieure du visage, en premier lieu les yeux. Il suffit pour s'en convaincre de s'emparer du premier journal « people » qui vous tombera sous la main et de regarder attentivement les sourires radieux des stars posant devant les photographes. Hormis celles – de plus en plus nombreuses, j'en conviens – dont la mobilité faciale est fortement diminuée par un usage répété du Botox, si on en croit un spécialiste britannique[1], et dont les expressions faciales seront dès lors chimiquement faussées, la plupart des personnes posant tout sourire ne présentent pas la caractéristique première de la micro-expression de joie : le plissement des yeux associé à un geste buccal.

Le sourire franc, authentique, concerne la bouche, mais surtout les yeux. Lorsqu'une personne sourit, la première chose à regarder sera donc la partie supérieure de son visage, et non ses lèvres. Au passage, la détection d'un « botoxé » est également aisément possible car généralement, les injections se pratiquent de telle manière que les joues seront moins mobiles. La réaction des pommettes, notamment, se fera rare.

Bien heureusement pour ces personnes, les matériaux de remplissage modernes, tels que l'acide hyaluronique, sont très bien tolérés, et l'apparition de complications telles que des kystes est rare.

Donc, pour résumer, un individu non botoxé mais souriant aussi franchement qu'un Judas présentera un mouvement au niveau inférieur du visage, jusqu'aux pommettes, voire au bas des yeux, mais il n'y aura pas de modification de son regard notable (ni plissement ni pétillement dû à une humidification réactive de l'œil).

Cela est valable pour le faux sourire comme pour la fausse colère. Le froncement des sourcils s'en trouve atténué.

1. Le docteur Alex Karidis, expert britannique en chirurgie esthétique, a assuré dans les colonnes du *Daily Mail* que « Carla montre tous les signes classiques qui suggèrent une dépendance au Botox », http://www.dailymail.co.uk/femail/article-1258233/Has-Carla-Bruni-little-help-keeping-appearances.html.

La danse du menteur se passe de sourire vrai

Last but not least, le trompeur, en phase de mensonge actif, n'établira que très peu de contacts physiques avec son interlocuteur. Sauf dans le cadre d'un menteur formé, dont une des principales leçons repose sur l'établissement du toucher de sa cible, le maniement de la donnée kinesthésique.

La prochaine fois que vous serez approché par un excellent vendeur, vous le remarquerez immédiatement. À un moment où à un autre de l'échange, il vous touchera. Tout comme certains psychiatres qui pratiquent la technique de l'ancrage en répétant le même mouvement de clôture lorsque votre consultation se termine et qu'ils vous raccompagnent bienveillamment vers la porte de leur cabinet (une main sur l'épaule, une poignée de main particulière, avec prise du poignet...).

Heureusement pour le corps médical, les motivations sous-jacentes à cette utilisation du toucher ne sont pas les mêmes dans les illustrations que je viens de donner. Elles sont destinées à ancrer le bien-être, comme pour Proust, qui, afin de se souvenir de son enfance, avait pris pour habitude de manger les mêmes madeleines dont il raffolait en culottes courtes[1].

Cette absence de contact se traduira d'une autre façon facilement décelable. L'homme qui ment ne brisera pas votre sphère d'intimité.

La sphère d'intimité représente une distance d'environ trente centimètres entre deux individus. On la retrouve dans les affrontements physiques imminents ou dans les situations amoureuses, par exemple. Mais très rarement en matière de mensonge. Au contraire, un menteur évitera cette sphère avec précaution. Les contacts physiques entre lui et sa victime se limiteront au minimum.

En outre, le menteur se protégera physiquement, par l'emploi d'une position de fuite, ou en plaçant des objets entre lui et sa cible.

Par exemple, l'individu, dont le haut du corps vous fait en partie face, a pourtant les jambes (croisées, la plupart du temps), dirigées

1. Marcel Proust, *À la recherche du temps perdu*, Paris, Gallimard.

vers l'extérieur. Dans un café, vers la sortie. D'où l'intérêt de toujours porter un œil attentif sur la position du bas du corps du suspect. Vous pouvez faire tomber un objet, le ramasser, et ainsi capter cette information.

Comme nous l'avons vu, une observation minutieuse du comportement non verbal rend possible de détecter le mensonge avec une probabilité de succès importante.

L'analyse de ses propos accroît considérablement les chances de réussite.

Les signaux verbaux du mensonge

Lors des nombreux interrogatoires auxquels j'ai assisté dans le cadre de ma profession, *il apparaissait qu'un innocent cherche à étudier au maximum les charges qui pèsent contre lui, car il cherche réellement à convaincre le juge de sa non-implication.*

Pour lui, l'accusation est une infamie, aussi va-t-il chercher à la comprendre intégralement, car elle représente une source de soucis indépendante de la démonstration ultérieure de son innocence. Il n'essaiera donc pas d'éluder le sujet et se préoccupera du moindre détail, réclamant des confrontations, des investigations supplémentaires, la production de preuves. Pour l'innocent, l'accusation et son ampleur, les détails de sa genèse, est une impérieuse priorité à cause des conséquences graves qu'elle peut engendrer. Le coupable s'intéresse davantage au moyen de la contrecarrer rapidement.

Ainsi, le coupable ordinaire, sauf s'il ment avec talent, n'aura pas cet objectif, et tentera d'éluder l'ensemble de ces éléments, se bornant tout de suite à évoquer sa version. Dans une conversation normale, pour débusquer un trompeur, ce postulat est aussi valable.

La détection d'un mensonge passe par une conversation. Or, un bon mentaliste, outre la fine observation du dialogue gestuel, possédera aussi les codes permettant de décrypter les failles verbales.

Nous énoncions plus haut que l'énergie cérébrale est nécessairement limitée. Selon les praticiens de programmation neurolinguistique, le cerveau est capable de traiter correctement au maximum sept informations[1]. Je les ai toujours trouvés très optimistes.

Mais, partant de cette considération, vous observerez que souvent, *lorsque vous êtes en train de confondre un individu dans son mensonge, il va se servir de vos propres expressions pour vous fournir une explication.* Parfois même, il reformulera vos propres questions. Ce signe est important, et facile à repérer.

EXEMPLE

– Renaud, pourquoi as-tu dit que tu reportais la réunion de l'association pour *raisons médicales* alors que plusieurs *témoins* t'ont surpris au Café de Lyon en galante compagnie ?

– Qui sont ses *témoins* ? J'avais vraiment un *problème médical.* Ils ont dû se tromper, c'est impossible, je *n'étais pas* au café de Lyon.

CONTRE-EXEMPLE (MENTEUR CORRECT)

– Renaud, pourquoi as-tu dit que tu reportais la réunion de l'association pour *raisons médicales* alors que plusieurs *témoins* t'ont surpris au Café de Lyon en galante compagnie ?

– Ça m'étonnerait, je ne mets jamais un pied dans cet endroit minable, et encore moins cloué au pieu. *On t'a pris pour un niais*, mon cher.

CONTRE EXEMPLE (BON MENTEUR)

– Renaud, pourquoi as-tu dit que tu reportais la réunion de l'association pour *raisons médicales* alors que plusieurs *témoins* t'ont surpris au Café de Lyon en galante compagnie ?

– C'est tout ce que tu as trouvé à me dire *pour fêter mon retour ? Pense à me confronter rapidement à ces calomniateurs*. Au fait, vu que la correction t'étouffe, sache que je vais mieux.

1. René de Lassus, *La Communication efficace par la PNL, op. cit.*

Le tempo des réactions est aussi une donnée importante à prendre en considération. Un vrai professionnel du mensonge mentira sans difficulté, sans perdre de temps. En revanche, pour un non-initié, la réponse première, le « oui » ou le « non », sera précédé d'un court temps mort avant la reprise de l'explication. Autre constante, le piètre menteur ira puiser dans l'abstraction, la morale ou l'habitude pour justifier son comportement. En bref, il cherchera un appui extérieur. L'automatisme de sa réaction nécessitera une source étrangère, un levier.

Cette source pourra aussi reposer sur l'utilisation d'une tierce personne. Le « tiers de confiance », invoqué le plus souvent hors de sa présence pour constituer un début de justification ou d'alibi.

EXEMPLE

(Abstraction invoquée en défense)

– Renaud, pourquoi as-tu dit que tu reportais la réunion de l'association pour *raisons médicales* alors que plusieurs *témoins* t'ont surpris au *Café de Lyon* en galante compagnie ?

– Mais, John, *tu sais très bien* que ces réunions comptent pour moi, et que je suis un type fiable.

Ou

(Tiers de confiance appelé à l'aide)

– Mais, John, j'étais vraiment malade, *demande à ma femme*, elle a pris soin de moi pendant tout ce temps.

Dernier point, que vous avez tous entendu au moins cent fois dans votre vie : l'emploi de mots introductifs du genre « sincèrement », « honnêtement », « franchement », « vraiment ».

Je les appelle des codes rouges, et pense qu'il est inutile de vous expliquer pourquoi. Après avoir lu ce chapitre, vous l'aurez compris de vous-même...

Suppléments – QR Code

Pour accéder directement au site de Paul Ekman, *via* votre smartphone, et tester ses expériences, scannez le QR Code suivant :

En scannant le code suivant, vous aurez accès à un tutorial ultra-rapide réalisé par le graphiste Khappucino vous résumant en image et un temps record de 2 minutes et 7 secondes quels sont les signes distinctifs de chacune des sept micro-expressions principales découvertes par Paul Ekman.

Κάθαρσις – Katharsis

Vous souvenez-vous du chapeau ?

Je vous rafraîchis la mémoire. Le chapeau de votre grand-père, posé sur votre tête par un médium, puis qui disparaît subitement.

Cette illusion est en fait très simple à réaliser. Plutôt que de vous poser un vrai chapeau sur la tête, le médium vous pose un cercle de carton troué en son centre, pour faire le tour de votre crâne.

À peine posé, le cercle est enlevé sans que vous le sentiez (un chapeau déplace plus d'air qu'un cercle troué). Mais vous ressentez toujours la présence du chapeau car la peau de votre tête a été serrée et continue d'envoyer au cerveau la sensation de constriction.

Suggestion, encore...

Παῦσις – Pausis

Un hypnotiseur prétend que, d'ici peu, l'assistance éprouvera des démangeaisons sur tout le corps. Elles commenceront progressivement, en touchant des zones précises. Puis, elles s'étendront. Des démangeaisons telles qu'il sera impossible de ne pas se gratter. L'homme de pouvoir a-t-il besoin de poil à gratter ou de pouvoirs extraordinaires pour réaliser une telle expérience ?

Ni l'un ni l'autre, et pourtant l'assistance se gratte.

Pourquoi ?

Réponse en fin de chapitre

Manipulation soft

– Je suis content de mon libre choix
– Mais, mon brave, mais vous n'avez rien choisi.

Les manipulateurs ne peuvent pas chômer. Aussi, dans notre vie quotidienne, c'est de façon continue que nous sommes soumis à des tentatives plus ou moins réussies d'influence. Nous nommerons ces techniques la « manipulation soft ».

Manipuler le mental d'autrui n'est pas contraindre, c'est amener l'autre vers le but que l'on s'est fixé sans qu'il s'en rende compte. Lorsqu'un mentaliste effectue un tour de lecture de pensée, dans aucun des cas – même si certains aiment le faire croire –, il ne s'agira de manifestation de pouvoirs paranormaux. N'oublions jamais qu'un *tour* n'est rien d'autre que l'expression d'une volonté de cacher quelque chose à autrui, pour lui apporter ensuite un instant de surprise, de bonheur. Le mentaliste a en fait deux possibilités pour découvrir les pensées de son spectateur :

– soit il en prend connaissance secrètement, utilisant des *gimmicks* (objets truqués), tels que des blocs truqués, ardoises spéciales ou une technique particulière comme un dépliage secret du papier utilisé par le spectateur. Dans le même esprit, il peut également utiliser des outils technologiques très performants, comme des détecteurs à ondes radio qui lui permettent de savoir, alors qu'il est dans une autre pièce, quels objets ont été touchés par les spectateurs en son absence, ou, mieux, quels dessins ils ont faits[1]. Il peut enfin procéder à ce qu'on nomme dans le jargon le *pumping*, c'est-à-dire une captation risquée d'informations par une suite de

1. Les spécialistes en la matière de fabrication de gimmicks de ce type sont Magikdata. En explorant leur site, vous découvrirez comment certains mentalistes ont pu

questions-réponses et d'analyses de réactions (de loin ma technique préférée, par son aspect aléatoire. Le conditionnement mental aux fins d'amusement n'est pas une science exacte, et doit rester un jeu).

– soit il pousse le spectateur à penser à ce qu'il a déjà prédit ou qu'il va *lire*. Il s'agit alors d'un forçage : le mentaliste force le spectateur à prendre une décision que ce dernier croit libre. Il existe une multitude de méthodes de forçages, manuels ou psychologiques.

Ce sont ces méthodes de forçage de décision que nous allons étudier ici.

Parfois sans même s'en rendre compte, nos amis, notre famille, se comportent ainsi en utilisant ce qui serait qualifié de techniques d'influence par la psychologie sociale. La psychologie sociale est consacrée à l'étude du comportement des individus par rapport aux situations dans lesquelles ils sont placés. Les recherches la concernant furent inspirées par Leon Festinger, qui tenta en 1957 dans son étude *A Theory of Cognitive Dissonance* de comprendre comment l'être humain gère les tensions engendrées par des éléments contradictoires auxquels il est soumis.

La découverte majeure de Festinger a permis de mettre en évidence un comportement humain constant : lorsqu'il existe un décalage, une contradiction, une dissonance entre ses comportements et ses concepts, l'être humain est par nature tenté de réduire cette dissonance.

Imaginons, par exemple, un fumeur régulier. Il sait parfaitement le mal que son addiction provoque sur son état de santé général. Mais il continue. Il est face à une dissonance. Il va donc tenter de la réduire en recherchant des arguments justifiant son comportement. Il cherchera à trouver une logique dans son

---

faire carrière à l'aide d'équipement électronique, Magikdata péchant par vanité en fournissant le nom de ses clients (une des nombreuses raisons pour lesquelles je préfère de loin les expériences de conditionnement mental sans matériel, qui sont l'avenir du mentalisme moderne) : http://www.magikdata.com/fr. Voir page QR Code.

attitude : « Je pourrais me tuer demain dans la rue sans jamais avoir fumé. »

Festinger nomme ce processus la *dissonance cognitive*. Ce concept définit les écarts qui peuvent exister entre deux données de fait, et comment ils peuvent devenir des sources de motivation. La motivation va émerger d'un état psychologique inconfortable, car la dissonance génère une tension interne due au déséquilibre. Elle va se traduire par un travail consistant à limiter cette tension.

Ainsi, lorsqu'un informateur est rémunéré par les autorités – que ce soit dans le monde du renseignement ou dans le cadre d'affaires judiciaires sensibles –, la récompense sera toujours extrêmement modérée. En effet, contre toute attente, plus la récompense gratifiant un sacrifice psychologique (mensonge, trahison) est élevée, plus la dissonance entre le comportement et la pensée s'accroît. Et la somme d'argent est l'illustration numérique de ce décalage. Aussi, pour que l'indicateur puisse retrouver sa cohérence entre la réalité et la représentation qu'il s'en fait, il sera modérément rémunéré. Cela limite le risque de craquage psychologique de l'indic et son possible retournement.

J'exposerai tout d'abord les bases sur lesquelles reposent ces techniques de manipulation soft, les leviers psychologiques qui sont actionnés. Pour, ensuite, passer au *modus operandi*.

L'intérêt de la description de ces leviers psychologiques est de déterminer ce qui crée la motivation. Car c'est toujours la motivation qui détermine le comportement. Aussi le but d'une technique d'influence est-elle de créer les conditions de naissance d'une motivation qui va générer le comportement attendu. Le comportement n'est qu'une manifestation extérieure.

Si vous souhaitez étudier un comportement donné, il faut tenir compte de l'ensemble de ses caractéristiques :

– *le déclenchement d'un comportement* : c'est le changement d'état qui fait passer l'individu d'une absence d'activité à une action (j'ai faim, je décide d'aller manger un morceau) ;

– *la direction d'un comportement* : il s'agit de la façon dont le comportement va répondre au besoin né de la motivation (j'ai envie d'un hamburger, en fait) ;
– *l'intensité du comportement* : elle permet de déterminer l'ampleur de la motivation (problème, pas de fast-food à moins de 5 kilomètres. Pas grave, j'y vais) ;
– *la persistance du comportement* : c'est l'indice qui caractérise l'engagement de l'individu dans son activité (mmm, c'était bon, j'y retournerai demain).
Quels sont les rouages créateurs de motivation ?

L'impérieux besoin de considération

« C'est désespérant, tu travailles pour la gloire, pense à te faire du blé », me disait mon père, lorsque je débutais ma carrière, en enchaînant les audiences pénales, acceptant tous les dossiers même ceux pour lesquels je savais que je ne serais que très peu payé. Il avait en partie tort, car l'apprentissage comptait beaucoup à mes yeux et comptera toujours énormément. Mais son propos se vérifiait car j'étais fier d'enfiler ma robe d'avocat pour aller plaider le plus possible, pour « descendre dans l'arène » et obtenir une reconnaissance de mes clients, ainsi que la considération de mes confrères et leurs conseils pour progresser.

De la même façon, les plus beaux jours de ma vie professionnelle furent les concours d'éloquence, lors desquels, pourtant, je ne gagnais qu'une seule chose : le respect de mes pairs. J'assouvissais un besoin de considération, d'appartenance.

En 1943, le psychologue Abraham Maslow établit une hiérarchie des besoins de l'être humain[1]. Sa classification est la suivante (par ordre décroissant) :

1. Jacques Lecomte, « Les théories de la motivation », *Sciences humaines*, hors-série n° 19, décembre 1997-janvier 1998.

- besoins physiologiques ;
- besoin de sécurité ;
- besoin affectif ;
- besoin de considération ;
- besoin d'appartenance ;
- besoin de se connaître ;
- besoin esthétique ;
- besoin imaginaire.

Comme nous le constaterons, une fois passés les besoins fondamentaux primaires physiologique et sécuritaire, les trois plus importants mis en évidence par Maslow concernent les rapports aux autres, avant ceux relatifs à l'accomplissement de soi-même.

L'importance de l'estime de soi a également été mise en évidence par Eric Hoffer dans son livre consacré à la création de fanatiques, *The True Believer*[1].

Lorsque je pratiquais l'illusionnisme moyennant finance, je vérifiais ce postulat quasiment à chaque prestation. La plupart du temps, les agences d'évènementiel nous envoyaient, mes comparses et moi, dans des cabarets, restaurants, boîtes de nuit, *lounge*, afin d'y réaliser du *close-up* (magie rapprochée) : nous passions de table en table effectuer un enchaînement de tours, ce que, dans le jargon, on nomme une « routine ».

Avant d'entamer sa série de tours à une table, une des premières choses qu'un praticien de *close-up* va faire est jauger les personnes la composant, afin de localiser le leader de la table, celui qui attire l'attention, ainsi que les personnes qui ont l'air les plus réceptives à son style de démonstrations.

Qui fait rire ?

Qui est le dominé ?

Qui ne parle pas ?

1. Eric Hoffer, *The True Believer : Thoughts on the Nature of Mass Movements*, Material, 1951.

Le même repérage lors d'un dîner entre amis permet facilement de prendre le contrôle d'une conversation. Nous y reviendrons.

Souvent, le leader de la table est pour l'illusionniste ce que l'on appelle dans notre jargon « un emmerdeur », c'est-à-dire qu'il va considérer votre seule présence comme celle d'un trouble, d'un élément gênant, car il a le plus grand mal à supporter que l'attention se détourne de lui. Son besoin de considération en prend un coup.

Nous avons alors droit à des expressions du type :

« Je connais le truc », ou bien « Ne vous loupez pas je ne lâche pas vos mains des yeux »... Classique.

Avec l'expérience, on se rend vite compte que la meilleure méthode pour neutraliser un « emmerdeur » est de le transformer en un complice involontaire, en le faisant participer au tour, en lui donnant un rôle à jouer dans l'exécution de l'illusion. En magie comme en marketing, il ne faut surtout pas heurter les gens, afin que ces derniers ne soient pas sur la défensive.

« Vous connaissez les trucs, eh bien dans ce cas, je vais faire un truc spécialement pour vous. Mieux, nous allons le faire *ensemble.* »

Le besoin d'estime de soi, de considération de l'« emmerdeur », déséquilibré par votre présence incongrue, est ainsi satisfait. Il cesse d'être une source de difficultés, et, tout au contraire, sera le premier à vous applaudir.

C'est ce que Johnson, un vieux magicien spécialiste en pickpocket qui avait fait une belle carrière au Japon il y a de cela une trentaine d'années, me résumait par ces mots, alors que je débutais : « Lorsque l'on te tire dessus, transforme la balle en fleur. » En toutes circonstances, je n'oublie jamais cette leçon.

L'illustration est la même en matière de paiement d'information, dans le monde du renseignement. Selon un agent du renseignement[1],

> lorsqu'une information se monnaie, jamais l'agent de liaison ne dit à l'informateur en lui remettant son dû : « voilà pour vous »,

1. Bernard Aufan, entretien avec l'auteur.

> sauf si une raison planifiée le conduit à le faire. Tout au contraire, la formule d'usage est « veuillez accepter ce témoignage de reconnaissance de notre gratitude ».

Ici encore, le besoin de considération est assouvi.

L'importance du besoin de considération a été démontrée par deux expériences importantes de psychologie sociale : l'expérience de Hawthorne, sur la productivité et l'estime de soi, et celle de Asch sur le conformisme.

Des rapports entre la productivité et l'estime de soi : expérience de Hawthorne

Cette expérience fut menée sur l'environnement des travailleurs, entre 1927 et 1932, dans une usine de textile américaine. Le chercheur, Elton Mayo, constitua deux groupes d'ouvriers. L'un voyait ses conditions de travail s'améliorer, l'autre (le groupe témoin) ne bénéficiait d'aucune amélioration.

Mayo constata que, en toute logique, l'amélioration matérielle des conditions des travailleurs provoquait un accroissement de leur productivité. Mais il constata également que, dans l'autre groupe, la productivité augmentait aussi. Au début, son équipe ne trouva aucune explication rationnelle. Puis, ils se rendirent compte que l'ensemble du personnel tirait sa motivation de la fierté de participer à une expérience de psychologie[1]. Le besoin d'estime de soi primait sur les autres besoins dans le rapport des employés à leurs conditions de travail. Or, ce besoin d'estime de soi dépend du regard que les autres portent sur vous. En l'occurrence, ici, l'attention des chercheurs. De plus en plus d'entreprises efficaces utilisent ce type de techniques en apportant un soin particulier aux desiderata de leurs salariés. Salle de musculation, sondage interne sur les compétences des managers, pressing intégré pour les cadres trop pressés.

1. Richard Gillespie, *Manufacturing Knowledge : a History of the Hawthorne Experiments*, Cambridge, Cambridge University Press, 1991.

On vous facilite la vie... on vous considère... pour accroître votre productivité.

De la même façon, le besoin de considération, d'estime de soi, est activable dans les rapports avec ses relations et clients. Aujourd'hui, de plus en plus de personnes utilisent textos et messages Internet ou cartes virtuelles pour présenter leurs vœux à autrui.

Grossière erreur. De façon générale, dans la vie personnelle ou professionnelle, la courtoisie est une arme lourde.

Ces médias sont éphémères, rapidement oubliés, voire pour certaines personnes considérés comme insuffisants. L'acte d'envoyer systématiquement un objet matériel, une carte, manuscrite et personnalisée, augmente la satisfaction du besoin de considération de la cible.

Vous comprendrez dès lors pourquoi chaque illusionniste qui se respecte laisse toujours en souvenir à son spectateur la carte signée avec laquelle il a exécuté son tour. En plus du cadeau, c'est une forme de considération qu'il lui adresse, un sacrifice du jeu entier au profit d'une personne.

Pour tout manipulateur, il importera donc de savoir considérer sa cible, ou, pour toute cible de se méfier de la personne qui la considère de trop.

Sur l'asservissement au conformisme : expérience d'Asch

L'estime de soi, le besoin de considération ont donc un effet capital sur le comportement humain et occupent une position hiérarchiquement importante dans la pyramide des besoins établie par Maslow. Tout bon patron doit en tirer les leçons qui s'imposent.

Mais le jugement d'autrui conditionne parfois encore plus rudement le comportement d'un individu. C'est ce que tenta de démontrer le psychologue Solomon Asch, dans le cadre d'expériences menées sur un groupe d'étudiants. Ces derniers étaient invités à participer à un test de vision. En réalité une mise en scène totale, puisque tous étaient complices de Asch, sauf un.

Le test en question consistait à juger la longueur de plusieurs lignes présentées sur une série d'affiches. À chaque fois qu'on leur présentait une ligne, les étudiants devaient désigner laquelle était la plus courte, ou la plus longue. Volontairement, tous les complices se trompaient et formulaient à l'unanimité la même erreur. Un grand nombre de sujets tests (33 %) s'alignait sur les réponses erronées des complices, en dépit de la grossièreté des erreurs commises. Inversement, lorsque les complices donnaient une réponse non concertée, les sujets témoins n'avaient aucun mal à fournir une réponse exacte : ils n'étaient plus en dissidence.

Lorsque les sujets tests étaient confrontés à leur erreur, ils la mettaient sur le compte d'une mauvaise vue, d'une erreur d'inattention, et plaçaient ainsi le motif de leur méprise sur une cause extérieure à leur propre volonté. Cette expérience valide le besoin d'appartenance, hiérarchisé par Maslow juste en dessous de celui de considération.

Si vous souhaitez voir ce conditionnement par vous-même, une reproduction de cette expérience a été filmée, et vous trouverez en note de bas de page ainsi que dans les suppléments le lien Internet renvoyant à la vidéo[1].

Le besoin de considération et d'appartenance est suffisamment fort pour permettre de conditionner le comportement d'un individu, même si ce comportement est erroné ou illogique. Il sert également à renforcer la conviction d'une cible dans les liens qui l'unissent au groupe.

> Nous étions très soudés, explique le commissaire Aufan, dans une opération longue menée par la DST, chacun d'entre nous pouvait dire : l'affaire X, c'est moi. C'est une question de maillons. L'un disait qu'il avait remarqué un détail important, l'autre qu'il avait

1. Reproduction de l'expérience d'Ash : http://www.dailymotion.com/video/x738r9_asch-experience-traduction_tech. Voir page QR Code.

> fait une surveillance capitale, pendant qu'un troisième pouvait dire la même chose, car il avait établi l'étude de personnalité. Du premier à celui qui clôturait l'affaire, tous avaient raison, nous étions les maillons d'une même chaîne[1].

Le principe de la *deuxième arme* utilisé dans l'armée américaine pendant la guerre du Vietnam joue également sur ce besoin d'appartenance et de considération pour renforcer l'adhésion de l'individu à son groupe. Lorsqu'un exploit était réalisé, avant la décoration officielle, ses supérieurs remettaient au militaire une deuxième arme personnalisée (généralement un colt 45). Elle était quantitativement très peu utilisée, mais avait une vocation honorifique. Le but était essentiellement psychologique. Il en va de même pour les décorations et peintures affublant les avions. Les pilotes irlandais, par exemple, décoraient leurs avions des couleurs de leur kilt, en signe de reconnaissance, d'existence auprès des autres. La preuve sociale est déterminante dans le comportement d'un individu. Une autre illustration me fut confiée par le commissaire Aufan. Une technique en apparence toute bête, mais suffisamment subtile pour conditionner quelqu'un à une acceptation.

> Pendant la guerre froide, la tradition de la maison était de procéder par le non-dit, souvent, même entre nous. Je me souviens de situations assez amusantes, en y repensant. Lorsque je débutais et que mon supérieur voulait me confier une mission, il ne s'adressait pas directement à moi pour me dire : fais cela. Il s'arrangeait pour que je me retrouve dans une pièce alors qu'il discutait avec un autre agent d'un « point délicat » à résoudre. En ma présence, tous deux disaient : tu penses qu'il peut le faire ? Bien sûr, il en est largement capable, il a de grandes capacités... Ensuite, seulement, ils se tournaient vers moi pour m'exposer le « point délicat »[2].

1. Entretien avec l'auteur.
2. Entretien avec l'auteur.

En magie, le même phénomène s'opère avec le spectateur. Plus celui-ci est valorisé par le tour, plus l'effet sera inoubliable. Les meilleurs tours de mentalisme sont ceux où le spectateur a la sensation de deviner quelque chose, ou lorsqu'il a un véritable rôle actif à jouer dans la réalisation du tour. À de rares exceptions près, le reste n'est qu'exhibitionnisme.

Du besoin d'appartenance à la preuve par la masse et la soumission à l'autorité

Les autres ont toujours raison

Politiquement, l'élection à la majorité absolue est une illustration de la preuve par la masse. Même ceux qui ont voté contre se soumettent à la décision de la majorité. En psychologie sociale, un individu reproduit le comportement d'un groupe, car il s'appuie sur l'hypothèse d'une apparence : si beaucoup le font, alors c'est bien. Si beaucoup y croient, alors c'est vraisemblable. Les publicitaires connaissent bien cette logique, et il n'est pas rare de remarquer, en lettres capitales sur le packaging d'un produit les qualificatifs, par exemple : « Le meilleur selon le public », « Carton au box-office », « un succès total », « Le produit préféré des Français », « Encore une fois, ça bouscule tout », « La meilleure façon de... ».

Il s'agit d'une mécanique de renforcement collectif : une déclaration quelconque devient une croyance grâce à une confirmation collective indépendamment de toute validité réelle.

Un exemple ? Les signes du zodiaque.

Indiscutablement, il y a douze signes du zodiaque. Du moins c'est la croyance répandue et considérée comme absolue car, en réalité, il y en a treize. La treizième constellation est celle du Serpentaire, *Serpentarius* (que les astronomes appellent *Ophiuchus*). Représentant un homme entouré d'un serpent, elle est une illustration du médecin légendaire Asclépios, foudroyé par Zeus à cause de son talent médical qui préoccupait Hadès. Cette constellation se situe entre le Scorpion à l'ouest et le Sagittaire à l'est. Astronomiquement parlant, elle fait donc partie intégrante du zodiaque. Pour autant, elle ne fut pas conservée par les Anciens. La confirmation collective fit le reste du travail et, aujourd'hui, le Serpentaire a sombré dans l'oubli.

En outre, depuis que les signes du zodiaque ont été distingués, les constellations ne correspondent plus aux mois auxquels elles furent attribuées à l'origine. Le Verseau ne devrait pas commencer le 20 janvier, ce qui devrait rendre abscons tout horoscope. Mais si l'envie vous prend d'aller parler du Serpentaire ou de décalage temporel aux adeptes de l'horoscope, la plupart d'entre eux rejetteront vos explications pour rester dans le confort de leur croyance commune.

Cela peut s'expliquer par deux causes d'influence, mises en évidence par les psychologues Deutsch et Gérard[1] :

– *l'influence informationnelle* : les sujets se laissent influencer en pensant que la source diffuse une information réelle ;
– *l'influence normative* : les sujets savent qu'ils ont raison cependant ils simulent un accord avec le groupe.

Dans les deux cas, il s'agit d'influence déterminée par un comportement grégaire. Ce principe d'adhésion spontanée à une idée reçue par le plus grand nombre est systématiquement utilisé par les professionnels de la désinformation, manipulateurs par excellence.

Jouant avec ces rouages, l'Anglais Sefton Delmer peut être considéré comme l'inventeur de la propagande noire. L'objectif d'une propagande noire est de rendre plausibles des mensonges planifiés,

1. Morton Deutsch and Harold Gerard, « A study of normative and informational social influences upon individual judgment », *Journal of Abnormal and Social Psychology*, 1955.

pour affaiblir un adversaire. Pendant la Seconde Guerre mondiale, Sefton Delmer créa plusieurs stations de radio, censées être favorables au régime hitlérien, à destination des Allemands. Les radios de Delmer s'annonçaient comme des radios officielles, crédibles, qui pouvaient être captées sur la même bande que celles du régime officiel.

Il en profitait pour glisser de fausses informations comme des appels aux dons de médicaments ou de vêtements pour les militaires allemands en déroute sur le front soviétique. Il créa même de fausses radios clandestines, que les auditeurs pensaient capter par erreur. Son programme se révéla si efficace que, après la guerre, il dut écrire son livre *Black Boomerang* pour démentir certaines des légendes qu'il avait créées. Pour meubler le temps d'antenne entre les faux bulletins d'information, Delmer intercalait des chansons d'artistes allemands. Certains de ces artistes étaient profondément opposés au régime, comme Marlène Dietrich, par exemple. Mais l'auditeur, croyant écouter une radio officielle, les prenait pour des sympathisants.

> Pauvre Marlène ! elle n'apprit la vérité que plus tard, après la guerre, lorsqu'elle visita l'Allemagne et que les nouveaux chauvins lui jetèrent des tomates pourries au visage[1].

La masse croyait, la masse jugeait.

L'influence passe donc par une apparence acceptée par le plus grand nombre. Or, *l'autorité est l'apparence* qui provoque le plus de suggestion.

En 1961, le criminel de guerre nazi Eichmann comparaît à Jérusalem pour quinze chefs d'accusation, après une traque continue de plus de quinze ans. La seule ligne de défense d'Eichmann fut d'affirmer n'avoir rien fait d'autre que « suivre les ordres ». Déclaré coupable pour tous les chefs d'inculpation, il fut condamné à mort

1. Sefton Delmer, *Black Boomerang* (1962), trad. fr. *Opération Radio-Noire*, Paris, éditions J'ai lu, 1965.

et pendu en 1962. Hannah Arendt, une philosophe d'origine allemande qui avait fui son pays lors de la montée des nazis au pouvoir dans les années 1930, couvre à l'époque le procès Eichmann pour le magazine *The New Yorker*. Plus tard, elle réunira ses chroniques dans un ouvrage intitulé *Eichmann à Jérusalem. La banalité du mal*, qui déclencha une vive polémique. En effet, elle y affirme que le comportement d'Eichmann ne fut pas poussé par une perversion originelle, mais par une démarche psychologique guidée par une situation d'influence générée par l'entourage. Elle constate qu'Eichmann ne ressent aucune culpabilité, aucune colère ni haine, et présente une personnalité finalement assez banale.

Il aurait été, d'après elle, entraîné par la masse, aspiré dans un système bureaucratique autoritaire au sein duquel les principales motivations étaient l'avancement, la promotion. En somme, des sujets de préoccupation bien minimes, face au massacre effroyable qui se déroulait. La recherche de considération de la part d'un supérieur hiérarchique prévaudrait-elle sur la morale personnelle ?

Des psychologues ont souhaité répondre par l'expérimentation à cette épineuse question. Le plus célèbre d'entre eux est Stanley Milgram. À l'origine, Milgram souhaitait infirmer les dires d'Hannah Arendt. Il fut le premier surpris par le résultat de son expérience.

La soumission à l'autorité : l'expérience de Milgram

L'objectif de cette expérience menée dans les années 1960 fut d'évaluer le degré de soumission à une autorité présentée comme légitime. Stanley Milgram souhaitait montrer que l'homme est rationnel, qu'il ne peut pas être influencé à commettre des actes qu'il réprouve habituellement parce qu'ils sont contraires à la morale. Milgram fit paraître des annonces dans un journal afin de recruter moyennant finance des volontaires pour une expérience qu'il présentait comme un test d'apprentissage et de mémorisation au regard de la punition physique (en l'espèce, des décharges électriques). Plus de six cents sujets sont recrutés.

Le scénario de l'expérience était annoncé ainsi : un volontaire jouerait le rôle d'élève, un autre d'enseignant, et le chercheur celui de superviseur. L'élève devait retenir une liste de mots énoncée par l'enseignant, puis, les restituer. En cas d'erreur, l'enseignant lui infligeait une petite décharge électrique, sous le contrôle du superviseur, figure d'autorité. Au fur et à mesure de l'expérience, les décharges électriques envoyées par les enseignants étaient augmentées sur instruction du superviseur, en cas de fausse réponse de la part de l'élève.

En réalité, l'élève est un complice qui simule une réaction physique à la – fausse – décharge électrique. Les volontaires sont tous des enseignants, choisis « au hasard » par le fruit d'un tirage au sort truqué. Les décharges électriques augmentant en intensité, l'élève complice simule une souffrance correspondante au voltage reçu : à 140 volts il crie, à 160 il supplie qu'on arrête, au-delà de 300 il s'évanouit. Quoi qu'il arrive, le comportement du superviseur est toujours le même : il pousse le sujet test enseignant à continuer, en lui adressant dans l'ordre ces mêmes réponses en cas de doute[1] :

- veuillez continuer s'il vous plaît ;
- l'expérience exige que vous continuiez ;
- il est absolument indispensable que vous continuiez ;
- vous n'avez pas le choix, vous devez continuer.

Milgram pensait à l'origine que, très vite, les sujets tests arrêteraient, mais les résultats vont dépasser toutes les prévisions. Voici un extrait des résultats des tests[2].

EXPÉRIENCE 1

La victime n'est pas dans la même pièce que le professeur ; à 300 volts, le complice tape sur la cloison pour protester et ne donne plus de réponse à partir de 315 volts.

1. Stanley Milgram, *Soumission à l'autorité*, Paris, Calmann-Lévy, 1974.
2. http://www.psychologie-sociale.com/index.php?option=com_content&task=view&id=60&Itemid=2.

Résultat :

% d'individus allant jusqu'à 450 volts => 65 %.

Moyenne des chocs électriques délivrés => 405 volts.

EXPÉRIENCE 2

La situation est la même mis à part que des cris de douleur sont clairement entendus au travers de la cloison.

Résultat :

% d'individus allant jusqu'à 450 volts => 62,5 %.

Moyenne des chocs électriques délivrés => 370 volts.

EXPÉRIENCE 3

La victime est dans la même pièce que le sujet, qui voit et entend sa souffrance.

Résultat :

% d'individus allant jusqu'à 450 volts => 40 %.

Moyenne des chocs électriques délivrés => 310 volts.

EXPÉRIENCE 4

Il y a contact physique entre victime et sujet, puisque ce dernier doit le contraindre par la force à ce qu'il pose ses mains sur une plaque délivrant des chocs électriques.

% d'individus allant jusqu'à 450 volts => 30 %.

Moyenne des chocs électriques délivrés => 265 volts.

Milgram va tirer de ces résultats inquiétants plusieurs conclusions. D'après lui, l'individu passe d'un état autonome, dans lequel il conserve sa liberté de choix, à un état agentique, dans lequel il se considère comme l'instrument d'une volonté qui n'est pas la sienne.

Pour opérer un tel passage, il faut, selon lui, que les sujets perçoivent l'autorité comme légitime (en l'espèce, le superviseur), ainsi, l'image du moi qui lui est renvoyée par l'autorité valorisera son obéissance. C'est exactement l'analyse que fit Hannah Arendt du comportement d'Eichmann. À l'exception près que Milgram validera sa théorie par une expérience touchant un panel de six cents personnes.

Nous sommes entourés de situations dans lesquelles des autorités, pourtant légitimes, ajoutent à leur pouvoir une illustration d'autorité : la robe d'un magistrat, le costume d'un religieux, la perruque des magistrats anglais, l'écharpe des élus du peuple, les toges de la franc-maçonnerie, etc. Cet ancrage visuel permet tout de suite à l'observant d'appréhender l'autorité. Comme l'écrivait Machiavel bien avant la naissance de la psychologie moderne : « Les hommes, en général, jugent plus par leurs yeux que par leurs mains[1]. »

Le besoin de considération, d'appartenance, la preuve par la masse et la soumission à l'autorité ne sont pas les seuls leviers permettant d'actionner un processus créateur de motivation. L'être humain peut également séduire.

La motivation par la séduction

L'effet de halo

De l'agent Roméo – dont la mission principale consiste, sur ordre des services de renseignements, à briser un ménage pour entraîner une perturbation dans la vie privée de la cible – aux plus sophistiquées techniques de ventes, la séduction est présente partout. Dans la série désormais célèbre *Mentalist*, on ne peut pas dire que le personnage de Patrick Jane, interprété par Simon Baker, ait l'esthétique d'un troll. Bien au contraire. Propre sur lui, correctement vêtu, le teint légèrement hâlé, le personnage de Patrick Jane commence à manipuler son prochain avant même qu'il ait commencé à bouger.

Le célèbre psychologue Robert Cialdini rappelle avec pertinence le caractère déterminant de *l'effet de halo*[2] *en matière de relations*

1. Machiavel, *Le Prince*, chap. XVIII.
2. Robert Cialdini, *Influence et manipulation*, Paris, First Édition, 2004.

sociales dans son ouvrage consacré à l'influence. Cet effet de notoriété est découvert par Edward Thorndike[1] au début du XXe siècle. Il remarque que la seule apparence affecte la perception qu'on aura de personnes ou de marques. Aujourd'hui, c'est devenu un terme courant dans le langage des ressources humaines. Inversement, des individus ou des marques peuvent être jugés indésirables par un effet de halo renversé, dans lequel un point faible ou un trait négatif va influencer la perception globale que l'observateur s'en fait. On parle alors d'*effet de diable*[2].

Voilà pourquoi un seul détail physique peut attirer l'attention et induire une perception générale assez désagréable qui se répercute sur l'ensemble. Par exemple, une personne aux yeux noirs qui afin de modifier son apparence physique porterait des lentilles de couleur bleu azur. L'illogisme esthétique, s'il apparaît avec évidence, produit une focalisation de l'attention de l'interlocuteur sur ce point, la plupart du temps négative. J'ai rencontré plusieurs mentalistes qui, pensant renforcer leur aura mystique, se paraient de tels artifices. Un désastre esthétique. Un jour, avec un ami, nous voulions nous amuser à faire mieux qu'eux. Pour rire, encore plus kitch. Ce comparse, Nicolas Peri, a aujourd'hui une boîte d'informatique et ne pratique plus à ma connaissance. Je pense que cette anecdote lui rappellera de bons souvenirs et vous apprendra une technique amusante. Ce cher Nicolas et moi passions des nuits entières à travailler nos mouvements, nos effets. En illusionnisme, un partenaire de jeu régulier représente un précieux soutien et un bon moyen de progresser. Un miroir et une caméra ne suffisent pas. Vous n'avez qu'à regarder par vous-même les jumeaux Dan et Dave Buck, meilleurs cartomanes au monde à mon sens, d'un point de vue purement technique, pour le constater. Ces deux lascars provenant du même ovule s'entraînent huit heures par jour, l'un en face de l'autre. Le

1. Edward Thorndike, « Une erreur constante sur l'estimation psychologique » (1920), *Journal de la psychologie appliquée*, IV, p. 25-29.

2. Hatcher, Catherine, http://cbs11tv.com/watercooler/Polishing.Your.Halo.2.629718.html et http://www.worldlingo.com/ma/enwiki/fr/KTVT, 14 janvier 2008.

résultat est surhumain[1]. Sans égaler les Buck Twins, nous avions notre petit succès lorsque nous nous produisions ensemble à Monaco, au musée de l'Automobile, au chapiteau de Fontvielle, ou au Palm Beach, à Cannes. En raison de notre complémentarité technique. Donc, pour en revenir aux mentalistes aux « yeux clairs » artificiels, nous avions envie de nous moquer d'eux en nous transformant par le biais d'une méthode plus impressionnante qu'un banal bouclier oculaire cyan. La découverte porte un nom : fluorescéine. Produit achetable facilement en pharmacie et destiné aux examens oculaires, la fluorescéine, vendue en poudre, se place en infime quantité dans les liquides nettoyant les lentilles de contact. Ceux qui n'en portent pas pourront faire le test avec des lentilles dites « plan », sans correction. Trempées dans cette mixture une bonne heure et placée sur vos yeux, elles produiront un effet vert fluo très dérangeant. Autre avantage, la fluorescéine réagit différemment à la lumière noire et à la lumière du soleil. Donc, à l'intérieur d'un bar nous avions un regard normal, en plein jour des yeux de lézard plus ou moins brillants selon le temps, et en boîte de nuit, éclairés par les néons..., nos yeux devenaient presque intégralement blancs. Expérience sans grand danger, sauf allergie, qui nous a beaucoup amusés à l'époque, effet garanti sur le public... mais quel ridicule, quand j'y repense.

Revenons au sujet.

L'effet de halo ne jaillit pas forcément de la beauté physique d'un individu ou du raffinement de sa tenue. Il peut être un assemblage de plusieurs éléments visuels, qui vont provoquer une impression marquante. Je me souviens de ma première rencontre avec le procureur Éric de Mongolfier, alors que je postulais pour travailler au Parquet de Nice. Qualifié de *chevalier blanc* par les uns, ou d'*inquisiteur* par d'autres, le personnage laisse rarement indifférent. Lorsque, après une attente modérée, je pénétrai dans son bureau, mon attention fut immédiatement captée par

1. Démonstration de force des jumeaux Buck : http://www.youtube.com/watch?v=KbFNHVt5Yqw. Voir page QR Code.

deux détails précis. Sur l'étagère, à gauche, un livre, exposé tel un trophée, couverture visible : *La Franc-Maçonnerie.* À droite, un ordinateur, écran à moitié tourné vers la sortie, avec pour image de veille, tournant en trois dimensions, le mot : « Patience ». Au milieu, le procureur, immobile telle une statue de marbre, un léger sourire aux lèvres, prononçant ces mots :

> Alors comme ça vous êtes niçois et vous voulez être magistrat ? pensez-vous qu'il est possible d'être natif d'une ville comme Nice et d'y travailler en tant que juge ?

Décryptage personnel du langage « Chevalier Blanc » :

> – Dites, donc, Gavroche, Nice est un grand village plein d'arrangements entre amis. Et vous, natif de ce repère de canailles, comptez y appliquer la loi ?

Sur le coup, l'image m'avait marqué, et demeure encore très précise dans mon esprit. Je répondis benoîtement « Oui, pourquoi pas ? », l'entretien se poursuivit, et je pus travailler comme assistant de justice au Parquet pendant deux années extrêmement enrichissantes (affecté à la section économique et financière, je traitais principalement des escroqueries, abus de confiance ou abus de biens sociaux : le rêve, pour qui s'intéresse à la manipulation).

L'effet de halo a été largement employé pour décrire la façon dont l'Ipod et l'Iphone avaient généré des effets positifs sur la perception que les consommateurs se font de la marque Apple.

C'est la même technique qui, avant qu'elle soit découverte en psychologie, poussait les illusionnistes à recruter des assistantes attirantes et court vêtues, afin de renforcer leur propre charisme et de permettre un meilleur détournement d'attention de leur auditoire. Le physique de l'assistante a un effet contaminant sur l'ensemble du numéro.

Professeur de psychologie à l'université de Bordeaux, Marilou Bruchon-Schweitzer affirme même que les nourrissons sont victimes de discrimination en raison de leur apparence physique :

> La mère joue davantage avec le beau bébé et le regarde plus. C'est patent à la crèche : les puéricultrices passent toujours plus de temps avec les beaux enfants qui, plus tard, sont les plus populaires à la maternelle.
>
> [...]
>
> Nous avons filmé des classes pendant des mois, continue-t-elle. Les beaux sont placés au premier rang. À capacité égale, ils obtiennent de meilleures notes, sont mieux suivis. Ensuite, c'est l'effet Pygmalion : un bel élève suscite des attentes. Il bénéficie d'un climat plus stimulant. Les beaux ont plus d'amis. La seule exception que nous ayons pu remarquer concerne les garçons trop mignons qui, entre 8 et 10 ans, se font traiter de filles[1].

Agent commercial depuis maintenant trente-cinq ans, celui que l'on surnomme Big Georges dans son milieu (l'import-export de céramique de luxe en Europe) ne ressemblait pas à une fillette plus jeune. Pour autant, lorsque l'on se retrouve en face de lui, cet ancien musicien professionnel ayant bien connu l'époque hippie dégage une classe peu commune, une esthétique savamment calculée. L'élégant Éric de Montgolfier fait comparativement pâle figure.

Avec le nombre de palettes de carrelage que Big Georges a vendu dans sa carrière, on pourrait aisément carreler une bonne partie de Paris. Au quotidien, il applique le raisonnement suivant :

> Quoi qu'il arrive, quelle que soit la situation, quand tu sors de chez toi, tu dois te considérer en représentation. Chez toi, tu peux t'habiller en pyjama jaune fluo, hurler sur ta console à 60 ans même si tu as passé l'âge de flinguer de l'ado sur *Call of Duty*, mais quand

1. http://www.lexpress.fr/informations/le-vrai-pouvoir-de-la-beaute_648962.html.

tu vas à la rencontre de l'autre, quand tu sors, quand tu pars au contact, tu te dois d'être nickel. Par respect. Tout le temps. Quels que soient tes moyens financiers, tu trouves toujours la possibilité de te vêtir correctement, de te tenir droit, mais décontracté, de savoir serrer une main avec vigueur, de sourire, d'être calme, mais à l'affût, de ne pas manquer une occasion d'être aimable, serviable, courtois, avenant. Tu dois savoir tirer avantage de ton physique, peu importe comment la nature t'a pourvu. Les agences de relooking surfent là-dessus, elles ont trouvé un marché, celui des gens qui ont besoin d'aide pour créer le « Halo ». Or, il suffit de se tester, s'observer soi-même et agir. L'action conditionne la pensée. Pas l'inverse. Coué se trompe. Si tu appliques une rigueur à ton attitude extérieure, que tu te forces à adopter une tenue, un port de tête, des fringues qui te vont, un minimum d'élégance, ton système de pensée change, tu penses mieux. Tu porteras même des pyjamas plus classe, mais tu joueras toujours à *Call of Duty*.

[...]

L'homme est agressé par les couleurs vives. Voilà pourquoi toutes les voitures prisées sont foncées, mis à part les Ferrari, mais ce tape-à-l'œil est passé de mode. Sobriété, costumes sombres, chemise nette, toujours des chaussettes longues. Un truc basique : voir un mollet poilu qui dépasse, ça focalise l'œil de ton client, pourtant il a les mêmes mollets que toi. Il perd son attention. Il décroche. *Idem* pour l'ensemble de ton apparence. Si un détail cloche et attire l'attention de ton client (lunettes qui tombent au bout de ton nez, ongles sauvagement rognés, faute de goût vestimentaire, épis dans tes cheveux...), il va se braquer dessus et perdre une partie de ton message. Car son attention doit être dirigée et orientée sur ton message, peu importe lequel, commerce, tes trucs de magie, ou autre. On commet toujours, un jour ou l'autre, des fautes de goût. Mais on apprend peu par la victoire. Beaucoup par la défaite. Chaque erreur doit être analysée et corrigée. À jamais.

Pourquoi le héros de la série qui porte le titre de ton livre est tout le temps en costume d'après toi ? Parce qu'en short et sandales, il n'hypnotiserait même pas une poule. Pourquoi s'habille-t-il en bleu ? Parce que le bleu rassure, comme le rouge agresse, c'est une constante, ne me demande pas pourquoi. Même son adversaire s'appelle « John le Rouge ». L'habit ne fait pas le moine, mais sans soutane, on ne reconnaît pas le prêtre[1].

Big Georges sans le savoir avait également raison sur un point qu'on retrouve en magie. Lorsqu'un cartomane effectue des manipulations de fioritures, de la jonglerie de cartes, en somme, il utilise souvent des cartes rouges, qui accrochent l'œil. Pour frapper l'attention. Le cartomane qui présente un tour normal utilise des cartes bleues, la plupart du temps. *Idem* en ce qui concerne les changements de couleurs de cartes, dans notre jargon : « changes de couleurs ». On transforme rarement une carte à dos rouge en une carte à dos bleu. L'inverse est en revanche très fréquent.

De plus en plus de cartomanes utilisent d'ailleurs des cartes à dos sombre, une mode lancée par un des meilleurs illusionnistes mondiaux : David Blaine[2]. Renforcement de la sobriété pour augmenter la force de l'effet final, le climax.

La carte de la sympathie

De façon générale, on répond plus favorablement aux demandes d'un individu qui nous paraît sympathique. Ce principe semble basique, mais ne doit pas être négligé pour l'appréhension de la motivation d'autrui.

J'ai connu il y a quelques années un tricheur aux cartes remarquable. Sur un plan technique tout d'abord. Le bon tricheur est celui dont les mouvements sont imperceptibles, et que vous ne verrez

1. Entretien avec l'auteur.
2. David Blaine est un illusionniste américain, connu pour mélanger à la fois la magie classique à des prouesses physiques impressionnantes, comme, par exemple, rester enfermer 63 heures dans un bloc de glace. Il pratique parfois du mentalisme dans ses routines mais reste un personnage à part, s'inspirant directement d'Harry Houdini, spécialiste du début du XXe siècle en matière d'évasions spectaculaires. Pour en savoir plus, c'est ici : http://www.youtube.com/watch?v=ItVnAqrCwz8. Voir page QR Code.

jamais faire une fioriture lorsqu'il manie les cartes, alors qu'il est capable de la plus grande dextérité. Non, au contraire, il paraîtra volontairement gauche. Outre sa *bottom deal*[1] parfaite, que je mis longtemps à imiter, Jacques X. avait une technique excellente pour recruter ses pigeons. Car il faut bien vivre, et si certains d'entre nous vivaient de spectacles, Jacques X., lui, plumait du pigeon.

> Le pigeon, vieille noix, tu dois devenir son ami, son pote, m'expliquait-il. Ce n'est qu'une fois que tu es devenu son pote que tu lui parleras de cartes. Tu sais qu'il joue. Tu le sais puisque l'on te l'a signalé depuis un bon moment déjà. Mais avant de parler jeu, tu dois devenir son pote pour une autre raison.

Les raisons étaient multiples et dépendaient du pigeon en question. Si le pigeon aimait se promener au bois de Boulogne avec son caniche, Jacques X. se procurait le même caniche et allait se promener au même endroit. La conversation partait alors de leurs chiens. Si le pigeon aimait la pétanque, Jacques X. se procurait un jeu de boules. Et ainsi de suite, allant de pigeon en pigeon.

> – Surtout une fois que le pigeon est plumé, tu ne dois pas partir comme un voleur. Sa malchance doit apparaître comme un accident. Il faut rester son ami, m'expliquait-il.
> – *Pourquoi ?* répondais-je.
> – Ben pour qu'il te ramène d'autres pigeons, imbécile.

Le principe de Jacques X peut être utilisé de centaines de façons par des inconnus pour nous influencer. Untel dira « C'est un ami qui m'a conseillé de venir vous voir, il dit que vous êtes le meilleur », l'autre vous déclarera : « J'ai été dans cette école, vous aussi, fantastique, c'était la plus efficace. Et quelle bonne ambiance ! »

1. Technique consistant à donner la carte du dessous du paquet en faisant semblant de donner la première.

Dans ce cas, le manipulateur va augmenter la sympathie qu'il vous inspire en se plaçant dans une logique de similarité. Comme ce vendeur de livres, s'approchant de vous et, voyant le titre de l'ouvrage que vous tenez en main, vous dira : « Excellent choix, je viens de le finir, c'est une merveille. Vous aimez le genre ? »

La similarité, mais également le contact et la coopération sont vecteurs de sympathie. Souvenez-vous de notre exemple de *l'emmerdeur* cité plus haut. Sa transformation en complice vient d'un intérêt particulier que le prestidigitateur va lui témoigner, d'une coopération qu'il lui propose.

Le célèbre Dale Carnegie, conférencier et écrivain américain, qui a vendu quinze millions d'exemplaires de son ouvrage *How to Win Friends and Influence People*, nous y explique deux façons de gérer des personnes à influencer, par la menace ou par la sympathie (outre son record de vente, je signale au passage que la lecture de Carnegie faisait partie du programme de formation des espions soviétiques) :

> Au début, quand j'apercevais un groupe de jeunes campeurs autour d'un brasier, je me hâtais vers eux, saisi de crainte pour mes chers arbres. Je leur disais qu'ils risquaient la prison, je leur ordonnais d'éteindre leur foyer ; et, s'ils refusaient d'obéir, je menaçais de les faire arrêter. En somme, je donnais libre cours à mon indignation sans me préoccuper du point de vue des jeunes.
>
> Aussi, ceux-ci s'exécutaient-ils à regret, d'un air maussade et rancunier. Et, sans doute, n'attendaient-ils que mon départ pour recommencer, avec le risque de brûler tout le parc.
>
> Avec le temps, j'ai acquis une connaissance un peu plus grande des relations humaines, un peu plus de tact, une tendance plus prononcée à voir les choses du point de vue de l'autre. Aussi, quand je découvrais un groupe de garçons autour de leur feu, je m'approchais et je leur disais :
>
> « Alors, jeunes gens, on s'amuse ?.... qu'est-ce que vous faites pour dîner ?.... moi aussi, à votre âge, j'aimais faire du feu dans les bois. Et même encore maintenant... seulement, vous savez, c'est très

dangereux ici, dans le parc... remarquez, je sais bien que vous faites attention. Mais il y en a d'autres qui sont moins prudents. Ils viennent, voient que vous avez fait un feu, et vous imitent. Mais ils oublient de l'éteindre en partant.

Le feu se communique alors aux feuilles sèches alentour, puis aux arbres. Il n'y en aura bientôt plus un seul ici, si nous n'y prenons garde... je n'ai pas d'ordre à vous donner, et je ne veux pas vous ennuyer... je suis content de voir que vous vous amusez.

Mais voulez-vous écarter ces feuilles mortes, tout de suite, pour éviter qu'elles ne s'enflamment. Et puis, en partant, n'oubliez pas de couvrir votre brasier de terre, beaucoup de terre. C'est entendu ? Et, la prochaine fois, mettez-vous plutôt là-bas, dans la carrière de sable, pour faire votre cuisine. Pas de danger, comme ça... Merci beaucoup. Amusez-vous bien ! »[1]

Carnegie combine ici deux principes, associant la sympathie à un sentiment de liberté dans le choix qu'il propose à ce groupe de jeunes. Ils ne sont pas menacés et sont libres de refuser sa proposition. Dans toute opération d'influence, le sentiment de liberté est déterminant.

Sentiment que nous décrit également un professionnel de la négociation. Me Christian Fievet est avocat et négociateur certifié. Un spécialiste des transactions, participant activement à diverses associations de médiation. Son analyse d'une bonne transaction apporte énormément d'enseignements à qui veut bien négocier.

Il faut partir du principe que si deux parties s'engagent dans une négociation, le point de rupture réside dans son échec. Les deux parties veulent éviter l'échec. Il y a donc, de façon sous-jacente, un sentiment de peur. Sa présence est capitale. À partir de là s'ouvrent des possibilités pour réussir une négociation, que ce soit

1. Dale Carnegie, *Comment se faire des amis* (1973), Paris, LGF, coll. « Le livre de poche », 1984, p. 192.

dans le domaine du travail, de la vie courante ou, en ce qui me concerne, des transactions. Jouer avec le point de rupture est la dernière arme à employer. Très efficace, mais dangereuse, car elle touche l'ego de l'autre partie. À n'utiliser qu'en position de force. Les techniques subsidiaires sont nombreuses :

– la première : se mettre à la place de l'autre. Toujours. Il faut l'observer et le comprendre. Ne pas faire semblant de le comprendre. Le comprendre réellement. Tenter de penser comme lui. Ensuite, faire comprendre à la partie que l'on représente, pour qui l'on agit, quelle est la situation de l'autre. Pourquoi veut-il négocier, qu'est-ce qu'il craint, de quoi a-t-il peur, en quoi a-t-il raison. En fait on doit obtenir une négociation qui profite à son client mais que son client comprenne ;

– deuxième point : l'écoute. Une négociation est à moitié réussie quand c'est l'autre qui fait en premier la proposition. Il faut donc le pousser à faire cette proposition en premier. Les méthodes sont diverses. Un climat sympathique, une dépassionnalisation du débat y contribuent. La dépassionnalisation s'obtient en ayant au préalable montré de l'empathie pour la position de l'autre, en faisant ressortir le caractère humain qui est présent dans toute négociation. En l'évacuant par un travail de pédagogie ;

– troisième point : la pédagogie, justement. Dans un procès par exemple, notre rôle consiste à convaincre le juge du bien-fondé des demandes de notre client. Mais le travail intellectuel du juge est facilité par une explication du « pourquoi » du procès. Pas du « qui a raison » ou « qui a tort ». Mais... Pourquoi. C'est aussi ce que l'on attend de nous. Identique dans les phases de négociation. Exposer en premier lieu le « pourquoi » de la négociation = éviter l'affrontement. En entamant une négociation et, en rappelant aux parties pourquoi elles sont là, on les engage dans la continuation du processus, on les détourne de l'affrontement. On consolide la négociation, tout en renforçant l'idée qu'elles se font d'être libres de ne pas négocier. Or, elles le sont de moins en moins[1].

1. Entretien avec l'auteur.

Libre… de faire ce que l'autre demande

Lorsque Christian Fievet énonce des principes de négociation, il décrit ce que l'on appellerait en illusionnisme ou en mentalisme un forçage.

Le meilleur des forçages de cartes est le forçage psychologique. Celui où le jeu est étalé entre les mains du prestidigitateur, près du spectateur, et lors duquel, en faisant passer les cartes d'une main à l'autre, faces en bas, en éventail, il va dire : « Piochez une carte. » Le spectateur tendra alors sa main et choisira celle *présentée* par l'illusionniste, l'air de rien. Aucune technique, beaucoup de confiance, mais un tel sentiment de liberté pour le public qu'il pense réellement ne pas avoir subi de forçage. Le choix d'une carte est une prise de décision, il en va de même pour tous les autres comportements. Si l'on désire forcer quelqu'un à faire quelque chose sans user de méthodes coercitives, il est nécessaire que l'individu se pense dans un *contexte de liberté*.

Le même type de forçage existe en mentalisme. Des forçages psychologiques. Dans les interludes aux chapitres, vous en découvrirez un.

> Je me souviens d'une soirée à la Colombe d'Or, tu sais, le congrès de Magie, raconte Jean Pierre Vallarino. On était un petit groupe, une dizaine. Dans le groupe, six Prix mondiaux de magie. On déambule, tranquilles, pour aller manger. J'avais fait venir Tamariz[1], un régal. On s'installe dans un resto, et, là, Tamariz nous fait sa version de la carte à travers la vitre. Un miracle. La carte passe visuellement à travers la vitre, tu vois ? Du grand Tamariz, quoi. Sauf que quelle que soit la technique employée, nous étions tous d'accord sur un élément : il faut une préparation. La vitre est préparée. Obligatoirement. Cela signifiait que Tamariz, l'air de

1. Juan Tamariz est un magicien espagnol très réputé, considéré par ses pairs comme le plus grand spécialiste vivant en *misdirection* (détournement d'attention).

> rien, nous avait forcé le choix du restaurant, et que personne ne s'en était rendu compte. Bien au contraire. En se baladant, l'un disait « tiens, si on prenait à droite », l'autre « tiens, à gauche ». Les types viennent des quatre coins du monde, ne connaissent pas Antibes. Nous étions certains d'avoir choisi un resto au hasard. Tamariz – et aucun de nous ne pouvait dire quand – nous avait amenés dans le seul resto préparé pour présenter son effet. Quasiment sans ouvrir la bouche, en plus. Nous baiser comme ça, fallait le faire, on était entre nous, en condition, à l'affût de tout. Pour faire un tour de cartes passe encore. Mais imagine un Tamariz qui veut tuer un mec. Il l'amène où il veut[1].

Le véritable pouvoir reste celui de l'esprit sur l'esprit. Ainsi, l'esprit qui se sent libre alors qu'il est dirigé a perdu. Mais c'est parce qu'il se sent libre qu'il s'égare. Un de mes amis avec une formation de mentaliste gagnait de l'argent en rédigeant des lettres décrivant les pouvoirs d'objets « magiques » pour éloigner le mauvais sort, faire revenir l'être aimé, avoir des érections... bref, tout ce qui pousse le chaland à aller consulter le marabout du coin.

Les objets étaient destinés aux pays de l'Est, donc ses lettres, rédigées en français, étaient traduites. Deux caractéristiques principales permettaient à cette organisation de bien fonctionner. D'une part, le talent de baratineur de cet ami, qui agrémentait toutes les lettres de références zodiacales, astrologiques, de symboles païens ou autres imageries destinées à stimuler l'imaginaire. D'autre part, une mention spécifique, concernait tous les objets :

Auteur de nombreux ouvrages théoriques sur la pratique du *close-up*, célébrité télévisuelle en Espagne et aux États-Unis. Chaque année, Tamariz réunit les meilleurs illusionnistes mondiaux dans le cadre d'une rencontre appelée L'Escurial, où ils planchent tous sur un sujet précis (mentalisme, cartes, pièces...) afin d'en tirer les bases universelles, les meilleures techniques.

1. Entretien avec l'auteur.

> Nous avons tellement confiance en la capacité mystique de cet objet que nous vous garantissons la chose suivante : si jamais, sous 365 jours, l'objectif désiré par l'achat de ce pendentif n'est pas atteint, *vous êtes libre de ne pas le garder*, il vous sera remboursé intégralement.

Taux de remboursement : 4 %. Bien conçu. Les objets, à la différence de beaucoup d'arnaques du genre, étaient vendus un prix modique, le profit se faisait donc sur le nombre. En outre, beaucoup oubliaient tout simplement la lettre, voire l'objet lui-même, au bout de 365 jours. *At least but not the least*, comme disait Corinda[1], le client se sentant totalement *libre* de renvoyer l'objet immédiatement le conservait. Pire, certains étaient tellement convaincus de son efficacité qu'ils renvoyaient, non pas le pendentif, mais des lettres de félicitations. C'est parce qu'il se sent libre que l'individu va être manipulé. Il s'agit d'un préalable à l'obtention de ce que le manipulateur désire : son engagement.

L'engagement sans fin

L'engagement est le lien entre un individu et son acte.

D'un mariage à une décision d'achat, un engagement stabilise le comportement d'une personne. Plus le sentiment de liberté associé aux comportements est fort, plus l'engagement dans la réalisation d'un acte sera important. La liberté de décision renforce le degré d'engagement dans un acte, que cet acte soit ou non problématique.

Deux mécanismes peuvent être distingués :

– la situation où l'individu fait un effort important pour son premier engagement qui conditionnera ses agissements ultérieurs

1. Tony Corinda est un illusionniste américain considéré comme le plus grand mentaliste du XXe siècle après avoir écrit un livre surnommé « la Bible du mentalisme » : *The Thirteen Steps to Mentalism*, Magic Dream, 2007.

(j'achète une voiture, c'est une dépense importante, priorité du vendeur : rajouter des options, dépense mineure) ;
– l'hypothèse de l'engagement progressif d'une personne à partir d'un lien infime, qui l'entraîne progressivement dans une direction (je bénéficie d'une console de jeux gratuite, d'un téléphone portable et d'un forfait pour la modique somme de 29 euros, mais je m'engage deux ans, sans possibilité de rompre l'engagement).

Dans les deux cas, si on peut entraîner quelqu'un à un engagement quelconque, il est possible de le pousser à tenir avec une cohérence inconsidérée cet engagement. C'est ce que le célèbre psychologue Robert Cialdini appelle dans son ouvrage *Influence*[1] « la formidable puissance du principe de cohérence ». L'application de ce principe est la conséquence directe de la dissonance cognitive (mère nourricière de l'indéfectible volonté de réduire ses contradictions intérieures).

L'ancrage rituel d'un comportement

Lors d'une saine discussion avec autrui, si vous emportez la conviction de votre contradicteur, il est possible que vous parveniez à le faire changer d'avis. Sur le moment. Il est beaucoup moins certain que cette personne garde cet avis et le fige dans son esprit. Pour figer un comportement dans l'esprit d'un autre, il faut qu'il se l'approprie. Prenons un exemple mis en évidence par Aronson et Mills, en 1959, auprès d'étudiantes américaines. Le but de ces deux psychologues, dans le cadre de l'expérience qui va suivre, était de prouver que la dissonance cognitive et l'engagement qui en résulte seront d'autant plus forts qu'un comportement coûteux a été émis.

Et maintenant... fini la théorie, place au sexe !

Car l'expérience utilisait l'évocation du sexe comme moyen d'ancrage. Je m'explique : des étudiantes sont recrutées sur la

1. Robert Cialdini, *Influence, Psychology of Persuasion*, Collins, 1998.

base du volontariat pensant participer à des groupes de discussion, puis séparées en trois groupes. On leur indique cependant qu'il s'agit d'un groupe de parole concernant la sexualité, et qu'elles vont devoir parler de sexe devant d'autres personnes :

– le premier groupe doit lire devant une salle d'observateurs une liste de mots obscènes, puis un récit de deux actes sexuels ;

– dans le deuxième groupe, les mots ont une connotation sexuelle mais ne sont pas obscènes ;

– dans le troisième groupe, les mots n'ont quasiment aucune connotation sexuelle.

Les étudiantes lisent le texte, puis l'expérimentateur leur annonce qu'elles ont réussi, qu'il ne s'agissait que d'un *pré-test*, et qu'elles doivent revenir la semaine suivante. Une semaine se passe et tout ce joli monde revient. Alors qu'elles s'attendent encore à discuter de sexe, l'expérimentateur leur demande d'écouter une bande sonore extrêmement ennuyeuse où deux narrateurs décrivent par le menu la crapuleuse sexualité des animaux inférieurs. Objectivement inintéressant. Tout de suite après la diffusion de cette bande, on demande aux étudiantes de noter l'intérêt de cette passionnante histoire.

Les expérimentateurs souhaitaient vérifier quel serait le groupe qui trouverait la bande la plus intéressante. Et en bonne logique, ce fut le premier groupe, celui qui la semaine précédente déclamait des obscénités, qui fut le plus captivé par la sexualité des mollusques.

Lorsque la dissonance première est sévère (déclamer des obscénités sexuelles en public dans l'Amérique puritaine des années 1960), elle introduit une disproportion dans l'esprit des sujets, qui les pousse ultérieurement à surévaluer d'autres éléments en rapport avec le sujet. Le troisième groupe trouva la cassette totalement inintéressante. Quant au deuxième groupe, les avis furent partagés.

Dans le milieu du mentalisme, les artistes ont découvert assez tardivement ce principe, mais n'hésitent plus à l'appliquer à tout bout de champ depuis quelques années. Vous avez peut-être déjà vu, à la télévision ou dans un spectacle, un mentaliste faire la démonstration de lecture de pensée suivante (attention, extérieurement, c'est un miracle) :

Effet

Le mentaliste fait monter un spectateur sur la scène et lui fait préalablement jurer sur l'honneur qu'il n'est pas complice. Le spectateur s'exécute (et effectivement, ce n'est pas un *baron*). L'artiste lui tend ensuite une grande feuille de papier parfaitement normale et déclare qu'il va procéder à une expérience de télépathie. Le spectateur est prié de dessiner sur cette feuille un objet auquel il pense. Par exemple, une chaise. Pendant ce temps, le mentaliste peut quitter la pièce, se faire bander les yeux ou se retourner. Il importe qu'en aucun cas le mentaliste ne puisse prendre connaissance du contenu de la feuille.

Puis, cette feuille est remise à un autre spectateur qui en a la garde. Le mentaliste demande alors au dessinateur de tenter de lui projeter mentalement l'objet. Avec quelques efforts visibles, il annonce réussir à capter l'image mentale transmise et réalise un dessin sur une autre feuille.

Les deux dessins sont comparés... et ce sont deux chaises. La transmission de pensée a eu lieu, applaudissements.

Maintenant que l'effet est décrit, passons à la méthode...

Méthode

Je vais certainement me faire quelques ennemis, mais je trouve le procédé d'une telle malhonnêteté intellectuelle que je vous le livre ici sans le moindre scrupule. D'autant plus que certains mentalistes utilisent cette technique pour faire réellement penser qu'ils ont des pouvoirs extrasensoriels.

Vous souvenez-vous de ces innocentes étudiantes américaines ? Parfait.

L'expérimentateur les avait placées dans une situation qu'il leur présentait comme un *pré-test*. Le mentaliste fait de même, on appelle cela un *pré-show*. Technique relativement récente, le *pré-show* consiste à préparer psychologiquement certains spectateurs pour en faire des complices involontaires. Tout réside dans la préparation du spectateur. Juste avant le spectacle, le mentaliste trouve le moyen d'être en contact avec le public quelques instants. Il localise un sujet facilement suggestionnable[1] et entame une discussion avec lui. Puis, il lui indique qu'il va réaliser une expérience de transmission de pensée et, que pour ce faire, il aura besoin d'un partenaire. Non pas d'un complice, mais d'un partenaire.

Il précise qu'il a tout de suite senti que cet innocent spectateur a des capacités mentales particulières et qu'il l'estime capable de lui transmettre des images sans parler. Cependant, pour réaliser l'expérience à venir, il importe que le cobaye se concentre intensément. Aussi, le mentaliste lui tend un innocent bloc-notes (truqué) sur la première page duquel il lui demande de dessiner quelque chose pour figer son esprit, de l'ôter du bloc, et de la détruire ensuite ou de l'emporter dans sa poche.

Le mentaliste justifie cette action en expliquant que l'acte d'écrire est un acte magique en ce sens qu'il cristallise la pensée. (Sur ce point il n'a pas tort. Les commissaires politiques chinois à l'époque de la guerre de Corée faisaient écrire très progressivement aux prisonniers américains des argumentaires devenant de plus en plus procommunistes pour les retourner idéologiquement. En récompense, ces derniers recevaient des bananes. Et au bout de quelques mois, beaucoup devenaient communistes.)

Revenons à notre télépathe et à son acte magique. Une fois la feuille déchirée et le spectateur conditionné, notre mentaliste aura tout le temps en coulisse de consulter son bloc spécial pour prendre connaissance du dessin et reproduire le même un peu plus tard avec la splendeur qu'on imagine. Avant de se séparer du spectateur, il lui demandera de se souvenir avec intensité de cet objet,

1. Une personne dite suggestionnable a une disposition naturelle, ou créée par des techniques de manipulation préalable, à être influencée. Grande sensibilité, bonne perméabilité à l'hypnose, les cibles suggestionnables sont les préférées des mentalistes et autres manipulateurs de conscience.

de se concentrer dessus jusqu'à ce qu'il l'appelle, pour que la transmission mentale se fasse correctement à l'instant T.

Aux yeux du public, il n'y a pas de complice. Aux yeux du complice – involontaire –, il n'est que partenaire, et à aucun moment le télépathe n'a vu son dessin. À mes yeux, le fait que certains « mentalistes », aux yeux fluorescents et au rimmel bien appuyé, pratiquant cet effet enfantin, se permettent ensuite de faire du *coaching mental* en promettant moyennant finance à leurs auditeurs de développer *leurs pouvoirs* est... proprement scandaleux. Il n'y a pas de « pouvoir ». Il existe juste des mécaniques mentales, que beaucoup de milieux utilisent à leur profit en utilisant des techniques similaires aux noms différents, mais aux objectifs identiques, que vous découvrez pas à pas à travers ces pages.

Un des objectifs de cet ouvrage, une de mes motivations principales est de permettre aux personnes s'intéressant réellement au sujet de ne pas tomber entre les mains de charlatans qui vendent à prix d'or d'inutiles élucubrations ésotériques sans avoir effectué une quelconque étude sérieuse du sujet, ni recueilli les avis de personnes qualifiées.

Cette parenthèse étant fermée...

On retrouve la même forme d'engagement basé bien malheureusement sur un premier ancrage puissant dans les cas nombreux de violences conjugales. Je le constate quotidiennement dans mon travail. Bien souvent, la victime qui a pardonné une première fois au conjoint violent va rentrer dans une logique de pardon systématique, destinée finalement à compenser sa propre incohérence originelle. Ainsi, on voit souvent des victimes de violences conjugales retirer leur plainte, ou se présenter au tribunal, couvertes de cicatrices en disant : « Je sais qu'il a fait une erreur, mais ce n'est pas sa faute, il a des problèmes... aujourd'hui je pardonne... pour la dernière fois. »

Voilà pourquoi, dans 99 % des cas, le ministère public poursuit le prévenu tout de même, malgré le retrait de plainte de la partie civile. En représentant les intérêts de la société, il va aider la victime malgré elle, car elle n'a plus la lucidité nécessaire pour comprendre le processus dans lequel elle s'est engagée.

Une petite habitude sournoise...

Qui peut le plus peut le moins, dit-on.

Qui peut le moins peut le plus, répondrais-je.

Car à partir du moment où une première concession sur notre comportement sera faite, la suite, aux yeux d'un manipulateur, n'est qu'une somme de conséquences. Prenons l'exemple d'un prêt. Vous êtes en face d'un sympathique collègue de travail, présentant en outre un effet de halo, apprécié de votre groupe d'amis, qui vous demande de le dépanner d'un paquet de cigarettes, alors que vous déballez votre cartouche au bureau.

Qu'est-ce donc, un paquet de cigarettes, par rapport à la gestion d'un refus ? Peu de chose, finalement. En plus, vous avez payé la cartouche moins chère, elle vient de l'étranger. Vous lui offrez donc bien volontiers, c'est naturel. Vous précisez même que vous ne vous faites plus berner, et que l'achat de cigarettes en France, c'est fini (un peu de considération ne fait pas de mal).

Quelques mois plus tard, alors que vous êtes interpellé par les douanes rentrant d'Italie le coffre rempli de cartouches, dont 80 % pour vos collègues de travail, vous aurez sans doute oublié ce petit paquet de cigarettes. C'est pourtant lui qui vous a conduit dans une logique d'acceptation. Un processus d'engagement repose sur la répétition d'un acte, associé au sentiment de liberté joint à cet acte. Il peut être fort et rapide lorsque l'acte est très coûteux, comme dans ce cas. Mais il peut aussi résulter de la répétition d'actes plus modestes, mais augmentant en intensité.

Par exemple, la fidélisation du client par une entreprise de téléphonie mobile fonctionne ainsi. Au départ, l'investissement paraîtra aux yeux du client très minime, comparativement à l'avantage reçu (des cadeaux, le portable dernier cri à zéro euro, des heures de forfait gratuites... récemment, j'ai même vu une publicité où l'opérateur offrait un véhicule pour tout achat de portable). La compétition de générosité originelle fait rage. Puis, le voilà engagé pour plusieurs années. À mi-parcours, il réalise que le tarif de son forfait est assez exorbitant par rapport à la concurrence, qui ne fait que baisser ses offres. Il décide donc de changer d'opérateur.

Le service client lui répond : « Il vous reste encore un an et demi d'engagement à rembourser d'un coup si vous voulez rompre le contrat. En revanche, vous pouvez rester chez nous et changer de forfait. Voici ce que nous vous proposons, etc. »

Deux techniques en une sont utilisées ici :

– celle du *contraste* : une mauvaise nouvelle est annoncée immédiatement (le remboursement intégral), mais, ouf, il reste une solution : changer d'abonnement. Sans l'exposé de la première nouvelle, la seconde est moins avantageuse : contraste ;

– celle du *désavantage masqué* : une fois que le client aura accepté le changement de forfait, à un stade suffisamment avancé de la conversation, l'opérateur l'informera alors qu'il vient de se réengager pour deux années supplémentaires.

En tout, sans le savoir, ce consommateur aura été soumis à plusieurs techniques de manipulation psychologique découvertes en laboratoire.

Ça vaut bien un petit cadeau.

Post-scriptum de Big Georges :

> Ne loupe jamais une occasion de faire un cadeau. N'offense pas en offrant un présent onéreux. Il crée une obligation disproportionnée et, sans le vouloir, tu manques de respect. Choisis de l'abordable, mais qui touche. Personnalisé. Note les goûts de chacune de tes relations, dans un carnet. Et pas pour rien, pour une occasion, un événement heureux. Le héros, là, Patrick Jane... As-tu remarqué qu'il en fait souvent ? Pas bête ce Jane. Une chose à ne jamais omettre : les cadeaux se font à l'ensemble de la hié-

rarchie de la structure que tu cibles. Du Boss au Manœuvre. Surtout au Manœuvre. Respecte tout le monde, et ne soit jamais snob. Trop de gens ont tendance à manquer de respect à la base de la hiérarchie. Stratégiquement, c'est bête, et surtout, moralement, c'est moche[1].

1. Entretien avec l'auteur.

Suppléments vidéos – QR Code

Scannez le QR Code pour explorer directement sur votre smartphone le site Magikdata et découvrir à quel point il peut être dangereux pour un mentaliste d'utiliser des équipements électroniques pour pratiquer des simulations de conditionnement et se retrouver ensuite en vidéo dans un site vantant ses propres produits, et donc, le *modus operandi* utilisé par l'artiste. Malheureusement, les sites Internet, pour communiquer sur la qualité de leurs produits, vont parfois trop loin en révélant les noms de leurs clients.

Pour regarder directement sur votre smartphone la reproduction sous-titrée en français de l'expérience d'Asch, encore un petit scan du QR Code ci-dessous. Le tout sans bouger de son lit.

Scannez donc ce petit QR Code pour découvrir les jumeaux Buck, ou comment Mozart décide de se dédoubler et de se mettre à la manipulation de cartes. Leur apparition récente dans le monde magique a produit l'effet d'une bombe.

Ce petit QR Code vous permettra de découvrir, en sirotant votre verre, l'illusionniste David Blaine, complètement à part dans le monde magique. Il a bâti sa notoriété en conjuguant des effets classiques présentés en conditions de rue *street magic* et des prouesses physiques longues et risquées lors desquelles la foule venait le regarder. Outre son talent, Blaine est un communicant très habile jouant sur l'effet de masse développé dans ce chapitre.

En scannant ce QR Code, vous aurez accès à une illusion légendaire du principal rival de Blaine, Criss Angel. Les deux se partagent la vedette aux États-Unis.

Κάθαρσις – Katharsis

Vous souvenez-vous de l'hypnotiseur et de ses démangeaisons ?

L'assistance se grattera, et ce dernier n'a aucun pouvoir. Il s'agit d'un simple effet de suggestion.

Si vous pensez réellement à des démangeaisons, vous allez finir tôt ou tard par en ressentir. C'est sournois, une démangeaison, lorsqu'on y pense. Ça peut vous prendre à n'importe quel moment. La plupart du temps, la démangeaison commence à un endroit précis, une partie du corps, on se gratte par réflexe. Puis, un autre endroit démange. Comme lorsqu'on est victime d'une série de piqûres de moustique. Lorsque les pensées sont orientées vers cette sensation...

Elles s'accompagneront naturellement du besoin de vous gratter.

Et plus vous attendez pour vous gratter, plus cette sensation va vous obséder.

La meilleure preuve : combien de fois vous êtes-vous gratté en lisant ce texte ?

Pas encore ?

Ne vous inquiétez pas, ça arrive...

Παῦσις – Pausis

Vrote cveraeu avirre à me lrie et à cmoprnede ce txete rpadiemnet, mmêe qanud les ltretes des mtos snot manlégeées.

Deevnenons nuos initmes ?

Réponse en fin de chapitre

Bene dicendi scientia

L'action du discours sur les esprits

Mon métier actuel repose sur la capacité de persuasion.

En ce sens, j'ai été très tôt amené à m'intéresser à une des techniques majeures pour atteindre cet objectif : la rhétorique. En loup solitaire, cependant, car celle-ci ne me fut malheureusement pas enseignée. Il est d'ailleurs incroyable que des professionnels de la persuasion tels que nous autres, avocats, ne soyons pas obligés de nous soumettre à une formation complète à cet art de la persuasion. La persuasion, du latin *persuasio*, consiste à amener quelqu'un à croire quelque chose, à être convaincu de quelque chose (il a persuadé les gens de sa bonne foi), ou à amener quelqu'un à faire, à vouloir quelque chose (il a persuadé son ami de renoncer à son projet). La persuasion est donc le processus menant à la conviction d'autrui. La rhétorique est l'un des instruments permettant d'y parvenir. Déploiement d'éloquence, de moyens de persuader, la rhétorique tient une place à part dans la modification volontaire des convictions de l'autre : elle repose sur l'unique discours.

C'est donc, en d'autres mots, l'art du bien parler.

Art, discipline, doctrine, science... ? La rhétorique est présente partout, dans tous nos échanges sociaux, nos débats, nos discussions, nos querelles, nos démonstrations. Elle constitue la manière dont l'individu va présenter ses arguments. Chacun utilise donc sa propre méthode, son propre style, pour emporter la conviction de l'autre, ou obtenir de lui le comportement attendu.

Lorsque je commençai dans ce métier, je fus fasciné par la capacité rhétorique de l'un des avocats que je tiens le plus en estime, Maître Michel Cardix, un pénaliste de renom.

Ayant eu la possibilité de plaider à ses côtés quelques fois, il fit partie des personnes qui, dans une vie, par l'expression d'une seule de leurs qualités, sont susceptibles de conditionner l'évolution d'un autre individu dans son parcours professionnel. Depuis, j'en ai vu d'autres, à Paris, les plus célèbres, mais aucun ne m'a marqué autant. Michel Cardix est un authentique rhéteur.

Nous sommes devenus amis, et régulièrement, je lui demandais des conseils sur la façon de bien exposer ses arguments. Sa réponse était toujours la même : « John, sache que *notre profession est une profession qui se vole*. À mes yeux, la plus grande plaidoirie de l'histoire récente est celle de Tixier-Vignancour défendant Salan. Lis-la[1]. »

Par cette phrase, il avait tout résumé. Pour apprendre à développer une technique professionnelle correcte, il faut rencontrer les plus grands, voir leurs méthodes, les noter, les intégrer et les adapter à son propre style. Comme dans tous les métiers, finalement.

Lorsque je rencontrai plus tard Jacques Vergès, qui fait également partie de mes références, il me tint un discours similaire. Alors que je l'interrogeais sur l'investissement personnel qu'il insuffle dans certaines de ses affaires, comme par exemple, sur sa défense des militants de la cause indépendantiste algérienne, je lui fis part de mon doute quant à sa capacité de défendre avec autant d'efficacité l'autre camp, celui, à l'époque, de l'Algérie française. Nous nous trouvions dans le cadre de la projection du film qui lui est consacré, *L'Avocat de la terreur*, suivie par une conférence. Celui qui a l'espièglerie de prendre comme e-mail professionnel diablenoir@wanadoo.fr s'apprêtait à me répondre.

Lui qui avait épousé une rebelle indépendantiste, qu'aurait-il fait s'il avait eu à défendre le général Aussaresses, auteur confessé de tortures sur les Algériens, ou tout autre individu qui aurait commis ce genre de crimes. Entamant une défense virtuelle d'Aussaresses, il conclut en me citant deux des avocats qui défendirent avec talent de nombreux militants de l'Algérie française : « Vous savez, Tixier et Isorni sont mes maîtres. »

1. Entretien avec l'auteur.

Il faisait référence à Jacques Isorni et à Jean-Louis Tixier-Vignancour. Jacques Isorni assura en 1961 la défense du général Bigot, qui avait participé à la tentative de coup d'État visant de Gaulle, opération connue sous le nom « putsch des généraux ». Il défendit également l'un des conjurés impliqués dans la tentative d'assassinat du général de Gaulle, lors du procès de l'attentat du Petit-Clamart. Lors de ce procès, il fut suspendu de ses fonctions pour trois années, car il avait fougueusement osé demander la récusation d'un des juges, colonel, en lisant une de ses lettres contenant des propos indignes d'un juge. Un avocat courageux, maniant la rhétorique avec un style fameux.

Tixier-Vignancour, lui, défendit un nombre important de responsables de l'Organisation de l'armée secrète (OAS), dont le général Raoul Salan, auquel il évita la condamnation à mort au terme d'une plaidoirie légendaire reconnue unanimement comme l'un des plus grands moments de l'éloquence judiciaire du XXe siècle. On raconte que lorsque de Gaulle apprend, à l'Élysée, que Salan va finalement éviter la mort, il se lève, s'empare d'un bibelot et, possédé par la colère, le brise sur une vitre. Ou comment les simples mots d'un homme de loi, prononcés dans une salle d'audience surchauffée à des centaines de kilomètres de Paris, retentirent jusqu'au douillet palais de l'Élysée et rendirent fou de rage le premier homme de l'État, d'ordinaire placide.

Décidément, l'art de la rhétorique me plaisait.

Je commençai à l'étudier avec passion à l'occasion des concours d'éloquence auxquels j'ai participé, dont la Conférence du Stage, démonstration d'éloquence réunissant de jeunes avocats dans le cadre d'épreuves oratoires destinées à désigner la meilleure prestation et à décerner à son auteur un titre pour qu'il représente le Barreau lors de manifestations officielles sur le territoire, et qu'il soit désigné prioritairement pour les affaires pénales complexes.

Les fonctions durent deux années, mais le titre toute une vie. Parmi les anciens secrétaires de la Conférence parisienne figurent trois présidents de la République (Jules Grévy, Raymond Poincaré,

Alexandre Millerand), plusieurs dizaines de ministres et parlementaires, des conseillers d'État, des magistrats, des membres de l'Académie française...

En tant que premier Secrétaire niçois, j'étais donc très honoré de rencontrer une partie de ce beau monde lors des autres Conférences auxquelles je fus convié. Mais pour être franc, les bulles de champagne et les conversations de ce type de rencontres m'intéressaient bien moins que ce que j'allais pouvoir consigner dans le petit carnet Moleskine qui ne me quitte jamais depuis le conseil de Michel Cardix. En les observant concourir, j'allais pouvoir *tenter de dérober l'éloquence des autres*.

Observer leur rythme, leurs intonations, leur phrasé, détecter les meilleurs, noter les bons mots, les gestions de silence, les instants de gravité. Cette panoplie d'instruments en perpétuel renouvellement me permet ensuite d'être confiant et enthousiaste lorsque j'entreprends une joute avec un confrère plus âgé, dont je décèle la surprise quand il se rend compte que le jeune homme qui lui fait face, et à qui il aurait bien confié son cartable d'un air dédaigneux, est en train de jouer dangereusement avec son argumentaire.

Je me souviens avec tendresse de ce pénaliste réputé qui, au début d'une audience fortement tendue concernant une affaire médiatisée au sujet de la liberté d'expression, me serra la main d'une poigne glaciale en me disant, en guise de présentation cordiale : « Condoléances. »

Le premier dossier qu'il m'ait été donné de plaider, au bout de quelques jours de barre, fut une affaire de pédophilie particulièrement glauque. Rude dépucelage. Dès lors, en début de carrière, une forme de ferveur ou de témérité me poussa à assurer la défense de personnes dont je n'imaginais pas le degré de haine qu'elles pouvaient engendrer auprès de certains.

Mis à part quelques calomnies sur Internet me concernant, je n'en ai tiré que des avantages, notamment beaucoup d'encouragements et certaines amitiés sincères avec des confrères adverses, alors que nous nous déchirions à la barre. Car nous partagions la même passion pour ce métier, que résume si bien Robert Badinter, véritable boussole de l'avocature : « Pour l'Avocat il n'y a qu'une passion défendre. Encore, toujours, inlassablement défendre, sans jamais céder, sans jamais renoncer, sans jamais, même un instant, reculer. Défendre, défendre, défendre[1]. »

Cette phrase résonne dans ma tête chaque fois que je pénètre dans un tribunal et me pousse à choisir souvent de me porter volontaire ou d'accepter des cas d'espèce lors desquels les attaques sont rudes.

Une fois la victoire venue, et avec le respect dû au droit d'aînesse qui s'impose même lorsque l'aîné est vaincu, il me plut d'exécuter le même mouvement courtois, plus chaudement, accompagné du mot : « Félicitations. » Non pas pour me venger d'une quelconque offense, mais pour rappeler à ce pénaliste son erreur auprès de l'un de ses jeunes pairs. Car, si je suis en perpétuelle quête d'apprentissage auprès des anciens, j'éprouve une certaine forme de déception, de peine, lorsque je vois l'un d'entre eux utiliser sa seule renommée pour mépriser dans un but dissuasif plus jeune que lui. Cette attitude est à mon sens contraire aux principes fondamentaux de notre profession.

Cicéron, mythe de l'éloquence, ne se serait jamais comporté ainsi. Au contraire, il avouait publiquement à son peuple sa propre insuffisance et confessait humblement à qui il devait tout.

> S'il est en moi, Romains, quelque talent, dont je sens d'ailleurs toute la faiblesse ; si j'ai quelque habitude de la parole, qui, je ne le cache point, a fait l'objet constant de mon application ; si je dois, enfin, quelques succès oratoires à la culture des beaux-arts, qui fut dans tous les temps le plus doux charme de mes veilles, c'est à A. Licinius surtout qu'il appartient d'en recueillir le fruit. En effet, aussi loin que mon esprit peut fouiller le temps qui

1. Robert Badinter, *L'Exécution*, Paris, Grasset, 1973.

> n'est plus, et remonter de lustre en lustre aux premiers jours de mon enfance, je vois Licinius, guidant mes premiers pas, m'introduire et me diriger dans la carrière des lettres. Or, si ma voix, formée par ses préceptes et soutenue par ses conseils, fut quelquefois utile aux opprimés, celui dont les leçons m'apprirent à défendre, à sauver les autres, ne doit-il pas lui-même trouver en moi, autant que le comportent mes moyens, et son refuge et son salut[1] ?

Apprendre la rhétorique nécessite donc une écoute attentive de ceux qui discourent avec pertinence. Écoute, humilité, et respect. Communément, on la définit comme « l'art de bien parler ».

En vous inspirant de ceux dont le discours captive votre attention et emporte votre conviction, vous vous imprégnez de rhétorique, par un *phénomène d'imitation*, décrit si clairement par une des têtes les plus fortes et les plus pensantes que la nature ait organisée : Aristote.

> La poésie a deux principes dans l'âme humaine : le goût pour l'imitation et le penchant à imiter ; le plaisir d'apprendre, la curiosité, studieuse et réfléchie chez les uns, chez les autres impatiente et légère. Au fond Aristote ramène le premier principe au second, car, dit-il, le plaisir causé par les imitations, n'est autre que celui qu'on trouve à apprendre et à reconnaître quel est l'objet imité. Le goût du rythme et du chant, continue Aristote, ne nous étant pas moins naturel que celui de l'imitation, des hommes doués d'heureuses dispositions firent de beaux essais d'imitation par le chant et le rythme, qui se perfectionnèrent plus tard, et telle est l'origine de la poésie[2].

Cette observation permanente permet de dégager des constantes pour améliorer l'expression des idées. Et, ainsi, influencer autrui.

1. Cicéron, *Œuvres complètes*, E. Greslou, Ch.-H. de Guerle et Ch. Du Rozoir, CLF Panckoucke, 1831, p. 155.
2. Thomas-Henri Martin, *Analyse critique de la Poétique d'Aristote*, Université de France, 1836, p. 17.

Affranchi de ces schémas, on peut aussi se prémunir contre une rhétorique cherchant à emporter notre libre arbitre dans une direction dont on ne veut pas.

La rhétorique ne doit pas être le domaine réservé des publicistes, illusionnistes, juristes, hommes politiques, journalistes, ou littéraires. Nous allons, ici, tenter de décrypter cet art de la persuasion, que nous avons tous besoin de manier dans notre vie à travers de multiples situations, personnelles ou professionnelles.

Comment fonctionne la rhétorique ?

L'objectif de l'usage de la rhétorique est, comme nous l'avons vu, d'obtenir la conviction de l'interlocuteur, de le convaincre à partir d'un énoncé écrit ou verbal. Ce but nécessite donc une communication efficace, qui repose sur deux exigences :

– une aisance dans l'expression ;

– une argumentation solide.

À la différence du maniement du mensonge, convaincre en employant la rhétorique est loyal et repose seulement sur l'énoncé d'arguments, et surtout, sur leur agencement. En outre, cet usage de la rhétorique ne dépend pas non plus de techniques de manipulations mentales basées sur la psychologie sociale, également exposées dans cet ouvrage. Il ne s'agit donc ni de désinformation, ni de propagande, ni de conditionnement.

Il s'agit de transformer un argument faible en argument fort, par l'art du verbe : « Il n'est pas de serpent ni de monstre odieux, qui, par l'art imité, ne puisse plaire aux yeux[1]. » Un des plus célèbres rhéteurs, le Grec Protagoras (486-410 av. J.-C.), posa le principe dialectique selon lequel n'importe quel sujet peut être énoncé selon deux thèses contraires. L'importance réside dans le fait

1. Boileau Despréaux, *Œuvres*, commenté par E.-E. Viollet-le-Duc, Paris, Imprimerie de Pain, 1823, p. 178.

qu'elles soient vraisemblables. Or, la vérité n'est pas forcément vraisemblable. De là, le célèbre vers du poète Boileau : « Le vrai peut quelquefois n'être pas vraisemblable[1]. » Durant l'Antiquité, de nombreux penseurs ont cherché à théoriser la rhétorique : Cicéron a rédigé beaucoup d'ouvrages sur le sujet, suivi ensuite par Sénèque, Tacite, Quintilien, tandis qu'Aristote effectuera une œuvre de compilation majeure en réunissant toutes les composantes connues de son époque dans *La Rhétorique*, dont les conclusions demeurent d'actualité de nos jours.

Voici ce que nous enseigne Aristote sur l'art de persuader :

> I. Définissons la rhétorique, la faculté de voir dans un sujet quelconque ce qu'il referme de propre à persuader. Car cette fonction n'appartient à aucun art, puisque chaque art se borne à donner des règles sur le sujet auquel il se rapporte et à le démontrer. Ainsi, la médecine traite de ce qui concerne la santé et la maladie ; la géométrie des changements qui arrivent dans les grandeurs, et l'arithmétique de ce qui regarde les nombres. Il en est de même des autres arts et des autres sciences. La rhétorique semble, pour ainsi dire, pouvoir découvrir dans tous les sujets proposés, ce qui est capable de persuader. C'est ce qui nous a fait dire qu'elle n'est point contenue dans les bornes d'un sujet déterminé.
>
> II. Parmi les preuves de la rhétorique, les unes sont artificielles et les autres indépendantes de l'art. Je range, dans cette dernière classe, celles que l'orateur n'invente pas et qui se trouvent d'avance dans son sujet ; telles sont les preuves fournies par les dépositions des témoins, les aveux arrachés par les dépositions des témoins, les conventions et les autres de même espèce. J'appelle preuves artificielles celles qu'il peut préparer lui-même et par les règles de la rhétorique ; de sorte que, pour celles-ci, il faut les trouver, tandis que pour les autres, il suffit de savoir en faire usage.

1. Boileau Despréaux, *Œuvres*, *op. cit.*, p. 180.

> III. Les preuves qui dépendent de l'art sont de trois espèces ; 1) celles qui se tirent des mœurs de l'orateur ; 2) celles qui naissent des dispositions où il a mis l'auditeur ; 3) celles qui viennent du discours même, ou simplement en apparence. Nous sommes persuadés, à l'occasion des mœurs de l'orateur, lorsque son discours est traité de telle manière qu'il paraît digne de notre confiance. Car, généralement en tout, mais principalement dans les matières qu'on ne connaît point d'une matière certaine et sur lesquelles les opinions sont partagées, nous nous fions plutôt et avec beaucoup plus de sécurité aux gens de bien qu'aux méchants. Il faut que l'orateur excite de pareils sentiments par la force de son discours, et non pas seulement par la bonne opinion qu'on pourrait avoir déjà de ses mœurs. Car je ne suis point de l'avis de ceux qui, en traitant de la rhétorique, mettent la probité de l'orateur au rang des choses qui ne sont d'aucun secours pour persuader ; tandis que c'est, pour ainsi dire, l'arme la plus puissante pour opérer la persuasion[1].

La crédibilité de l'orateur occupe une place fondamentale dans la démonstration d'Aristote, mais celle-ci est inférieure à la force du discours. Comme l'indiquera plus tard saint Augustin, l'orateur doit pouvoir charmer, mais *l'ars dicendi*, l'art du discours, reste le levier majeur de la persuasion.

Pour synthétiser l'analyse d'Aristote, je donnerai la définition suivante : l'art de persuader fonctionne sur une énonciation de faits probants présentés avec dextérité par un orateur charismatique.

Les techniques de manipulations soft décrites dans le chapitre précédent permettant d'accroître influence et charisme auprès d'un tiers, nous nous intéresserons ici au raisonnement pur et à sa présentation. De tels outils, bien utilisés, peuvent magnifier la présentation d'un effet magique, accroître le potentiel d'un message commercial, retourner une argumentation en sa faveur, etc.

1. Aristote, *La Rhétorique*, trad. Étienne Gros, Paris, A. Bobée, 1822, p. 16 à 20.

Aussi, de prime abord complexes, les techniques décrites ci-dessous méritent-elles qu'on y prête attention.

La dextérité discursive : les modes de raisonnement

Tel habile manipulateur de cartes qui est capable d'opérer des effets de transformation, disparition, ou apparition, le rhéteur convertit, fait surgir et anéantit des arguments. Tout comme le cartomane, il dispose de techniques. Parmi elles, le passage du rationnel à la constatation – la déduction –, et le passage de propositions à une conclusion – le syllogisme.

Le passage du rationnel à la constatation : la déduction

Passer du rationnel à la constatation signifie partir de faits que l'auditoire tient pour acquis pour l'amener par déduction à un autre fait que l'on souhaite faire constater. C'est la technique de la déduction. Prenons un exemple simple :

1. Le président de la République est un homme.
2. Tous les hommes dorment.
3. Donc, le président de la République dort.

Ici, le raisonnement ne se réalise pas par observation directe des faits (je n'ai jamais vu dormir un Président, les députés, à l'Assemblée, parfois), mais par une référence à des vérités préalables qui sont déjà acceptées par tous. Cette mécanique partira d'une affirmation générale pour nous conduire vers une constatation particulière.

Cette mécanique basique étant énoncée, complexifions à présent la chose.

Le passage de propositions à une conclusion : le syllogisme

Le syllogisme est un mécanisme bien connu des praticiens du droit et des mathématiciens. C'est Aristote – encore – qui le mit en évidence. Il désigne un raisonnement logique constitué de deux propositions qui amènent vers une conclusion. Attention : la différence capitale à opérer entre la déduction exposée plus haut et le syllogisme est la suivante :

– pour établir une déduction on part de constatations ;

– pour établir un syllogisme on part de propositions, d'hypothèses.

Les propositions utilisées dans un syllogisme, avant-goût de conclusions, sont appelées des *prémisses* (à distinguer des *prémices* sexuelles, même si cette sensuelle homonymie peut aider à mémoriser le concept). Le syllogisme ne peut être composé que d'une structure en trois parties, articulée sur trois termes. Sinon, ce n'est plus un syllogisme. Exemple :

1. Tous les hommes sont des êtres dotés de raison.
2. Raymond Domenech est un homme.
3. Donc, Raymond Domenech est un être doté de raison.

Ici il conviendra pour une meilleure compréhension de la suite de qualifier les trois termes sur lesquels se construit le syllogisme. Vous utiliserez toujours :

– un *terme majeur* : « des êtres dotés de raison ».

– un *terme moyen* : « les hommes ».

– un *terme mineur* : « Raymond Domenech ».

Le terme moyen qui permet le lien logique est facile à repérer car il n'est jamais présent dans la conclusion. On le retrouvera en revanche deux fois, dans chacune des deux prémisses (« tous les hommes » ; « un homme »).

Vous noterez, en outre, qu'à la différence d'une déduction qui utilise une constatation objectivement acceptée, ici, on part d'une hypothèse : « Tous les hommes sont des êtres dotés de raison. »

Si le syllogisme fonde ses bases sur plus de trois termes, il n'est plus un syllogisme et perd son efficacité. Cette règle est constante.

Exemple

1. Toutes les personnes qui lisent ce livre s'intéressent à la manipulation.
2. Bob est une personne qui aime bien la psychologie.
3. Donc, Bob est une personne qui s'intéresse à la manipulation.

Faux = Bob s'en contrefout.

Car le mauvais syllogisme ci-dessus est construit sur quatre termes, et il n'y a aucun lien valide reliant le mot « Bob » et « s'intéressent à la manipulation ». Relisons le même exemple avec les quatre termes en italique :

1. Toutes les personnes qui lisent ce livre // *s'intéressent à la manipulation*.
2. *Bob* est une personne qui *aime bien la psychologie*.
3. Donc, Bob est une personne qui s'intéresse à la manipulation.

À présent, reformulons le même syllogisme pour le rendre, cette fois-ci, parfaitement acceptable d'un point de vue logique, car composé d'une structure triple.

1. Toutes les personnes qui lisent ce livre /// aiment bien la psychologie.
2. Bob est une personne qui aime bien la psychologie.
3. Donc, Bob est une personne qui lit ce livre.

Le placement du terme moyen, ici « aime(nt) bien la psychologie », est donc fondamental dans une démonstration de ce type car c'est lui qui permet de faire le lien logique entre les propositions. Il porte bien son nom, il est le *moyen* du raisonnement.

J'attire cependant votre attention sur un point. Conclure à la validité logique d'un syllogisme ne signifie pas démontrer la vérité de ce qu'il énonce. C'est uniquement affirmer que sa forme est valide, qu'elle supporte une analyse logique.

Exemple par l'absurde :

1. Tous les animaux à écailles sont des déviants sexuels.

2. Les cochons ont des écailles.

3. Donc, les cochons sont des déviants sexuels.

Le syllogisme est parfait et sa forme valide. En revanche, les cochons n'ont pas d'écailles, et traiter un pauvre cochon de déviant sexuel est particulièrement injuste. Il s'agit d'un syllogisme absurde, nommé un sophisme.

Continuons dans nos explications. Avant de parler de la sexualité du cochon, nous étions en train d'étudier l'importance du terme moyen dans un syllogisme. Je vous rappelle que ce terme est celui que l'on retrouve dans la proposition où l'on va affirmer quelque chose (« tous les hommes », « toutes les personnes », etc.).

Il faut distribuer le terme moyen : s'il n'est pas distribué dans une des prémisses au moins, il sera impossible de faire de rapprochement logique dans votre énoncé. En outre, la première prémisse devra concerner une affirmation d'ensemble, universelle (« tous ») et non pas une affirmation limitée (« certains », « quelques »).

Exemple d'un syllogisme qui serait imparfait par manque d'universalité :

1. Certains de mes animaux sont des cochons.

2. Certains cochons dévorent leurs excréments.

3. Donc, certains de mes cochons dévorent leurs excréments.

Malgré ce que vous chercheriez à démontrer en utilisant cette formule, rien ne prouve dans votre argumentaire que ces malheureux cochons affamés font partie de vos animaux de compagnie.

La plupart des auteurs contemporains ayant étudié les syllogismes s'accordent sur huit règles fondamentales qu'il convient d'appliquer pour ôter tout défaut logique à une démonstration utilisant cette technique.

Les voici :

1. Le syllogisme ne peut comporter que trois termes différents.

Nous l'avons déjà vu, en cas de quatrième terme, la règle du syllogisme s'effondre d'elle-même.

2. Le moyen terme ne peut pas se trouver dans la conclusion.

Effectivement, reprenons notre exemple :

1. Tous les hommes sont des êtres dotés de raison.
2. Raymond Domenech est un homme.
3. Donc, Raymond Domenech est un homme.

Si le mot « homme » est replacé à la fin, le raisonnement ne signifie plus rien.

3. Un terme non distribué dans une prémisse ne peut l'être dans la conclusion car celle-ci affirmerait davantage que ne l'auraient fait les prémisses.

1. Tous les coqs ont un bec.
2. Aucun homme n'est un coq.
3. Donc, aucun homme n'a de bec.

Cette disposition rompt la progression de l'argumentation, même si, à l'énoncé, elle se tient.

4. Le terme moyen doit être distribué au moins une fois.

C'est ce terme qui crée le lien logique. Sans lui, il n'y a plus de syllogisme.

5. De deux prémisses affirmatives, on ne peut tirer de conclusion négative.

1. Tous les hommes sont des êtres dotés de raison.
2. Raymond Domenech est un homme.
3. Donc, Raymond Domenech n'est pas doué de raison.

L'adaptation de cette règle ferait de Raymond Domenech un homme dénué de raison, sur la base d'un raisonnement totalement illogique. (Injustice ?)

6. De deux prémisses négatives, on ne peut tirer de conclusion affirmative.

Même règle, inversée.

1. Un cochon n'est pas un homme.
2. Les hommes ne sont pas pourvus d'ailes.
3. Donc, un cochon a des ailes.

C'est fou ce qu'une mauvaise logique appliquée tout au long d'un chapitre peut écorner l'image d'une bête qui ne m'a pourtant rien fait.

7. Si une prémisse est négative, la conclusion l'est également, et si une prémisse est particulière, la conclusion l'est elle aussi. Si l'on considère les propositions négatives comme plus faibles que les affirmatives, et les particulières comme plus faibles que les universelles, on pourra dire plus simplement : la conclusion suit toujours la plus faible des prémisses.

Cette règle va de soi puisque l'on part d'une prémisse forte (universelle, qu'elle soit négative ou affirmative) pour enchaîner sur une articulation moyenne et trancher.

8. De deux propositions particulières, on ne peut tirer aucune conclusion valide.

En effet, l'incertitude des propositions rend instable la conclusion. Par exemple, un ministre de l'Intérieur qui dirait...

1. Certains manifestants sont violents.
2. Certains violents doivent être arrêtés.
3. Donc, on doit arrêter tous les manifestants.

... se décrédibiliserait totalement. Mais, comme vous allez le voir plus bas, *certains* hommes politiques font pire, bien pire.

On retrouve dans l'art de la rhétorique deux autres formes de syllogisme : l'alternatif et l'hypothétique.

Dans un *raisonnement alternatif*, la constante de choix est présente, et l'objectif de la démonstration est de *pousser la cible du discours à admettre la pertinence de ce choix*. Aussi, le postulat de base, la première phrase, prémisse, ou proposition, sera alternative, proposera à l'auditoire un choix. La deuxième phrase rejettera ou acceptera l'une des propositions formulées. Enfin, la conclusion fera l'inverse de la phrase qui la précède.

Un exemple, pour visualiser, simplement :

1. Bernard Kouchner est soit le membre d'un gouvernement de droite, soit un socialiste convaincu.
2. Bernard Kouchner est le membre d'un gouvernement de droite.
3. Donc, Bernard Kouchner n'est plus un socialiste convaincu.

Pour que ce raisonnement fonctionne implacablement, il faut bien entendu être certain que les alternatives soient exclusives l'une de l'autre. L'acceptation de l'une entraîne la négation de l'autre, sans qu'il soit besoin de faire de longs discours.

Le syllogisme hypothétique, lui, part d'une question originelle (prémisse majeure), posée en premier. Ensuite vient une réponse (prémisse mineure), et sa conséquence (conclusion).

L'exemple permet toujours de visualiser la chose.

1. Si ce livre fait un bide, alors, je me pends.
2. Ce livre fait un bide.
3. Donc, je me pends.

La seconde proposition devra toujours confirmer ou infirmer la première et la conclusion sera l'inverse de la seconde proposition.

Si l'inverse se produit, alors, un argument fallacieux émerge :

1. Si ce livre fait un bide, alors, je me pends.
2. Ce livre ne fait pas un bide.
3. Je me pends tout de même.

L'argument premier est mensonger et sert uniquement à justifier de pénibles tendances suicidaires.

Maintenant que nous avons étudié les bases de la logique discursive – tant que nous sommes dans la tromperie –, continuons en analysant à présent les moyens rhétoriques qui permettent de biaiser un discours.

L'hypostatisation

Dites plus simplement, la légitimation du vide faite par le faible. On l'entend souvent dans moult conversations. Il s'agit de l'argument s'appuyant sur une donnée qui n'a aucune existence concrète mais qui représente une abstraction totale, une existence uniquement conceptuelle. Alors qu'en réalité, elle est protéiforme.

« Les chercheurs nous enseignent... »

« Selon la philosophie... »

« Le droit nous commande de... »

Très aisé pour le contradicteur de répondre alors :

« Quels chercheurs ? »

« Les philosophes sont tous d'accord ? Une première ! »

« Quelle loi ? Quel article ? »

L'affirmation de mauvaise foi

Ce type d'argumentation repose sur une volonté de faire accepter le caractère indiscutable de ce qui est l'objet même de la question. Le rhéteur court-circuite la conclusion et tourne ses phrases afin de tenter de faire apparaître une pseudo-vérité.

1. La Bible énonce que Dieu existe.
2. La Bible nous a été dictée par Dieu.
3. Donc, Dieu existe.

Ou comment dire que Dieu existe parce que Dieu existe.

Ce à quoi le génial Serge Gainsbourg répondait, avec toute l'ironie qui le caractérise :

1. L'Homme a créé Dieu.
2. L'inverse reste à prouver.

L'attaque personnelle

Souvent présente dans les débats politiques, l'attaque personnelle émerge lorsque le contradicteur sait qu'il ne pourra répondre avec efficacité à l'argument énoncé par son adversaire. Il ne lui reste alors plus qu'une seule solution : le dénigrement public de l'autre, dans un double but :

– affaiblir sa cible qui – si elle ne dispose pas du minimum de résistance requise – sera touchée émotionnellement ;

– détourner l'attention du public sur autre chose.

Je prendrai un exemple assez récent, fonctionnant dans les deux sens : le scandale ayant touché en automne 2009 le ministre de la Culture Frédéric Mitterrand après déterrement de certains passages de son roman *La Mauvaise Vie*, qu'il présentait à l'époque de sa sortie comme autobiographique, par un de ses adversaires politiques, en l'occurrence Marine Le Pen. Elle l'accusait de pratiquer le tourisme sexuel en Thaïlande et de profiter de la vertu de mineurs, en l'occurrence, des « gosses ».

Frédéric Mitterrand avait pondu dans son ouvrage la confession suivante :

> Évidemment j'ai lu ce qu'on a pu écrire sur le commerce des garçons d'ici et vu quantité de films et de reportages ; malgré ma méfiance à l'égard de la duplicité des médias je sais ce qu'il y a de vrai dans leurs enquêtes à sensation ; l'inconscience ou l'âpreté de la plupart des familles, la misère ambiante, le maquereautage généralisé où crapahutent la pègre et les ripoux, les montagnes de dollars que cela rapporte quand les gosses n'en retirent que des miettes, la drogue qui fait des ravages et les enchaîne, les maladies, les détails sordides de tout ce trafic.
>
> [...]
>
> Je m'arrange avec une bonne dose de lâcheté ordinaire, je casse le marché pour étouffer mes scrupules, je me fais des romans, je mets du sentiment partout, je n'arrête pas d'y penser mais cela ne m'empêche pas d'y retourner. Tous ces rituels de foire aux éphèbes, de marché aux esclaves m'excitent énormément.

> J'ai beau résister, le mensonge se délite quand je prends l'avion du retour, le réel me remet le nez dans ma merde dès que j'arrive à Paris[1].

Marine Le Pen avait alors fait une sortie remarquée sur un plateau de télévision, le 5 octobre 2009, devant des participants blêmissant, paralysés :

> Monsieur Frédéric Mitterrand, le ministre de la Culture, a écrit en 2005 un roman qui s'appelle La Mauvaise Vie, dans lequel il décrit par le menu la manière dont il effectue du tourisme sexuel, et le plaisir qu'il a à aller payer des petits garçons thaïlandais, tout en sachant les conditions dans lesquelles ils vivent, tout en sachant la perversité de ce système, l'ignominie qui est faite à ces jeunes garçons, et il l'écrit noir sur blanc. Et cet homme-là est ministre de la Culture ???? [...] c'est dans un pays comme celui-là que nous voulons donner des leçons[2].

S'ensuivit une succession de réactions d'hommes politiques qui conduisirent Frédéric Mitterrand à s'expliquer sur le plateau du journal de 20 heures de TF1. Deux choses me marquèrent dans cet épisode relativement bref de la vie politique française, une information chassant l'autre dans notre monde d'immédiateté (même si, en Grande-Bretagne, des ministres démissionnent pour des notes de frais indûment perçues, ou si au Japon une simple chemise bariolée peut constituer la goutte de trop conduisant le chef du gouvernement à tirer sa révérence[3], question de tradition) :

– pourquoi aller se défendre à la télévision en disant vouloir « défendre son honneur », et ne pas tout simplement, comme n'importe quel justiciable, aller porter plainte en diffamation ?

1. Frédéric Mitterrand, *La Mauvaise Vie*, Paris, Robert Laffont, 2005, p. 293 à 307.
2. *Mots croisés*, 9 octobre 2009, France 2.
3. http://www.starwizz.com/la-drole-de-chemise-du-premier-ministre-japonais-fait-scandale-54835.

Sans doute parce que juridiquement, Mitterrand avait de grandes chances de perdre ;

– la réaction première de Mitterrand, qui n'avait pas compris l'ampleur de la polémique qui arrivait, m'amusa également. Sa première déclaration, pour répondre à ces attaques *ad hominem*, fut une autre attaque *ad hominem*, car sur le fond, malheureusement, pour les raisons évoquées dans le premier point, par une autre méthode il n'aurait pas pu éviter l'issue d'une confrontation argumentative. Voici ses mots : « Se faire traîner dans la boue par le FN est un honneur[1]. »

Heureusement pour lui, un large temps d'antenne lui fut accordé sur TF1 afin d'expliquer que les gosses dont il parlait dans son ouvrage n'étaient en réalité que des « boxeurs de 40 ans[2] ».

L'honneur est sauf...

En revanche, parfois, certains hommes politiques manient avec plus d'élégance l'attaque *ad hominem*.

En 1981, François Mitterrand débat pour la seconde fois contre Valéry Giscard d'Estaing, dans le cadre de l'élection présidentielle.

Lors du premier débat, en 1974, Valéry Giscard d'Estaing avait paralysé Mitterrand en lui assénant, sèchement, alors que le candidat socialiste se présentait comme l'homme du renouveau : « Vous n'avez pas le monopole du cœur » et « Vous êtes un homme du passé »[3].

L'attaque *ad hominen* par excellence, dépourvu du moindre argument.

En 1981, Mitterrand rétorque, et la préparation de sa vengeance rhétorique est palpable, car il mêle avec finesse attaque *ad hominem* et argumentation politique :

> Vous ne voulez pas parler du passé, je comprends bien, naturellement et vous avez tendance à reprendre le refrain d'il y a sept ans :

1. http://www.lepoint.fr/actualites-politique/2009-10-07/accusations-de-marine-le-pen-frederic-mitterrand-se-faire-trainer-dans-la-boue-par-le-fn-est/917/0/383614.
2. http://www.dailymotion.com/video/xar2ji_frederic-mitterrand-et-les-boxeurs-_news.
3. http://laregledujeu.org/moix/2010/03/03/157/mitterrand-et-le-ping-pong.

> l'homme du passé. *C'est quand même ennuyeux que dans l'intervalle vous soyez devenu l'homme du passif. Cela gêne un peu votre démonstration aujourd'hui.* Vous m'avez reproché d'avoir exercé un ministère de la parole, mais j'étais dans l'opposition et j'ai rempli mon rôle démocratiquement. Et ce n'est pas rien l'opposition dans une République. J'ajoute que j'ai utilisé ce temps pour faire avec d'autres un grand parti qui est devenu menaçant pour la majorité presque ancienne que vous représentez aujourd'hui. *Si je pouvais faire demain pour la France,* à la mesure de la France, ce que j'ai fait pour le socialisme, ce ne serait pas perdu[1].

Parfait – et rare – exemple d'attaque *ad hominem* qui ne soit pas une position de fuite mais, au contraire, une salve offensive.

L'appel ad populum

Appelé argument populiste par certains, l'appel *ad populum* est une issue remplaçant une question par l'évocation d'un sujet auquel le rhéteur sait que les gens sont sensibles. Son objectif est alors de jouer sur les émotions des foules. Sa signification littérale : appel à la majorité. Si le rhéteur détourne la question pour s'adresser au peuple et que celui-ci le soutient, alors, son argument neutralise la question préliminaire.

L'argument *ad populum* est un des sophismes préférés des publicitaires, lorsqu'ils décrivent un produit comme « le produit de l'année », par exemple, ou, « le produit préféré des consommateurs ».

Panem et circenses, aurait écrit Juvénal, décrivant les mœurs du peuple de Rome : « Donnez-leur du pain et des jeux. »

Promenez-vous dans les allées d'une librairie ou d'un hypermarché quelconque, vous décèlerez de l'*ad populum* partout :

Essayez la nouvelle lessive révolutionnaire ! Tout le monde l'utilise !!!!

Ce livre est exceptionnel : il figure dans les meilleures ventes depuis deux mois !!!

1. http://www.ina.fr/media/petites-phrases/video/I04259970/francois-mitterrand-vous-etes-l-homme-du-passif.fr.html.

Le film de Michel Chombier pulvérise les records du box-office !!!

En politique, il est également utilisé. N'avez-vous jamais entendu un homme politique, sur un plateau de télévision, répondre à un contradicteur :

« Mais mon brave, vous êtes tellement éloigné *des préoccupations des Français.* »

Ou alors…

« Vous êtes totalement déconnecté des réalités de notre société actuelle. *Les Français perdent du pouvoir d'achat*, certains ne mangent plus à leur faim et se fichent de vos théories politiciennes. »

Facile, et pratique.

Comment ne pas terminer cette rapide présentation des méthodes discursives usuelles sans parler de la plus magique d'entre elles, celle qui surpasse l'imagination et qui touche parfois l'homme et son public dans un discours : le sublime.

L'inexplicable : le sublime

Si un mot ne semble pas posséder aujourd'hui de définition totalement acquise, c'est le sublime, source d'impression ultime indescriptible obtenue par un très haut degré dans l'échelle des valeurs esthétiques, intellectuelles ou morales.

Certains discours ont marqué les esprits par leur dimension sublime. Tel est le qualificatif employé pour décrire notamment celui prononcé par Martin Luther King, le 28 août 1963, sur les marches du Lincoln Memorial. Outre le message humaniste merveilleux qu'il délivre, sa structure est parfaite.

En voici la conclusion :

> Même si nous traversons des moments difficiles, aujourd'hui et demain, je fais pourtant un rêve. C'est un rêve profondément ancré dans le rêve américain. Je rêve qu'un jour cette nation se lèvera et pour vivre pleinement les exigences de sa foi. Nous tenons ces vérités pour évidentes, que tous les hommes naissent égaux.

Je rêve qu'un jour, sur les collines rouges de Géorgie, les fils des esclaves et les fils des esclavagistes pourront s'asseoir ensemble à la table de la fraternité. Je rêve qu'un jour, même l'État du Mississippi qui se consume sous les feux de l'injustice, qui brûle du feu de l'oppression se transformera en une oasis de liberté et de justice. Que mes quatre enfants vivront un jour dans un pays où on ne les jugera pas à la couleur de leur peau mais à l'aune de leur caractère. Je rêve qu'un jour, même en Alabama, avec ses racistes malfaisants, son gouverneur qui n'emploie que des mots comme « nullification » et « interposition », qu'un jour, en Alabama, des garçons et les filles noires pourront saisir fraternellement la main des enfants blancs. Je rêve aujourd'hui.

Je rêve qu'un jour, tous les vallons seront relevés, toutes les collines seront aplanies et tous les rochers seront arasés, tous les défauts seront corrigés et que la gloire du Seigneur sera révélée à tous les hommes. Voilà notre espérance. Voilà la foi que j'apporterai dans le Sud.

Avec cette foi nous arracherons à la montagne du désespoir le joyau de l'espérance. Avec cette foi nous saurons transformer la cacophonie de la discorde en une splendide symphonie de fraternité. Avec cette foi nous saurons travailler et prier ensemble, nous battre ensemble aller en prison ensemble, nous dresser ensemble pour la liberté, sachant que nous serons libres, un jour.

Mes amis, faites sonner la cloche de la liberté des sommets prodigieux du New Hampshire ! Faites sonner la cloche de la liberté des montagnes de l'État de New York ! Faites-la sonner des Alleghanys en Pennsylvanie ! Faites-la sonner des sommets des Montagnes du Colorado ! Faites-la sonner des pentes de la Californie. Mais plus encore, faites-la sonner de Stone Montain en Géorgie ! Faites-la sonner de Lookout Moutain au Tennessee ! Faites sonner la liberté de chaque colline, de chaque butte, de chaque montagne du Mississippi ! Faites sonner la cloche de la liberté !

> Et quand nous ferons sonner la liberté dans chaque village et dans chaque hameau, dans chaque État et dans chaque ville, nous pourrons hâter la venue du jour où tous les enfants de Dieu, les noirs et les blancs, les juifs et les chrétiens, protestants et catholiques, pourront se donner la main et chanter les paroles de ce vieux chant noir : « libres enfin, libres enfin, merci Dieu Tout-Puissant, nous sommes libres enfin[1]. »

Le sublime ne se produit que lors d'un transport émotionnel collectif, qui est nécessairement instantané. C'est une forme de partage absolu entre le rhéteur et son auditoire, qui fait dire au public : « L'imagination est incapable de produire quelque chose de supérieur. »

Il existe très peu d'analyses du sublime. L'une d'entre elles a retenu mon attention, il s'agit du *Traité du sublime*, du rhéteur grec Longin. Celui-ci nous explique que l'effet sublime dans un discours ne peut pas être théorisé, mais qu'il est possible de mettre en évidence des points communs, causes génératrices de cet effet. Selon lui, voici les cinq choses principales qui peuvent y conduire :

- une imagination fertile ;
- une passion perceptible par l'auditoire dans la transmission du discours ;
- une utilisation conséquente des images ;
- un choix judicieux de mots et une bonne éloquence ;
- un bon agencement de ceux ci, créant une mélodie verbale.

Il ajoute plusieurs exemples, dont un qui m'a particulièrement marqué car il représente l'expression sublime de l'audace guerrière. Il s'agit d'une description de scène de guerre, faite par Homère, dans l'*Iliade*. Ajax, au moment où les Grecs plient devant les Troyens que Jupiter protège, se retrouve enveloppé dans une

1. Intégralité du discours de Martin Luther King : http://www.youtube.com/watch?v=hN9j–_juSN0. Voir page QR Code.

terrible obscurité qui l'empêche de combattre. À cause de l'intervention d'un dieu, il ne peut libérer sa fougue. C'est alors qu'il se tourne vers les cieux, et sa colère est sublimée par ce vers : « Grand Dieu, rends-nous le jour, et combats contre nous. »

Rien, dans l'imagination d'un poète, selon Longin, ne peut surpasser la description que ce vers fait de l'audace guerrière. Après avoir tenté d'expliquer ce qui caractérise le sublime, Longin donne des conseils sur ce qu'il faut éviter de faire pour tenter de se rapprocher de cet état. À défaut d'être un jour capable de produire du sublime, il faudra *a minima* suivre ses directives afin d'accroître la force persuasive des discours. Voici, à ce propos, sa pensée synthétisée :

– ne jamais choquer l'auditoire ;
– éviter la vulgarité ou les termes complexes ;
– faire des phrases courtes ;
– éviter tout terme superflu ;
– ne pas évoquer de circonstances négatives.

Le sublime naît donc d'une troublante fusion entre l'émotion du public, celle du rhéteur, le fond et la forme de son discours. Cette dernière est capitale pour engendrer un phénomène d'adhésion au fond.

L'habilité esthétique : la forme, c'est le fond qui remonte à la surface

La première règle à respecter dans un discours, quel qu'il soit, écrit ou oral, est la simplicité. C'est le principe le plus important, qui engendre de nombreuses conséquences. Quelle que soit votre profession, votre fonction, votre vie privée, la faculté de communiquer efficacement en vue d'emporter la conviction d'autrui sera utile à chacun d'entre vous.

Ne jamais faire compliqué

Lorsqu'un homme politique va vouloir décrire une situation, son objectif est d'être compris du plus grand nombre. Sans compréhension, à moins de recourir à des techniques de lavage de cerveau, pas de persuasion possible. De même, l'objectif d'un avocat plaidant un dossier sera de faire comprendre à la juridiction ce qui est, du côté de la défense, fondamental dans ce dossier. Quels sont les arguments majeurs ? Il s'agit d'une démarche persuasive, certes, mais également pédagogique.

Il en est de même pour un illusionniste. Même si pour ce dernier le but final est de mystifier son public, tout l'enchaînement préalable doit se réaliser avec une simplicité optimale, afin de ne pas surcharger le cerveau d'informations inutiles et de se concentrer uniquement sur l'effet. Beaucoup de prestidigitateurs perdent leur temps et la concentration des spectateurs en décrivant le moindre de leurs gestes : « Vérifiez que ce jeu est bien mélangé », « Vous êtes bien sûr d'avoir choisi la carte de votre choix ? », « Comme vous le constatez, j'ai les mains vides... » Mes pauvres amis. Si vous souhaitez que les spectateurs constatent la vacuité de vos mains, il suffit de les leur montrer, sans avoir besoin d'en rajouter. Si vous voulez utiliser un jeu mélangé, faites-le mélanger par un tiers en lui demandant poliment, et cela suffit. Le superflu est une enflure.

Viser simple, c'est utiliser un vocabulaire courant, choisir des mots connus de tous. Un citoyen lambda dispose d'une gamme d'environ 1 200 mots. Tout mot trop soutenu utilisé par le rhéteur et non compris par le récepteur produira trois effets pervers :

– le détournement d'attention de l'auditoire qui en cherche la définition ;

– la perte d'énergie de ce même auditoire pour donner l'impression d'avoir compris, histoire de ne pas avoir l'air idiot ;

– le mépris sous-jacent pour le pseudo-érudit : « tu me prends pour un idiot ? »

Complexité à bannir, donc, tout comme les abréviations, sauf si on prend le temps de les expliquer (une fois seulement). Personnellement, je n'y ai jamais recours. Pour autant, cela ne signifie pas peupler son argumentaire d'abstractions vides de sens, comme nous l'avons vu dans la première partie (du type : « les gens »).

Soigner le tempo

Attention à la monotonie du rythme. L'esprit peut rentrer dans un état hypnotique en entendant un discours sur un ton monocorde pendant une heure, ce qui est une bonne chose pour les phénomènes de suggestion, mais à condition d'employer des moyens techniques extérieurs à la voix du rhéteur (imagerie, son, chorégraphie, etc.) ; mais ce qui n'est pas le cas du tribun qui se limite à l'usage de son seul discours pour persuader l'autre. Donc, changez de ton. Le rythme, pour stimuler un public, surtout dans le cadre d'un monologue, doit varier toutes les 5 à 8 minutes environ. Le rythme, ainsi que le ton. L'utilisation de métaphores amusantes, d'anecdotes originales au moment du changement de tempo permet de recalibrer l'attention d'un auditoire en perte de concentration.

Gérer son espace

Enseignement fondamental en illusionnisme, la gestion de l'espace lors d'une prise de parole ne peut être occultée. Il convient d'habiter l'espace dont nous disposons, et de s'y déplacer calmement. Certains d'entre nous ont parfois le tract. Descendre mentalement dans son corps pour s'y centrer permet de remédier à l'angoisse, de même qu'une libération de la voix, comme en matière de chant, diminue les fluctuations d'émotions. L'impact de votre prise d'espace, en matière de mentalisme, de négociation commerciale, de plaidoirie, etc., revêt une dimension capitale. On s'installe à la barre, comme on s'installe dans une conversation ou une présentation. Dans une situation de communication ordinaire, cet espace mesure environ un mètre de diamètre. C'est votre territoire, autant l'habiter confortablement. Si vous vous rapprochez trop de l'interlocuteur, vous pénétrez sa sphère d'intimité. Il peut se sentir agressé ou gêné. Mieux vaut avoir une bonne raison. À propos de cette gestion de territoire, tous les intervenants qui participent à l'élaboration de cet ouvrage sont unanimes : vos mains ont mieux à faire que de toucher votre corps ou de rester coller à lui. Elles doivent bouger vers l'autre. Elles peuvent projeter votre conviction. Ces gestes n'ont d'utilité qu'en l'absence de déambulation. Pour créer la réception, il faut stabiliser l'émetteur : vous. Le déplacement s'utilise uniquement pour appuyer un effet. Dans la série *The Mentalist*, toute la gestuelle du personnage principal est calculée en ce sens. Beau travail d'acting.

Le reste du temps, pour que la communication soit effective, une *mise à terre*, telle qu'on la nomme dans le jargon magique, se veut indispensable. Enracinez-vous dans le sol et n'en bougez plus à moins de projeter un dessein précis. L'attention du public ou d'une cible, dans une prise de parole se focalise sur le haut du corps de l'émetteur. Si le bas bouge, il y a diversion.

Voilà pourquoi certains avocats dont je fais partie sont défavorables à l'utilisation de la vidéoconférence pour les procès. À vocation purement économique (le budget de la Justice française étant déjà ridiculement faible), elle fait perdre aux professionnels la possibilité d'analyser le body langage d'un intervenant. Une jambe qui tremble, qui bouge, ne se verra plus. Le mouvement peut pourtant, selon l'instant, être lourd de sens. Surtout lorsqu'il s'agit d'effectuer un contre-interrogatoire dont l'objectif réside en la déstabilisation d'une personne.

En position assise

Lors d'un entretien d'embauche ou une conférence, par exemple, un peu de bonheur ne fait pas de mal : s'asseoir correctement. Dès le début, on se sent mieux. Cela paraît niais. Fort bien. Mais si l'atterrissage du postérieur échoue, il va falloir le corriger. Donc, bouger à nouveau. Et paraître mal à l'aise. « Qu'est-ce qu'il a à se tortiller celui-là ? Il a le tract ? » Donc, soignons l'atterrissage. Allez chercher le dossier avec vos reins et ouvrez le buste, vous gagnerez en capacité respiratoire. L'avancement du siège dans un geste assuré permet de mieux l'épouser. Se pencher et placer ses coudes sur la table entraînera obligatoirement une gêne à moyen terme. Mieux vaut donc privilégier une position pieds au sol, non croisés, et des mains délicatement posées sur la table, paume en bas.

En action

Les idées sont faites pour être concrétisées. Sculpter des images dans l'espace à l'aide de ses mains a un effet hypnotique sur l'auditoire et illustre le propos. Il permet même, quelquefois, certains effets. Allez, je vous en livre un, pour le plaisir. Il s'agit d'une expérience de mentalisme. Faites le test avec un ami, cela marche à 80 %

Postez-vous devant une personne et demandez-lui de vous regarder. Avec vos mains, dessinez un carré entre votre visage et celui du spectateur.

> Ceci, dites-vous, est un cadre mental, un écran de cinéma. Je voudrais que vous projetiez une image mentale, une figure géométrique derrière ma tête, sur cet écran blanc que vous imaginez déjà... c'est bon, vous avez l'écran, allez-y, projetez une figure géométrique. Pas un carré, vous en avez déjà un en face de vous.
>
> *Vous la voyez. Bien. Vous l'imaginez... Bien. Maintenant, dessinez mentalement une autre figure autour de la première.* (En prononçant ces mots, arrondissez très légèrement d'une main un des angles du carré que vous continuez à dessiner périodiquement tout en parlant.) *C'est bon, vous avez vos deux figures... vous les projetez... je les reçois.*
>
> *Je sens...* (Commencez très doucement à dessiner un triangle et observez attentivement la réaction de votre spectateur.)... *un triangle... à l'intérieur... d'un cercle.*

Croyez-le ou non, 80 % des gens auront choisi ces deux figures. Cet effet classique de mentalisme est d'ailleurs réalisé dans un des épisodes de la série. Il réside dans une probabilité et une suggestion.

Il est également possible par le même procédé de suggestion de gagner quasiment à tous les coups au jeu *pierre feuille ciseaux*, (autre effet réalisé dans *The Mentalist*), mais je vous laisse deviner comment en vous donnant un seul indice : l'induction du comportement de l'autre joueur se fait juste avant de commencer à jouer.

Pour revenir au sujet, évitez ce que j'appelle les « gestes tics », rapides, nerveux, qui seront perçus comme un manque de confiance en soi. Par exemple, le doigt pointé systématiquement, sauf dans une conférence destinée à endoctriner une foule, pour appuyer une cible précise. Au contraire, partant de l'origine primitive du symbole de la main ouverte, signifiant l'absence d'arme, les mains doivent le plus souvent possible être montrées ainsi : ouvertes. À proscrire, les mains cachées, dans la poche ou derrière le dos.

Une bonne gestion du regard

Elle permet de savoir comment et à quel moment utiliser les autres gestes. Le premier regard avant une intervention de quelque nature que ce soit est panoramique. Un regard radar. Ce dernier indique la position dans laquelle vous allez devoir vous placer pour être visible par l'ensemble des spectateurs ou vous donne de précieux renseignements sur l'environnement de vos interlocuteurs lorsque vous agissez dans un comité restreint. Les informations sur l'environnement vous apportent des informations sur les personnalités, ce que nous décrirons plus loin dans le chapitre *cold reading* et *fishing*.

À chaque nouvelle idée, le regard doit se diriger vers un autre interlocuteur. Il nous est tous arrivé d'assister à la prise de parole d'un tiers qui ne fixait qu'une seule personne. Cette attitude dérangeante présente un double désavantage : elle met mal à l'aise la cible, qui a envie de dire à l'émetteur « Regarde ailleurs, bon sang », et, dans le même temps, elle prouve le manque de confiance du locuteur qui a besoin d'ancrer son attention sur une personne « amie », ou « inoffensive », à ses yeux. Effet pervers désastreux, quel que soit le type d'intervention.

Le basculement du regard au moment du changement d'idée présente à l'inverse un double avantage : chaque interlocuteur fixé se sent concerné par l'intervention, et l'émetteur en alternant ses récepteurs donne l'impression de maîtriser son dire.

Ces principes de codage verbal se retrouvent dans le cadre de l'exécution d'une routine de magie devant un public, d'une plaidoirie, d'un entretien d'embauche, d'une discussion entre amis, etc., etc. Dans toutes les situations où vous devrez prendre la parole.

Inversement, les défauts et erreurs à éviter exposés plus haut vous permettent de détecter la faille de l'émetteur et, dès lors, de le mettre en difficulté, si le cœur vous en dit, ou de le conseiller, selon votre humeur.

Posséder son dire

Si le discours est préparé, chaque phrase doit être conçue pour avoir une utilité objective à la démonstration. Si vous disposez de temps, sa mémorisation est nécessaire, car elle permet l'improvisation et l'adaptation aux évènements extérieurs.

Un discours très bien écrit mais juste lu n'aura jamais le même impact que celui déclamé par un rhéteur qui le *possède.*

En outre, la mémorisation d'un discours permet, avec l'habitude, d'improviser d'autres discours beaucoup plus facilement, de façon impromptue, et cela à partir de rien. Car une bonne mémorisation d'un discours consiste à retenir non pas l'ordre chronologique des mots, mais la disposition des idées, des temps forts, des symboles et de l'articulation générale. L'élaboration de phrases courtes favorise la mémorisation. Le principe fondamental : une idée, une phrase, un silence (même très bref). L'abstraction étant toujours vague et le niveau culturel global en baisse constante dans la société contemporaine, abstenez-vous de toute considération philosophique trop poussée, sauf si vous vous trouvez devant un public averti.

L'emploi du conditionnel présente un double risque : il porte en lui une incertitude, un doute, une hypothèse, et pénalise les affirmations. Sauf si vous le faites suivre d'un argument choc. Les constructions au conditionnel sont également moins faciles à retenir que les phrases élaborées au temps présent.

Une bonne mémorisation des topiques du discours suffit à le déclamer sans difficulté. Si le sens premier du mot « topique » est la qualification d'un médicament qu'on applique sur une partie malade, en rhétorique, la topique, du grec *topos* (lieu), se rapporte exactement à la chose dont il s'agit, et désigne les procédés permettant de trouver de la matière et des thèmes pour les discours, qui vont servir de fil rouge pour ce dernier. Attention à ne pas tomber cependant dans les lieux communs dans le cadre du choix de vos topiques. Par exemple, je mentionnais tout à l'heure le terme « populisme ». Certains d'entre vous remarqueront que ce terme n'est plus à la mode sur les plateaux de télévision, après avoir été usé pourtant jusqu'à la moelle pendant des années. Bientôt, il en sera de même pour d'autres, comme celui « d'identité nationale », par exemple.

Afin de réaliser ensemble l'ampleur du vide rhétorique de notre paysage politique contemporain, j'ai réalisé ce petit tableau à votre attention, s'inspirant du « Guide à l'usage des apparatchiks débutants », paru dans *Libération* le 4 juillet 1981. Il s'agissait d'un code universel du discours, qui fut publié à l'origine dans la *Gazette de Varsovie*. Son mode d'emploi est simple : commencez par la première case de la première colonne, puis passez à n'importe quelle case de la colonne 2, puis 3, puis 4, et recommencez ainsi dans n'importe quel ordre. Dix mille combinaisons, un discours fleuve de quarante heures s'offre à vous. Peut-être même une carrière politique, si vous comparez le résultat de votre jeu aux allocutions de nos hommes d'État.

Le guide des apparatchiks débutants pour un discours universel, adapté à la société française contemporaine

Aujourd'hui,	la mondialisation	renforce la légitimité	des éléments indissociables d'une économie équitable
Aussi,	l'extension de la précarité	permet la maîtrise	de données stratégiques internationales
C'est pourquoi	l'identité nationale	provoque de grandes modifications	du commerce international
En même temps,	la délocalisation	nécessite une étude attentive	du développement durable
Dans la même optique,	l'inégalité entre les citoyens	entraîne l'abandon	des forces en présence
Comme vous le savez,	la déresponsabilisation	S'oriente à l'opposé	du dispositif législatif
N'omettons pas que	la démocratie	Rend possible l'émergence	de la plupart des décisions importantes prises par le gouvernement
Je suis convaincu que	le débat national	implique un renversement majeur	des mesures prises pour une plus grande solidarité
D'autre part,	une authentique volonté politique	impose à l'État de réagir en proposant la mise en place	des actions déjà menées
J'ajouterai que	le déchaînement spéculatif	doit permettre la création	des valeurs républicaines

Le guide des apparatchiks débutants pour un discours universel, version originale

I	II	III	IV
Chers collègues	la réalisation des devoirs du programme	nous oblige à l'analyse	des conditions financières et administratives existantes
D'autre part	la complexité et le lieu des études des cadres	accomplit un rôle essentiel dans la formation	des directions de développement pour l'avenir
De même	l'augmentation constante de quantité et d'étendue de notre activité	nécessite la précision et la détermination	du système de la participation générale
Cependant n'oublions pas que	la structure annuelle de l'organisation	aide à la préparation et à la réalisation	des attitudes des membres des organisations envers leurs devoirs
Ainsi	le nouveau modèle de l'activité de l'organisation	garantit la participation d'un groupe important dans la formation	des nouvelles propositions
La pratique de la vie quotidienne prouve que	le développement continu des diverses formes d'activité	remplit des devoirs importants dans la détermination	des directions d'éducation dans le sens du progrès
Il n'est pas indispensable d'argumenter largement le poids et la signification de ces problèmes car	la garantie constante, notre activité d'information et de propagande	permet davantage la création	du système de formation des cadres qui correspond aux besoins
Les expériences riches et diverses	le renforcement et le développement des structures	entrave l'appréciation de l'importance	des conditions d'activités appropriées
Le souci de l'organisation mais surtout	la consultation avec les nombreux militants	présente un essai intéressant de vérification	du modèle de développement
Les principes supérieurs idéologiques mais aussi	le commencement de l'action générale de formation des attitudes	entraîne le procès de restructuration et de modernisation	des formes d'actions

Suppléments vidéos – QR Code

Scannez le QR Code pour assister à l'intégralité d'une magistrale démonstration de rhétorique : le discours de Martin Luther King, intitulé : *I have a Dream*.

En utilisant une bonne gestion de la parole, une rythmique parfaite, Derren Brown, dont la voix est diffusée dans un centre commercial, permet de rendre les consommateurs immobiles. Son tempo est parfait, il s'agit d'hypnose pure réalisée sans l'aide de complices, basée uniquement sur le rythme de son discours. Soyez attentif aux moments clés où il place le mot *stick*.

Κάθαρσις – Katharsis

La phrase non transformée est :

« Votre cerveau arrive à me lire et à comprendre ce texte rapidement même quand les lettres des mots sont mélangées.

Devenons-nous intimes ? »

Non, nous restons de parfaits inconnus. Même si vous commencez à me connaître un peu.

Il est étonnant que notre cerveau arrive aussi facilement à reconnaître des mots là où on ne voit que du charabia au premier abord. Cette expérience amusante illustre que l'information dont nous avons besoin pour reconnaître les mots est moins importante que la connaissance intégrale du mot.

Ironie du sort, c'est elle qui nous fait passer par-dessus les fautes d'orthographe de syntaxe et de grammaire à la relecture d'un texte.

Ainsi, malgré toute ma bonne volonté vous trouverez peut-être des coquilles dans cet ouvrage, le cerveau humain a ses faiblesses.

Παῦσις – Pausis

Dans une salle de spectacle, un hypnotiseur vous lance un défi : « Vous allez vous asseoir sur une chaise, je ne vais pas vous attacher. Mais malgré tout, vous serez dans l'incapacité de vous lever. »

Est-ce une simple hâblerie de sa part ou est-il capable de gagner son défi à tous les coups ?

Réponse en fin de chapitre

Brainwashing

– *Vous me lavez le cerveau, là ?*
– *Oui.*

Avertissement : ceci n'est pas un mode d'emploi pour gourou ou dictateur en herbe, ainsi par la présente je décline donc lâchement toute responsabilité en cas d'utilisation abusive sur de malheureuses brebis égarées ou fanatiques mélancoliques en recherche de Guide.

Afin de comprendre à quel point l'être humain est influençable, manipulable, un exposé des techniques de *lavage de cerveau* est indispensable dans un tel ouvrage. Cette expression imagée désigne l'ensemble des méthodes violentes de modification du libre arbitre d'un individu, qui sont, la plupart du temps, utilisées par les sectes. Elles sont la continuation rude de la manipulation douce décrite tantôt. Mais, comme vous allez le découvrir dans les lignes qui suivent, le *brainwashing* n'est pas seulement l'apanage des mouvements sectaires. Bien au contraire...

Dans le cadre du lavage de cerveau, la suggestion s'adresse à votre inconscient, à la différence de la persuasion qui vise le conscient. Aussi, sans le savoir, vous en avez été sûrement déjà victime. On peut *être lavé plus blanc que blanc* sans même s'en rendre compte. La modification comportementale, comme nous l'avons évoqué dans le chapitre sur le mensonge, est possible grâce à une utilisation de la chimie qui, quoi qu'en disent les officiels, demeure une pratique courante dans le confort douillet des centres de détention classés confidentiels. Les alcaloïdes et leurs dérivés, très prisés pendant la guerre froide par les Soviétiques, sont toujours à la mode de nos jours. Cette transformation peut également être atteinte par des moyens chirurgicaux, comme la lobotomie, ou électriques, grâce à l'utilisation d'électrochocs.

Mais les moyens employés pour parvenir au *brainwashing* sont bien plus finauds.

Les premiers à avoir utilisé l'expression lavage de cerveau sont les commissaires politiques chinois, par l'utilisation de l'expression *Xi Nao*, signifiant rééducation, qui se transforma ensuite en un terme officiel, *szu-hsiang kai-tsao* (remodelage idéologique)[1].

Le *szu-hsiang kai tsao* fut employé prioritairement sur les prisonniers américains par les services secrets chinois pendant la guerre de Corée. L'objectif des Chinois était de provoquer des modifications légères mais progressives du comportement des prisonniers afin de les amener d'eux-mêmes à ressentir une empathie réelle pour le communisme.

Cela présentait un double avantage pour les communistes chinois : d'une part, la réalisation de statistiques de leurs tests techniques de manipulation mentale sur la matière humaine, d'autre part la possibilité ultérieure de recruter comme agents de renseignements les prisonniers retournés idéologiquement à moindre coût. Le pourcentage d'individus réfractaires à toute forme de conditionnement (15 %) était supprimé, physiquement, afin de ne pas contaminer les autres prisonniers. Puis, le terme apparaît lors de la mise sur le marché des premiers téléviseurs. La direction de General Electric (entreprise qui commercialisait ces produits) créa dès leur mise en circulation un bureau d'études afin de travailler sur l'effet de la télévision sur le cerveau humain.

Comme un hasard n'arrive jamais seul, le chef d'orchestre de ces études, Herbert Krugman, avant de travailler pour General Electric, était consultant externe pour le Bureau de la recherche dans le secteur du renseignement au département d'État américain.

Ces travaux portent alors sur l'infiltration du communisme dans la société américaine, sur le lavage de cerveau pendant la

1. Roger Faligot, *Les Services secrets chinois*, Paris, Nouveau Monde éditions, 2008.

guerre de Corée dans les années 1950 et sur la résistance à la propagande. Krugman fait un lien entre les expériences de privation sensorielle pratiquées par les services secrets chinois sur les prisonniers et ses expériences sur l'impact de la publicité à la télévision. Pour Krugman, dans les deux cas, l'être humain ne maîtrise plus son corps, et son cerveau devient alors très malléable.

Un des premiers scientifiques à réaliser des recherches complètes sur le sujet est le neurologue américain Thomas Mulholland. Dans les années 1960, il se livre à la mesure de l'activité cérébrale d'enfants regardant la télévision. Il constate que ses instruments enregistrent des ondes alpha.

Les ondes dites alpha sont générées par notre cerveau lorsque celui-ci ne fait rien. Moins le cerveau est en activité, plus il produit ce type d'ondes, observables par électroencéphalogramme. Lorsque l'attention se fixe, la quantité d'ondes alpha diminue. La production d'ondes alpha correspond donc à une légère léthargie du cerveau, proche de l'hypnose.

En illusionnisme, dans le cadre d'une démonstration, on appelle cela la « suspension d'incrédulité ». Il s'agit de la mécanique qui, par l'effet de la narration de l'artiste et de l'enchaînement d'effets visuels, fait rentrer le spectateur dans une disponibilité mentale suffisante pour renforcer *le climax*, l'effet magique.

La suspension d'incrédulité est une expérience que nous faisons tous, lorsque, lisant un livre ou regardant en film, nous finissons par ressentir de la peine, de l'inquiétude, de l'émotion, de la joie, ou toute autre émotion en fonction du sort réservé aux personnages de l'intrigue. Alors que nous ne faisons que lire ou regarder, cet état s'assimile à une forme d'hypnose.

Faisons une courte pause dans la description de cette mécanique et souvenons-nous des propos révélateurs tenus par Patrick Le Lay, alors P.-D.G. de TF1, dans une étude intitulée *Les Dirigeants français et le changement*[1] en 2004 :

1. Collectif, *Les Dirigeants français et le changement*, éditions Huitième Jour, 2004.

> Pour qu'un message publicitaire soit perçu, *il faut que le cerveau du téléspectateur soit disponible*. Nos émissions ont pour vocation de le rendre disponible : c'est-à-dire de le divertir, de le détendre pour le préparer entre deux messages. *Ce que nous vendons à Coca-Cola, c'est du temps de cerveau humain disponible*.
>
> *Rien n'est plus difficile que d'obtenir cette disponibilité*. C'est là que se trouve le changement permanent. Il faut chercher en permanence les programmes qui marchent, suivent les modes, surfer sur les tendances, dans un contexte où l'information s'accélère, se multiplie et se banalise [...] *la télévision est une activité sans mémoire*.

À l'époque, cette déclaration avait fait scandale, une polémique enflait, alors que ce bon professionnel ne faisait que mettre en évidence les conclusions du bureau d'études de General Electric, lors de la mise sur le commerce des premiers téléviseurs : la télévision génère des ondes alpha, donc, *du temps de cerveau humain disponible*. Patrick Le Lay avait été obligé de se justifier dans une interview afin de limiter les effets négatifs de cette sortie sur l'image de TF1 :

> Je ne reconnais cependant pas le métier de TF1 dans cette formule et je ne me retrouve pas dans les propos qu'on me prête : on me transforme en marchand de cerveaux ! [...] je reconnais que cette formule était un peu caricaturale et étroite. Mais, encore une fois, c'était une conversation et j'ai l'habitude de forcer le trait pour faire comprendre les concepts[1].

Il ne décrivait pourtant, en toute objectivité, qu'un des effets neurologiques de son métier. Mais le choc ressenti par la *vox populi* française parfois frileuse nécessitait de courtoises explications.

En 2002, le cinéaste américain Peter Entell diffusa le documentaire qu'il avait réalisé sur ce sujet précis, dénommé, *The Tube*.

1. *Télérama*, n° 2852, 9 septembre 2004.

L'objet de sa recherche n'était pas d'étudier les informations diffusées par les émissions de télévision, mais uniquement l'objet, le poste et ses effets sur le cerveau. Sa décision d'enquêter fut prise à la suite d'un accident survenu au Japon en 1997, lors duquel six cent dix-huit enfants furent pris d'un malaise après la diffusion d'un épisode du dessin animé les *Pokémon*. Les investigations réalisées permirent de conclure qu'une diffusion d'images stroboscopiques était à l'origine de cette crise d'épilepsie collective.

Le même phénomène avait déjà été observé pour les jeux vidéo, aussi, dès le milieu des années 1990, les fabricants de consoles et les éditeurs de jeux firent-ils apparaître sur leur packaging des avertissements. En France, c'est le décret 96-360 du 23 avril 1996 qui leur imposa l'insertion de ce contenu pour chacun de leurs produits[1] :

> Lisez ce texte avant toute utilisation d'un jeu vidéo par vous-même ou par votre enfant. Certaines personnes sont susceptibles de faire des crises d'épilepsie ou d'avoir des pertes de conscience à la vue de certains types de lumières clignotantes ou d'éléments fréquents dans notre environnement quotidien. Ces personnes s'exposent à des crises lorsqu'elles regardent certaines images télévisées ou lorsqu'elles jouent à des jeux vidéo. Ces phénomènes peuvent apparaître alors même que le sujet n'a pas d'antécédent médical ou n'a jamais été confronté à une crise d'épilepsie. Si vous-même ou un membre de votre famille avez déjà présenté des symptômes liés à l'épilepsie (vertige, trouble de vision, contraction involontaire des yeux ou des muscles, perte de conscience, trouble de l'orientation) en présence de stimulations lumineuses, veuillez consulter votre médecin avant toute utilisation. Nous conseillons aux parents de veiller à ce que leurs enfants respectent les règles suivantes lors de l'utilisation d'un jeu vidéo :
>
> 1. Il faut éviter de jouer en état de fatigue ou de manque de sommeil.

1. http://www.legifrance.gouv.fr/afichTexte.do?cidTexte=JORFTEXT000000376828&dateTexte=.

2. L'écran doit être réglé avec une luminosité modérée, être placé dans une pièce bien éclairée de préférence contre une surface de couleur neutre.
3. Évitez de placer l'écran face à une fenêtre et utilisez un filtre.
4. L'écran doit être placé aussi loin des yeux que le permet le cordon de raccordement et jamais à moins de 30 cm pour un écran d'ordinateur.
5. Ne pas dépasser 60 minutes de jeu et faire alors une pause d'au moins 10 minutes.

Toutes les études que j'ai pu analyser démontrent que la télévision a une influence sur le cerveau humain indépendamment du contenu diffusé. C'est le média qui génère l'affaiblissement de la conscience, permettant de mettre en œuvre ce que Noam Chomsky appelle le *manufacturing consent*, la fabrication du consentement. Dès lors, les publicistes jouent allègrement sur ce manque de résistance issu de la production d'ondes alpha pour mettre en place leur conditionnement. Et ce n'est pas pour rien non plus que le pouvoir étatique français a longtemps voulu conserver la main mise sur ce média. Longtemps la télévision française se caractérisait par son statut légal de monopole public et de contrôle politique.

L'élection de François Mitterrand a permis la mise en place de la loi du 29 juillet 1982 abolissant le monopole de la programmation et aboutissant à une privatisation progressive des ondes hertziennes.

Mais est-ce que, pour autant, nous avons assisté à une dépolitisation de la télévision française ? Bien sûr que non. Et ce n'est pas François Mitterrand qui se privera de recourir aux bienfaits neurologiques de cette petite boîte sur l'esprit des électeurs.

Aujourd'hui, le même phénomène se produit avec la diffusion de vidéos à partir d'Internet. Le *réflexe YouTube* est devenu systématique pour la plupart des internautes, y compris pour les journalistes, qui vont parfois directement recueillir leurs images *via* ce biais (tel fut notamment le cas pour les images des manifestations d'étudiants iraniens récupérées en juin 2009 par CNN, qui souffrait d'une absence de journalistes présents sur place).

Doit-on rappeler, pour se donner une idée de son développement exponentiel, que YouTube n'a que cinq ans ? qu'il ne fut créé qu'en février 2005 ? qu'il dispose en moyenne d'une fréquentation de 350 millions utilisateurs par mois[1] ? et que, le 17 mai 2010, ce sont plus de deux milliards de vidéos qui ont été vues simultanément[2] ?

Évidemment qu'il faut le rappeler.

Car YouTube, à la différence d'une télévision, permet à n'importe lequel d'entre nous de diffuser son propre contenu et, ainsi, de profiter du pratique conditionnement que l'image crée dans le cerveau pour diffuser le message qui nous convient, la propagande que nous souhaitons faire passer.

La suspension d'incrédulité n'est plus l'apanage de l'artiste visuel, de l'écrivain, du cinéaste ou du journaliste. Elle appartient désormais aussi à l'internaute isolé, ou au groupe organisé, avec toutes les possibilités et risques inédits que cela peut comporter.

En sus, YouTube, entreprise américaine, jouit du premier amendement de la Constitution des États-Unis, qui garantit une liberté d'expression totale. On peut donc sans difficulté y trouver des contenus légalement interdits en France, comme des discours racistes, homophobes, incitant à la violence, ou même, des agressions filmées multiples.

La suspension d'incrédulité est donc désormais à la portée de n'importe quel internaute.

Mais, ayant une conception artisanale de la manipulation mentale, nous allons développer à présent comment obtenir la production d'ondes alpha dans le cerveau d'une cible *sans* utiliser d'instrument technologique. La méthode *one to one*, humain contre humain, dont l'intitulé est un hommage à la méthode

1. Gilles Fontaine, « Qui a peur du géant Google », *Challenges*, n° 180, 17 septembre 2009, p. 48.

2. « You Tube passe d'un à deux milliards de vidéos vues par... jour », *La Tribune*, 17 mai 2010.

enseignée aux *non official covers* (clandestins) et *case officiers* (officiers traitants), par la CIA.

Bienvenue dans le monde du lavage de cerveau *à la main.*

Le mauvais emploi des techniques que je m'apprête à décrire peut difficilement être stoppé ou légiféré. Je ne pense pas d'ailleurs qu'il soit possible de légiférer contre la plupart d'entre elles. En outre, leur efficacité découle de leur addition. Certains iront donc piocher par-ci par-là, d'autres les utiliseront toutes, enfin, je l'espère, la plupart d'entre vous s'en serviront à titre informatif, pour éviter d'être manipulé.

Par mauvais emploi, j'entends que leur utilisation peut conduire quelqu'un à adhérer à un mouvement sectaire, au fondamentalisme religieux ou à d'autres groupuscules comme des milices extrémistes.

Car ces instruments, développés méticuleusement, conduisent à l'asservissement mental d'un tiers, jusqu'à pouvoir le mener docilement vers sa réification consentie, pour en faire, par exemple, un esclave sexuel ou, dans une autre configuration, un kamikaze.

Ce qui, d'un point de vue purement moral, est regrettable.

Néanmoins, ces mêmes techniques ont des vertus positives, et certaines d'entre elles sont employées par des groupes de paroles pour lutter contre la dépendance aux drogues ou par la majorité des partis politiques, dans le cadre de l'endoctrinement de leurs militants.

Aussi me garderai-je de tout commentaire sur l'objectif à atteindre dans leur emploi. Tout juste les exposerai-je. Je resterai également relativement discret sur les occasions qui m'ont permis d'en faire une expérience directe. Tout ce que je peux vous confier, c'est que j'ai volontairement infiltré, pendant quelques années, ce que l'on appelle « une communauté », afin d'observer de plus près son fonctionnement.

Le premier postulat à envisager est le suivant : très peu de personnes ayant subi un lavage de cerveau peuvent en même temps réaliser ce qui leur arrive. La prise de conscience est toujours ultérieure. Ceux qui ont été manipulés défendent habituellement leurs manipulateurs, arguant que ceux-ci leur avaient montré la Lumière, ou les avaient transformés de façon miraculeuse.

Brainwashing ou conversion ?

La « conversion » est un joli mot pour désigner le lavage de cerveau. Les premières études sérieuses sur ce phénomène ont été menées avec le Renouveau chrétien apparu au XVIIIe siècle aux États-Unis, même si les techniques de retournement de valeurs sont employées depuis la nuit des temps. Elles s'apparentent au *modus operandi* utilisé pour aspirer quelqu'un dans un mouvement sectaire.

L'éclairage donné par Françoise Champion, sociologue, est intéressant, à condition de prendre comme référence l'Église. Mais le sens de cette définition peut être le même selon d'autres religions que l'on prendrait à titre comparatif.

> Selon Weber et Troeltsch, on naît dans l'Église, qui est coextensive à la société, *mais on entre dans une secte par conversion*. Selon eux, également, l'Église accepte un compromis avec le monde, alors que la Secte le récuse. Enfin, dans l'Église, il y a deux catégories de personnes : clercs ou religieux d'un côté, laïcs de l'autre. Aux premiers, une morale exigeante ; aux seconds, une morale plus accessible. Cette distinction clercs-laïcs ne se retrouve pas dans la Secte : tous les membres y sont, en principe, égaux et tous sont soumis à la même morale, exigeante[1].

Jonathan Edwards, un prédicateur du XVIIIe siècle, avait accidentellement découvert des techniques pendant une cérémonie religieuse en 1735, à Northampton dans le Massachusetts. Il se rendit compte qu'en renforçant la culpabilité, l'appréhension, et en faisant aug-

1. Françoise Champion, « "Sectes", entre guillemets », *Actualité des religions*, n° 6, juin 1999, p. 40.

menter la tension nerveuse des croyants, ceux-ci se soumettaient encore plus que d'habitude. Techniquement, il se mit alors à créer des conditions qui nettoyaient le cerveau de ses croyances passées d'une façon tellement parfaite que tous les croyants qu'il rencontrait acceptaient sa nouvelle programmation. Mais cette programmation était négative et, en permanence, le message reçu se traduisait par « vous êtes un pécheur, vous êtes destiné à l'enfer ». Finalement, certains des convertis se suicidèrent, et ceux qui restèrent étaient tellement affectés par le climat de terreur instauré par Edwards qu'ils devinrent possédés par une tentation diabolique de mettre fin à leurs jours. Finalement, en raison de sa trop grande rigidité, il se fit destituer en 1750 après avoir rempli les fonctions de pasteur à New York et à Northampton. Il laissa plusieurs ouvrages, dont un *Essai sur les affections religieuses*, en 1746, et des *Recherches sur l'idée de liberté*, en 1764. De nos jours, plus la diffusion de connaissances sur la technologie mentale permettant le *brainwashing* devient importante, plus les phénomènes de conversion se multiplient. Je pense sérieusement que l'une des raisons majeures de l'augmentation incroyable du fondamentalisme (chrétien, musulman, judaïque), vient – aussi – de là.

Car, aujourd'hui, quiconque cherche benoîtement sur Internet peut trouver le fameux *Manuel d'al-Qaida*, traduit en langue anglaise. Ou encore, des manuels d'endoctrinement destinés aux extrémistes défenseurs radicaux de la race blanche.

On y retrouve toujours les mêmes articulations primaires. Leurs fondements ont été mis en évidence au début du XXe siècle, par un scientifique bien connu.

Les trois phases de conditionnement établies par Pavlov

Pavlov, scientifique russe, fut un des premiers à donner une explication technique. Au début des années 1900, il travaille sur des animaux afin de poser les bases de ses futures expérimentations humaines. Son expérience la plus célèbre, connue vulgairement sous l'appellation « chien de Pavlov », concernait une étude sur la sécrétion de salive par les chiens. Pavlov avait constaté que le chien salivait avant d'entrer en contact physique avec son alimentation. Il réussit à produire cette salivation par une variation des stimuli auxquels il soumettait l'animal *avant* la présentation de sa nourriture. Au départ, stimuli et présentation de l'aliment étaient effectués simultanément. Puis, Pavlov opérait un décalage temporel, ne laissant que le stimulus (un son, la plupart du temps, mais contrairement à la légende, pas toujours une cloche, qui ne fut jamais retrouvée dans son laboratoire).

Le réflexe salivaire se produisait alors, en dehors de la présence de toute nourriture, ce qui donna naissance à l'expression fameuse : « réflexe conditionné ». Après la Révolution russe, une des premières préoccupations de Lénine (qui demeure, à mes yeux, un des plus grands manipulateurs mental du XXe siècle, si ce n'est le meilleur) fut d'appréhender le potentiel des théories de Pavlov pour ses propres activités. Parmi elles, le conditionnement d'un peuple tout entier. Aussi le scientifique fut-il particulièrement gâté par le régime qui finança très longtemps ses recherches.

Trois états mentaux distincts *et dont l'évolution est maîtrisable* furent identifiés par Pavlov.

Le premier s'appelle *la phase équivalente*, dans laquelle le cerveau donne la même réponse à un stimulus fort ou faible.

La deuxième est la *phase paradoxale*, nommée par Pavlov lui-même « la phase de suggestion » lors de laquelle le cerveau répond moins activement à un stimulus faible qu'à un stimulus fort. Le conditionnement débute.

La troisième est la *phase ultra-paradoxale*, dans laquelle les réponses sont conditionnées, et le comportement répond positif à un stimulus négatif ; et négatif à un stimulus positif. La déprogrammation est alors effectuée.

Une mécanique de lavage de cerveau opère cette transformation progressive. Le premier moyen utilisé pour un lavage de cerveau politique ou religieux est de travailler les émotions d'un individu afin de lui faire atteindre un état anormal de colère, de tension, ou d'excitation.

L'objectif de ce conditionnement mental est double :

- *mystifier le jugement* (en atteignant les valeurs morales de la cible pour les modifier) ;
- *accroître la suggestionnabilité*.

Plus ces deux conditions peuvent durer, être maintenues et intensifiées, plus le sujet devient influençable. Son programme mental originel, sa *carte du monde*, ou *métaprogramme*, comme l'appelleraient les praticiens de PNL, est chamboulée. Ce processus se retrouve dans l'endoctrinement politique. Lors de la formation d'un militant, celui-ci, en premier lieu, apprend à connaître la doctrine de son parti, les grands thèmes. Il adhère, et apprend à les exposer à son entourage. On fait de lui un pédagogue, on lui remet des argumentaires. Puis, lorsqu'il se retrouve confronté à la critique, dans un premier temps il va chercher à y répondre par une démonstration inverse, utilisant l'argumentaire que le parti lui a fourni.

C'est à ce moment précis que sa conviction personnelle va se renforcer. Dans l'adversité, face à des stimuli négatifs.

Lorsque les critiques vont s'intensifier, surtout s'il est soumis à de vifs reproches, par exemple, de la part d'un entourage proche qui ne partage pas les mêmes convictions que lui, son approche de la critique va subir une modification. Celle-ci ne renforcera plus sa conviction, qui est déjà en stade de finalisation.

Le changement se situera ailleurs. Dans la relation que le militant ressent avec l'émetteur de la critique. Il deviendra, tout simplement, plus résistant, et des stimuli même forts de contradiction lui feront de moins en moins d'effet. Ce cas se retrouve chez les extrémistes de tous bords. Soumis à de nombreuses critiques, invectives, calomnies, ils renforcent leur impassibilité, jusqu'à devenir de véritables fanatiques. *La forte critique, bien loin de les dissuader, renforce leur endoctrinement.*

Les commissaires politiques chinois, à l'époque de la guerre de Corée, avaient ainsi pour habitude de soumettre volontairement leurs militants à des tentations, insultes et brimades, effectuées par des agents provocateurs, dans le but de fanatiser le militant, qui finissait par haïr son contradicteur, non pour ce qu'il disait, mais pour ce qu'il représentait, ce qu'il *était*.

Ils avaient bien retenu la leçon première de Carl Schmitt : *pas de politique sans ennemi*. Il ne faut jamais perdre de vue que le fanatisme relève de l'affect. De la conviction de faire partie d'un groupe de visionnaire, et de la fierté que le sujet va en tirer.

Souvenons-nous de la naissance de notre puberté et de l'apparition de l'amour passion. C'est une des premières manifestations du phénomène fanatique. Plus rien n'a d'importance, et une grande part d'entre nous a déjà connu ce point d'ébullition où la présence de l'être source de l'amour-passion devient invivable, insupportable.

Tout l'art des manipulateurs de conscience, des *brainwashers*, réside dans la recréation de cette étape psychologique dans l'unique but de contenter leur volonté de profit. Pour cela, ils disposent de moyens nombreux.

La suggestion par la privation physique : le jeûne

Une autre arme psychologique bien connue des religieux est la privation par la diète, le jeûne. La privation partielle ou totale, volontaire ou non, d'alimentation pendant une certaine période entraîne nécessairement un affaiblissement mental, par manque d'énergie.

Le jeûne, à l'exclusion des buts médicaux, est la plupart du temps relié à l'illustration d'une conviction politique ou religieuse. La religion juive préconise le jeûne, à diverses occasions, comme pour le

Yom Kippour. Il était aussi une pratique régulière pour les catholiques (jeûne du vendredi). Dans l'islam, le jeûne est obligatoire pour le mois de ramadan, et commence à l'aube pour se finir au crépuscule. L'effet biologique immédiat d'un jeûne moyen d'une vingtaine d'heures se traduit par une baisse significative d'insuline.

Or, *l'insuline*, qui joue un rôle important de contrôle des niveaux de sucre dans le sang, *joue aussi un rôle fondamental dans la chimie du cerveau*. Les niveaux d'insuline affectent les systèmes de production, la dopamine, ce qui génère une influence directe sur les fonctions neuropsychologiques.

En effet, la dopamine est un neurotransmetteur (messager chimique entre les cellules nerveuses) qui a une importance capitale en matière de comportement. Elle influence l'humeur, la motivation, le plaisir, l'appétit et le contrôle de la motricité. Plus encore, la *dopamine par sa fonction de neurotransmetteur est déterminante dans le contrôle décisionnaire, l'anticipation, ou la planification*. Toute carence en dopamine entraîne un trouble d'attention et de vigilance. Inversement, l'augmentation de dopamine augmente la rapidité des transmissions neuronales. Voilà pourquoi la prise d'amphétamines provoque autant d'engouement dans des milieux d'affaires tels que celui de la Bourse ou de la spéculation. Certains traders se bourrant d'amphétamines le font pour augmenter leur taux de dopamine et, ainsi, leur fulgurance décisionnaire.

De même, les amphétamines furent massivement utilisées pendant la Seconde Guerre mondiale. Des millions de doses de Pervitin (métamphétamine) furent distribuées aux soldats allemands, au moment de l'invasion de la Russie. D'autres opérations spectaculaires nécessitant une endurance surhumaine ne furent possibles que par l'accroissement de la dopamine dans le corps des soldats (l'exemple le plus célèbre reste la libération de Benito Mussolini, capturé par les Alliés, menée par le commando dirigé par Otto Skorzeny, soldat d'élite, capable d'endurer les pires privations, surnommé l'« Homme le plus dangereux d'Europe » ; ce qui, à l'époque, n'était pas peu dire, les hommes dangereux ne manquant pas. Skorzeny échappa d'ailleurs à toutes les purges subséquentes à la guerre et mourut dans son lit, à Madrid, en 1975, après avoir entraîné les premiers commandos palestiniens). Néanmoins, les effets secondaires constatés poussèrent les médecins militaires à recommander plutôt l'usage de cachets fortement dosés en caféine.

Mais les Allemands n'étaient pas les seuls à avoir recours à ces procédés. Bien au contraire. À la fin de la guerre le *Times* titrait en première page : « La méthédrine a gagné la bataille d'Angleterre ».

Titre choc, mais réel. Car cette substance avait permis aux aviateurs anglais de tenir le rythme de dizaines d'heures de vol sans discontinuer – l'aviation britannique manquant cruellement de pilotes –, pour mener leur action héroïque d'anéantissement de la Luftwaffe, pourtant dotée d'une supériorité écrasante par le nombre d'appareils dont elle disposait.

Plus récemment, en Afghanistan, des pilotes de chasse américains ont abattu une patrouille canadienne, la prenant pour des talibans. L'enquête révéla que ces pilotes avaient abusé de la Ritaline, substance légalement prescrite pour maintenir leur vigilance et leur combativité pendant leurs missions. En 2010, les pratiques risquées de modification chimique des capacités physiques des militaires sont plus que jamais d'actualité. Le jeûne et l'inconfort physique vont créer l'effet inverse : une baisse de vigilance.

Je prendrai l'exemple des évangélistes, dont la progression est fulgurante aux États-Unis, et qui commencent à contaminer la France (un de mes confrères, totalement illuminé, jadis brillant, en fait d'ailleurs partie. En quelques années, je l'ai vu devenir l'ombre de lui-même.)

Lors du prédicat d'un évangéliste (qui dure parfois plus d'une demi-journée), les pauses sont la plupart du temps proscrites, et les fidèles placés dans une situation où il leur est impossible de se restaurer ni même de boire. Les rangées de fauteuils sont placées – à dessein – suffisamment loin des toilettes pour que la station assise soit conservée le plus longtemps possible, quel que soit l'inconfort produit pour le fidèle.

Car l'inconfort physique sera justement le but du prédicateur. De cet inconfort découlera la baisse de vigilance mentale de son ouaille.

Quand l'occasion se présente, j'applique avec modération cette technique dans le cadre de mon travail. Je me souviens d'une affaire, mineure mais cocasse, d'exhibition sexuelle, où j'avais utilisé, outre le droit, la stratégie de l'épuisement. En matière d'exhibitionnisme, tout repose sur le précepte suivant : parole contre parole. À moins que vous ayez été surpris sexe en main par une caméra de vidéosurveillance devant une école, par exemple, la plupart du temps, l'infraction repose sur le témoignage visuel d'une victime, qui vous a vu procéder à une vilaine exhibition sexuelle et vous dénonce immédiatement à la police.

Dans le cas présent, il s'agissait de deux vieilles femmes qui, en parcourant une copropriété pour se rendre au restaurant après avoir bu l'apéritif, avaient cru voir mon client dans sa cuisine en train de se masturber copieusement, fenêtre ouverte, leur faisant signe de venir le rejoindre. Un homme accueillant.

Première observation : j'étais convaincu que mon client n'avait rien fait de tel et qu'il s'était juste levé un peu tard (il s'agissait d'un homme vivant la nuit). Le malheureux devait être dans sa cuisine se préparant à moitié nu une chicorée, et les deux « victimes » en avaient conclu à une exhibition sexuelle. Je tirai cette conclusion de la contradiction évidente de leurs déclarations quant à ce qu'elles avaient vu, et à la moralité du prévenu qui, s'il avait bien des défauts, ne se serait jamais permis une telle chose et ne présentait pas le profil psychologique propre aux exhibitionnistes solitaires se masturbant devant des vieilles dames. En outre, un conflit de voisinage sous-jacent expliquait à mes yeux cette poursuite trop facile pour être candide. Pour résumer, ce jour-là, sainte Blandine ne se trouvait pas au tribunal.

Problème : deux paroles contre une, deux innocentes vieilles dames contre un homme se décrivant lui-même comme assez bourru, et pas de témoins extérieurs. La contre-démonstration allait être délicate. L'audience commençant à 13 h 30, une rapide lecture à froid me permit de me rendre compte que les deux femmes en question présentaient de nombreux signes physiques les désignant comme des bonnes vivantes, aimant ripailler et manger plus qu'à leur faim. Je décidai donc d'utiliser le procédé des prédicateurs et de les épuiser physiquement, pour diminuer leur vigilance et rendre mon contre-interrogatoire plus efficace. En temps normal, j'aurais dû passer dans les premiers dossiers, venant d'un barreau extérieur au tribunal pour défendre mon client. Mais, c'eût été contre-productif.

Confronté à un bon mangeur, il faut l'affamer. Je prévins donc l'huissier que je souhaitais passer le dernier, quelle que soit l'heure à laquelle l'audience se terminerait.

À 19 h 30, notre dossier fut enfin évoqué. Mais, les deux bonnes vivantes étant étrangères, elles se présentèrent accompagnées d'une amie qui voulait jouer les interprètes pour elles devant la juridiction. Je décelais à cet instant un grand soulagement dans leur regard et les entendais penser « enfin, on va pouvoir rentrer boire et manger, c'est pas trop tôt ».

Si, mes bonnes amies, il est encore trop tôt.

Car la voisine en question, proche de ces personnes, ne pouvait constituer un interprète fiable et impartial. Je demandai donc sa récusation : « L'affaire ne pourra être évoquée tant que je n'aurai pas un interprète impartial, indépendant, et assermenté, article 407 du Code de procédure pénale. C'est ainsi. » Le magistrat dut donc convoquer un interprète. Résultat : trois nouvelles heures d'attente. Bon appétit, mesdames.

Dans ce palais, les bancs sont en métal, il n'y a pas de distributeur de boissons chaudes ou froides, pas de machine à sandwichs, rien. Quand on aime la choucroute et la bière, le petit casse-croûte de 16 heures, le thé et les gâteaux, rester assis sur un bout d'acier pendant onze heures fait obligatoirement diminuer votre taux de dopamine. Nous sommes finalement passés à 23 heures. Entre-temps, mon client et moi avions pris soin de nous restaurer copieusement grâce à des victuailles prévues par mes soins. C'est donc repus et souriants que nous commencions notre joute, devant des victimes exténuées, en manque. Ainsi, le contre-interrogatoire fut une partie de plaisir. Au point que, au lieu d'afficher la gravité nécessaire lorsqu'on est victime de ce genre de faits indécents, les victimes furent prises d'un fou rire nerveux au moment de répondre à mes questions. Ce qui conduisit le Président à leur dire : « Voyons, mesdames, un peu de tenue. »

L'affaire était gagnée. Si, dans la même configuration, ces deux personnes avaient été entendues en début d'après-midi, le petit jeûne qu'elles venaient d'endurer n'aurait pas eu lieu, leur vigilance serait restée optimale, et elles n'auraient sans doute pas éclaté de rire. Un rire qui décrédibilisa leurs propos et participa à l'émergence de la vérité : elles s'étaient, tout simplement, trompées. Il faut savoir que les techniques d'hypnose et celles de conversion sont radicalement différentes. Les techniques de conversion sont de loin les plus puissantes. L'hypnose ne permet pas de *brainwashing*, car le sujet doit consentir. Dans le *brainwashing*, c'est le consentement lui-même qui est visé, aux fins d'anéantissement.

Laver en musique : l'utilisation du rythme

Si vous avez déjà vu un prêcheur travailler, vous avez dû remarquer l'utilisation d'une musique répétitive. La structure des musiques est la même que celle employée pour ouvrir ou conclure des meetings politiques. C'est également la même pour les marches militaires. *Idem* pour la plupart des hymnes nationaux.

Pourquoi ? Un rythme répété, idéalement calibré entre 45 et 72 battements par minute (fréquence proche de celle du cœur humain), est très hypnotique et peut générer un stade altéré de conscience dans un pourcentage élevé de la population. Cette forme de transe se définit comme un état dans lequel une personne a l'impression de toucher à un monde parallèle. Le préfixe *trans-* signifie « passage, voyage, d'un état à un autre ». La musique comme la danse sont des expériences auditives et corporelles grâce auxquelles une personne peut atteindre un état intermédiaire, qu'elle va ressentir comme un stade de transition entre le monde réel et un monde extra-réel. C'était déjà le cas des chamans dont les rituels nécessitaient l'emploi de musiques et de danses, ce fut aussi le cas de la tarentelle, danse italienne du XVIIe siècle, issue du sud de l'Italie. Les Italiens jouaient la tarentelle lors de longues cérémonies pouvant durer des journées, dans le but de guérir ceux que l'on croyait victimes d'une araignée légendaire, la tarentule. Cette thérapie de groupe n'était à l'époque d'un moyen de contourner la censure d'une Église rigoriste qui refusait la danse et la musique. *La Marseillaise*, ou l'*Internationale*, pour ne citer qu'elles, sont construites sur cette même gamme rythmique de 45 à 72 battements par minute. Les musiques utilisées par le prêcheur, par l'homme politique ou par les militaires, seront évidemment toujours les mêmes. Ainsi, reconnaissant la mélodie et le rythme dès les premières notes, les croyants, militants ou soldats seront reconditionnés pour retrouver l'état de suggestion dans lequel ils se trouvaient lors du précédent office, meeting, ou défilé.

À l'utilisation d'une musique spécialement calibrée va s'ajouter la technique du *métronome vocal*, qui répond à la même exigence.

Métronome vocal

La technique du métronome vocal est utilisée par les hypnotiseurs pour placer leur sujet dans un état de conscience modifiée. Elle est en outre utilisée inconsciemment par de nombreux avocats qui, en voulant ancrer fermement un point dans l'esprit des juges ou des jurés, cassent volontairement le rythme de leur exposé pourtant amené selon un tempo régulier. Le tempo en question est le même que celui utilisé pour la musique : 45 à 72 mots par minute. Les meilleurs orateurs fonctionnent selon ce rythme. Le dictateur dont les discours ont eu le plus de répercussions sur les masses au XXe siècle reste Hitler. Si l'on présente souvent des extraits de ses discours le montrant dans une colère noire, quasi hystérique, la réalité de ses allocutions prises dans leur intégralité est tout autre. Un hystérique permanent n'aurait jamais entraîné la conviction de son auditoire.

Serge Tchakhotine, propagandiste soviétique, a analysé dans son ouvrage *Le Viol des foules par la propagande politique*[1] la méthodologie employée par le dictateur allemand. En tant qu'adversaire du Reich, Tchakhotine ne pouvait élaborer de contre-propagande soviétique sans une parfaite connaissance des méthodes de ses adversaires.

Hitler, selon Tchakhotine, faisait des discours extrêmement bien conçus. La construction de son exposé se voulait très progressive. Les moments de colère connus du monde entier sont le temps fort de son argumentation. Pendant tout le reste de la prise de parole, il prépare son auditoire, calmement, et la montée de tension se fait crescendo, 45 à 72 mots par minute.

Cette progression faisait par ailleurs une large part au symbolisme, et toute parole violente, toute menace s'accompagnait dans l'esprit de la foule à des symboles, qui devenaient peu à peu les signes évocateurs de ces paroles. Le symbole pictural devait alors être associé à un signe physique d'intimidation, comme le bras tendu d'Hitler, ou encore le geste des antifascistes, tout aussi violents dans l'imagerie : bras droit tendu vers le haut, poing serré.

Le rythme, la musique ainsi que le conditionnement physique sont donc des instruments utilisés à différents degrés par les sectes, religions et organisations politiques pour modifier l'état de conscience de leurs membres lorsqu'ils participent à des réunions.

En faisant cela, ils interviennent sur la zone inférieure du cerveau, le thalamus. C'est dans cette zone que se situent les processus inconscients. Siège de l'irrationnel et de l'affectif, le thalamus

1. Serge Tchakokine, *Le Viol des foules par la propagande politique*, *op. cit.*

est la cible visée par ceux qui pratiquent le *brainwashing*. À l'inverse, dans la zone supérieure, le cortex, s'opèrent les mécanismes rationnels et intellectuels. Un individu isolé se comportera toujours de façon plus rationnelle car son thalamus est moins stimulé. Si le même individu est placé dans un groupe, le phénomène s'inverse. Dans une foule, l'affectif prend le dessus sur le rationnel. Voilà pourquoi il est capital de rassembler les individus en groupes, et de créer des règles de fonctionnement pour ces groupes, autonomes de l'extérieur. Votre cerveau gauche est le siège de l'analytique et du rationnel. Le droit comprend l'imagination et la création. C'est assez simplifié, mais nous partirons de ce postulat. L'idée du métronome verbal, outre le rythme, est donc de distraire le cerveau gauche et de l'occuper.

Prenons un exemple qui permet de distraire le cerveau gauche. Les politiques emploient ces techniques tout le temps. Les avocats utilisent nombre de leurs variantes.

Vous êtes en train de regarder le discours d'un politique. D'abord, il va devoir générer ce que l'on appelle un *yes set*, une situation acceptative.

Il le fera par des constatations qui vont entraîner le public à adhérer obligatoirement. Parfois il ne saura même pas qu'il est en train d'agréer, mais, une fois que le politique a obtenu cette adhésion, les atouts sont de son côté. Ensuite intervient la suggestion : ce que le politicien souhaite que vous croyez.

Vous allez constater que les trois premiers éléments sont des *yes set*, les trois autres sont des truismes et le dernier est une suggestion.

> Mesdames, Messieurs, vous êtes en colère contre le chômage galopant, vous êtes fatigués de l'augmentation astronomique du prix des denrées alimentaires, vous êtes malades de l'augmentation de l'insécurité ?
>
> Savez-vous que le gouvernement actuel a autorisé une suppression des droits des chômeurs de longue durée l'année dernière, qu'il recrute un ministre ancien patron de grande distribution et

que les agressions physiques ont augmenté de 54 % dans la nation depuis un an ?
Bon, cela a trop duré, la réponse pour résoudre cette débâcle, c'est de changer de gouvernement.

Triptyque relationnel : isolation, endoctrinement, intimidation

Que l'on se sent mieux quand on s'isole...

Les réunions politiques, le coaching mental ou les prêches prendront toujours place dans une aire où les participants sont tenus à l'écart du monde. Cela peut être une maison, un hôtel, un centre de congrès, mais il est déterminant que les sujets soumis à une opération d'influence se sentent *entre eux*.

Et c'est à l'intérieur de ce groupe, au travers de l'énoncé d'un programme, d'une doctrine ou d'un code de valeurs que les leaders de l'organisation poseront le principe des *commandements*, qui participent de l'endoctrinement. La pratique ne date pas d'hier. Le décalogue, littéralement les « dix paroles », appelées communément les dix commandements, sont un ensemble d'instructions morales et religieuses dans la tradition judéo-chrétienne, issus directement – selon ces croyances –, de la parole de Dieu reçue par Moïse sur le mont Sinaï. La plupart des individus dans le monde occidental, y compris les athées, les connaissent.

En programmation neurolinguistique, les pères fondateurs ont également posé ce qu'ils ont nommé les quatorze postulats. Dans les centres des Alcooliques anonymes, on retrouve ce principe de « commandements ». On les appelle les « douze étapes ».

Leur rédaction est très intéressante au regard de ce chapitre, aussi attirerai-je votre attention en plaçant certains termes en italique. Les voici, à titre d'exemple, vous remarquerez le tracé linéaire du chemin cérébral, celui de la moindre résistance[1] :

1. http://vivresansalcool.over-blog.com/pages/Les_12_Traditions_des_Alcooliques_Anonymes-560109.html.

1. Nous avons admis que nous étions impuissants devant l'alcool – que *nous avions perdu la maîtrise de notre vie.*
2. Nous en sommes venus à croire *qu'une Puissance supérieure à nous-mêmes pouvait nous rendre la raison.*
3. Nous avons décidé de *confier notre volonté* et notre vie aux soins de Dieu tel que nous le concevons.
4. Nous avons procédé sans crainte à un *inventaire moral* et approfondi de nous-mêmes.
5. Nous *avons avoué à Dieu*, à nous-mêmes et à un autre être humain la nature exacte de nos torts.
6. Nous étions tout à fait prêt à ce que Dieu *élimine tous ces défauts.*
7. Nous lui avons humblement *demandé de faire disparaître nos défauts.*
8. Nous avons dressé une liste de toutes les personnes que nous avions lésées et nous avons consenti à *réparer nos torts* envers chacune d'elles.
9. Nous avons réparé nos torts directement envers ces personnes dans la mesure du possible, sauf lorsqu'en ce faisant, nous risquions de leur nuire ou de nuire à d'autres.
10. Nous avons poursuivi notre inventaire personnel et promptement *admis nos torts* dès que nous nous en sommes aperçus.
11. Nous avons cherché par la prière et la méditation à améliorer notre contact conscient avec Dieu. Tel que nous le concevons, lui demandant seulement de connaître Sa volonté à notre égard et de *nous donner la force de l'exécuter.*
12. *Ayant connu un réveil spirituel comme résultat de ces étapes*, nous avons alors essayé de transmettre ce message à d'autres alcooliques et de mettre en pratique ces principes dans tous les domaines de notre vie.

Sur le site officiel des Alcooliques anonymes, voici la définition donnée pour les « douze étapes » :

> Le programme de rétablissement de l'alcoolisme des A.A. est basé sur ce principe des « Douze Étapes ». *Elles sont offertes à titre de suggestions seulement*, et furent conçues à partir des méprises et des erreurs des premiers membres A.A. Elles décrivent les attitudes et les activités considérées comme importantes pour ces membres dans leurs efforts pour parvenir à la sobriété. Personne n'est obligé d'accepter ces « Douze Étapes ». L'expérience démontre, cependant, qu'un membre qui fait un effort réel pour observer ces étapes et essayer de les mettre en pratique dans sa vie quotidienne semble retirer du mouvement infiniment plus que celui qui ne s'en soucie guère. Il est pratiquement impossible, dit-on, de suivre ces étapes à la lettre, au jour le jour. C'est peut-être vrai, au sens *que les « Douze Étapes » dévoilent un modèle de vie entièrement nouveau à la plupart des alcooliques, nombreux sont les membres, cependant, qui croient qu'elles sont une nécessité absolue comme gage de la sobriété*[1].

Dans cette définition, jamais le mot commandement n'est employé. Or, c'est tout comme. Les douze phases ne sont, ni plus ni moins, que des préceptes à respecter. Le même texte mentionne qu'il ne s'agit que de « suggestions », mais que « beaucoup croient qu'elles sont une nécessité absolue ». L'utilisation du terme « beaucoup » n'est pas anodine. Dans le cas présent, nous sommes – pour une bonne cause (la sobriété) –, en présence d'un modèle illustrant parfaitement le *brainwashing*. Car, dans ce type de conditionnement mental, outre le respect des commandements, la présence d'un témoin, du regard d'un *autre*, est déterminante. Le philosophe John Dewey l'avait fort bien compris, lorsqu'il soulignait que « la meilleure façon de se réaliser, pour un individu, n'était pas de cultiver consciemment sa propre distinction particulière, *mais de s'immerger dans la vie collective*. Car en se concentrant exclusivement sur un projet de création de soi-même, l'individu se prive

1. http://www.alcooliques-anonymes.fr/aafrance/AA_page.php?np=AA_44_qr_3&numquest=31.

de ressources plus amples que réclame une transformation plus riche de soi[1] ».

La conception anthropologique de Dewey suppose donc que parce que *l'individu est un produit social, il ne peut pas réaliser son affirmation de soi sans un engagement dans l'espace public.*

Chez les Alcooliques anonymes, on *s'engage* devant les autres ou devant un parrain.

Dans la religion chrétienne, arrivé à un âge de raison, on *confirme* sa foi publiquement. Dans le cadre d'un engagement politique, on *manifeste* avec son parti.

Les exemples sont légion.

Une des techniques les plus employées pour placer l'autre dans une situation de suggestion est de le faire lever devant une salle remplie pour se confesser et être pris à partie par l'auditoire (dans le cadre d'un débat ou d'une formation). De nombreux groupes de parole, axés thématiquement sur la maladie ou la drogue, fonctionnent ainsi. De même, les partis politiques, afin de former leurs militants, organisent souvent ce type *d'entraînement au débat*. Un sondage d'opinion mené aux États-Unis démontra qu'une des pires situations de crainte individuelle était de *parler devant un auditoire*. Dans le classement, elle se situait avant « laver une vitre au 85e étage d'un building ».

Lorsqu'un artiste visuel fait monter sur scène un spectateur afin qu'il participe à une démonstration (un tour de magie, par exemple), il ne prend quasiment aucun risque. Beaucoup d'illusions sont uniquement basées sur la vulnérabilité du spectateur montant sur scène. Par exemple, des démonstrations de pick-pocket, dont certaines pourraient difficilement avoir lieu dans la rue, deviennent un spectacle vivant merveilleux lorsque le spectateur se fait dépouiller devant une salle hilare. Aussi, si cette méthode de soumission au regard de l'autre est autant employée, est-ce en raison de la suggestionnabilité très forte qu'elle produit chez les individus qui y sont confrontés. Une fois cette étape

1. Richard Shusterman, *Vivre la philosophie*, Paris, Klincksieck, 2001, p. 46.

passée, la plupart d'entre eux accepteront bien volontiers de recruter d'autres membres, afin de se retrouver, cette fois-ci, dans le rôle du public, juge.

N.-B. On trouve peu d'humour dans ce type d'exercice, du moins jusqu'à ce que les individus soient suffisamment influencés. Ensuite, la création d'humour sera vécue comme un soulagement, une récompense.

La technique interseptale

Cette humble technique est employée très régulièrement par les journalistes, surtout à la télévision. Pierre Bourdieu lui donnait un autre nom : « la contamination de l'information ».

L'idée est de dire quelque chose avec des mots mais d'ancrer l'impression inconsciente de quelque chose d'autre dans l'esprit des spectateurs. Exemple pratique : vous regardez une émission de télévision et le commentateur, entre deux informations, décrit la chose suivante : « Le député Daniel Cohn-Bendit a assisté les autorités locales pour nettoyer les stupides erreurs des compagnies contribuant à la pollution nucléaire. » Cela sonne comme la constatation d'un fait, mais quand le présentateur emploie le mot « stupide », il fait un geste de la main ce qui va créer l'impression inconsciente que Daniel Cohn-Bendit est stupide. Ce qui, nous le savons tous, n'est pas vrai.

Dans une moindre mesure, souvent, le cerveau droit est stimulé également par des vendeurs. Exemple du vendeur d'assurances qui vous dira, en regardant votre salon avec tendresse : « Pouvez-vous seulement imaginer que votre maison soit entièrement en train de brûler ? »

Bien sûr que vous pouvez, c'est justement une de vos craintes premières.

Précision militaire…

S'il existe un domaine où les techniques de conditionnement sont poussées à leur paroxysme, c'est bien celui de l'armée. Pour illustrer ce propos, nous nous pencherons sur l'un des plus prestigieux corps d'armée du monde, et les méthodes qu'il emploie afin d'atteindre un niveau de conversion exceptionnel, les US Marines.

Le Marine Corps est la seule partie de l'armée américaine qui soit spécifiquement protégée par une loi interdisant sa dissolution, même sur ordre du Président américain. Totalement indépendants du reste des forces militaires, les Marines jouissent de moyens spécifiques, et bénéficient de leurs propres blindés et forces aériennes. De même, leurs uniformes de combat et de cérémonie sont inédits. Ils constituent la garde d'honneur du Président des États-Unis et protègent les ambassades. Tous les déplacements de l'appareil d'État américain (Président, vice-président, membres du cabinet présidentiel) sont protégés par les Marines. Le cinéma américain leur fait une propagande permanente, et presque chaque année nous voyons sur nos écrans un film à gros budget uniquement destiné à vanter leur courage et leur abnégation pour défendre la mère patrie.

Comme les Alcooliques anonymes, ou Moïse, les Marines ont un code.

Le voici :

1. Je suis un Américain, combattant dans les forces qui protègent mon pays et notre mode de vie. Je suis prêt à donner ma vie pour leur défense.
2. Je ne me rendrai jamais de mon propre chef. Si j'assume le commandement, jamais je ne livrerai mes subordonnées tant qu'ils auront la force de résister.
3. Si je suis fait prisonnier, je continuerai à résister par tous les moyens à ma portée. Je ferai tout pour m'évader et aider les

autres à le faire. Je n'accepterai de l'ennemi ni libération conditionnelle ni privilège particulier.

4. Si je suis fait prisonnier de guerre, je resterai fidèle à mes camarades de détention. Je ne livrerai aucune information et ne prendrai part à aucun acte qui puisse nuire à mes camarades. Si je suis gradé, je prendrai le commandement. Sinon, j'exécuterai les ordres légitimes de mes supérieurs et je les soutiendrai par tous les moyens.

5. Si on m'interroge en tant que prisonnier de guerre, je suis tenu de donner mon nom, mon grade, mon numéro matricule et ma date de naissance. J'éluderai les autres questions du mieux que je pourrai. Je ne ferai aucune déclaration orale ni écrite qui soit déloyale à mon pays et à ses alliés ou nuisible à leur cause.

6. Je n'oublierai jamais que je suis un Américain, que je combats pour la liberté, que je suis responsable de mes actes, et résolu à défendre les principes qui ont fait mon pays libre. J'aurai confiance en mon Dieu et dans les États-Unis d'Amérique[1].

Nous avons là le code du soldat rêvé, rédigé d'une telle façon qu'il en devient dissuasif pour l'adversaire, sachant à quoi s'attendre s'il capture un Marine. La *Liberté* est sauve. Néanmoins...

En mai 1994, dans le légendaire centre d'entraînement US Marine de Twenty Nine Palms, un commandant, Ernest Cunningham, prépare une thèse sur « *Le Soldat US et les valeurs constitutionnelles* ». Pour son élaboration, il fait remplir un questionnaire à plus de trois cents soldats en formation.

Parmi ces questions, il est demandé aux soldats s'ils seraient prêts *à user de leurs fusils contre des civils américains* si ceux-ci s'opposaient à ce qu'on leur confisque leurs armes à feu (à l'époque, un débat secoue le pays en raison de la volonté du Président Clinton de limiter la libre commercialisation d'armes). Plus d'un quart répond « oui » sans hésitation. Une autre question soumise aux

1. http://www.beaufortonline.com/military/code-of-conduct-usmc.htm.

Marines leur demande de choisir entre l'objectif militaire et la sauvegarde *des libertés* garanties par la Constitution. Ici, encore, plus de la moitié des soldats choisissent d'abolir les libertés constitutionnelles.

Cette étude démontre qu'une proportion non négligeable de Marines accorde plus d'importance, à son corps, son groupe qu'à la défense des valeurs pour lesquelles celui-ci a été créé.

Le même phénomène avait été constaté au sein de la chevalerie du Moyen Âge : une large part de chevaliers mettaient leur code d'honneur au-dessus de leur fidélité à tout seigneur (pourtant prévue par le code).

Par quelles techniques les formateurs réussissent-ils à obtenir une telle programmation ? Un ouvrage entier ne suffirait pas pour les décrire, aussi exposerai-je trois d'entre elles, utilisées dans d'autres corps tels que les Navy Seals ou la Légion étrangère.

Réification et logomachie

Comme Vladimir Volkoff[1] l'a mis en évidence, la déprogrammation mentale intégrale d'un individu ne peut se pratiquer qu'à partir d'un certain nombre d'influencés. L'individu, la famille, un groupe professionnel peuvent être mieux intoxiqués à partir d'une certaine quantité, les individus deviennent foule, et se polarisent intellectuellement.

Le premier objectif dans le cadre de la formation va consister à dépersonnaliser, à désindividualiser les individus. Cela passe d'ailleurs par une modification physique (la coupe de cheveux, courte pour tout le monde), accompagnée d'un égalitarisme esthétique (le même uniforme pour tous). En outre, le soldat passe d'individu à fonction. Désigné par son grade avant son nom, parfois même par une nouvelle identité (dans le cadre de la Légion étrangère), il n'est plus Monsieur, Madame, mais : 1re classe, lieutenant, etc.

1. Vladimir Volkoff, *La Désinformation arme de guerre*, *op. cit.*

Bien sûr, un tel conditionnement ne peut pas s'exercer à contre-courant. Le sujet aura au préalable fait acte de candidature et aura donc, par anticipation, accepté les modifications auxquelles on va le soumettre.

Le conditionnement, tout comme les gaz de combat, ne s'utilise que si le vent est favorable. Cette réification de l'homme va s'accompagner d'une autre technique : *la logomachie*. Elle constitue l'invention de formules qui seront acceptées comme véridiques alors qu'elles sont pittoresques et dénuées de tout sens logique.

Par exemple, pour les Marines, le credo *This is my rifle* (voici mon fusil), inventé par le général de division William Rupertus, que ces soldats entament à chaque marche d'entraînement, et dont j'ai sélectionné quelques passages délicieux :

> « Mon fusil est mon meilleur ami, il est ma vie. Je dois en être le maître comme je le suis de ma propre vie. »
> « Mon fusil est humain, tout comme moi, puisqu'il est ma vie même. C'est pour ça que je veux apprendre à le connaître comme un frère [...] nous ne ferons qu'un. »

Lorsque le formateur arrive à s'imposer dans le vocabulaire de sa cible, la moitié du travail est déjà fait.

La marche et le chant

Comme nous l'avons vu, il existe de nombreuses techniques pour stopper la pensée. Pour faire en sorte que l'esprit devienne plat et que le cerveau produise des ondes alpha. Les techniques d'altérations de la conscience (réification, logomachie) sont déjà un bon début, car elles introduisent le calme et, éventuellement, l'hallucination. Le résultat est une réduction de la pensée.

Mais l'objectif est la cessation de toute pensée. En ce sens, une marche longue et pénible génère une autohypnose qui accroît considérablement la suggestionnabilité. Associer la marche au chant permet d'atteindre ce type d'état autohypnotique. En outre, la cadence de ces exercices est calibrée sur le rythme que nous avons déjà évoqué, souvenez-vous, 45 à 72 battements par minute.

Il n'y a pas que les militaires qui ont compris l'intérêt de la marche pour des raisons physiques objectives et, surtout, pour des motifs de conditionnement psychologique. Les religieux en font autant dans le cadre des pèlerinages.

Et les politiques ?

L'un d'entre eux, François Mitterrand, grand manipulateur devant l'Éternel, avait bien compris l'intérêt fascinatoire d'une telle pratique. Tous les ans depuis la Libération, Mitterrand gravissait la roche de Solutré. Accompagné à l'origine de quelques proches, il continua des années durant cette pratique qui prit au fil du temps un sens rituel, mystique... Observons sur la photo de la page suivante le nombre approximatif de fidèles suiveurs lors de cette marche de 1989.

Analysons à présent, les termes employés par les journalistes lors des reportages annuels consacrés à ce sujet, et amusons-nous à compter les mots à connotation religieuse ou spirituelle.

J'ai choisi trois exemples au hasard.

> Antenne 2, 14 mai 1985
> *Tradition* respectée dans la matinée pour *l'escalade* de Solutré. Monsieur Mitterrand était accompagné de ses deux beaux-frères et d'un *groupe de fidèles*. Tout autour, *atmosphère de kermesse avec une foule de sympathisants et de suiveurs*. Après-midi plus politique et conversation désormais *rituelle* avec les journalistes.
>
> Soir 3, 20 mai 1991
> « La traditionnelle ascension. »
> « Le président de la République et *une poignée de fidèles. Rien ne ferait reculer François Mitterrand.* »

« Il n'était venu que pour respecter *la tradition, une tradition qui ne devrait pas se perdre*. »

France 2, 30 mai 1993
« *Reportage de nos spécialistes de l'escalade. Le rocher de Solutré s'anime étrangement* pendant le week-end de la Pentecôte. Nous voulions voir comment ça se passait [...].
Des témoins :
Il m'a touché la tête, m'a dit au revoir.
J'adorerai le revoir.
Poursuivant un *rite immuable*, après l'effort le groupe se rend dans une auberge.
Mitterrand : "*Vous avez du mérite, c'est bien.*" »

La démarche de Mitterrand est habile. Non pour le pèlerinage en lui-même, démarche personnelle qu'il s'était juré d'accomplir annuellement jusqu'à la fin de sa vie depuis la Libération, mais pour l'utilisation ultérieure qu'il en fit. Car s'entourant d'une poignée de fidèles pour réaliser son ascension, il lui vint également l'idée de convier les journalistes lors de ce déplacement et d'avoir une « traditionnelle conversation à bâtons rompus » avec eux, pour reprendre leurs propres termes[1]. C'est ainsi que ces journalistes qualifiaient cette conférence de presse maquillée. Et c'est à l'occasion de cette « conversation » que Mitterrand pouvait disposer de la présence de journalistes à l'état mental correctement calibré, sentant la saine sueur du pèlerin, saucisson et vin rouge en main, pour aborder avec eux tous les sujets politiques délicats du moment.

Ascension avec une équipe de télévision, caméramans chargés de lourds matériels sur l'épaule, preneurs de son tendant leurs perches au milieu des orties, entourés uniquement de « fidèles » du Président : en voilà des conditions optimales pour mettre en difficulté un homme d'État sur des problèmes politiques (ticket modérateur, brouille avec Michel Rocard...). Par petites touches, Mitterrand faisait passer son message, comme si de rien n'était, dans des conditions optimales pour lui.

Et, lorsque ces conditions n'étaient pas assez parfaites pour Mitterrand, il ne s'embarrassait pas avec la rigueur de la tradition et reportait son ascension de vingt-quatre heures, comme ce fut le cas en 1991, lorsqu'il voulut éviter la foule et les journalistes, ne désirant pas tenir sa « conférence de presse champêtre », notamment en raison des déclarations hasardeuses de son Premier ministre Édith Cresson, qui avait comparé les Anglais à des homosexuels et les Japonais à des fourmis.

François Mitterrand, un homme qui savait faire de l'autre ce qu'il voulait en faire.

1. François Mitterrand à Solutré, notez le mot « pèlerinage », entre autres : http://www.dailymotion.com/video/xfehdr_francois-mitterrand-a-solutre_news. Voir Page QR code.

Une matière première en constante augmentation : les *true believers*

Le sociologue américain Eric Hoffer a été un des premiers à reconnaître l'importance de l'estime de soi dans le bien-être psychologique et dans la résistance aux techniques de manipulation mentale. Il a conclu dans son ouvrage unanimement reconnu comme un classique du conditionnement humain, *True Believer*[1], que le fanatisme ou toute conversion puissante ne peut s'obtenir d'un individu qu'à la condition que celui-ci se sente au préalable dans une situation d'insécurité.

L'ouvrage *True Believer*, pourtant écrit en 1951, n'a pas encore été traduit en français. C'est regrettable. Le terme *true believer* pourrait être traduit littéralement par les mots « un vrai croyant », mais ce n'est pas du tout le sens qu'Hoffer veut donner à cette expression dans son ouvrage. Il s'agirait plutôt du qualificatif de « croyant absolu ».

Mais, pour coller le mieux possible à la pensée d'Hoffer, je conserverai donc son terme originel, *true believer*. Les mouvements de masse décrits par Hoffer dans *True Believer* concernent l'ensemble des domaines d'influence, qu'ils soient politiques ou religieux. Hoffer remarqua que beaucoup de fanatiques nazis devinrent des communistes fanatiques, et que ces mêmes fanatiques communistes se transformèrent par la suite en anticommunistes radicaux, selon le processus qui conduisit Saul, ancien persécuteur des chrétiens, à devenir Paul, porteur de la bonne parole chrétienne à travers le monde.

Le terme *true believer* désigne un individu pour lequel *la thèse portée par le mouvement de masse est moins importante que son appartenance au mouvement, car elle le sécurise*. Hoffer se préoccupe du fait que la société contemporaine occidentale se remplit progressivement de cette matière humaine dangereuse, très fortement

1. Eric Hoffer, *The True Beliver*, *op. cit.*

suggestionnable. De nos jours, en Occident, de plus en plus de jeunes hommes et femmes demeurent trop longtemps dans le cocon familial pour poursuivre des études longues, qui, en raison de la crise de l'emploi, ne débouchent pas forcément sur les professions espérées à l'origine. Le passage de l'adolescence à l'âge adulte, élément capital dans l'estime de soi, est retardé. Beaucoup de jeunes adultes, au lieu d'aider leur famille financièrement en allant travailler très tôt, deviennent au contraire une charge durable pour celles-ci, sans perspective certaine d'avenir, ce qui accroît considérablement le sentiment d'insécurité au sein du noyau familial. Parallèlement, cette même génération est historiquement celle qui a inconsciemment emmagasiné le plus d'images de violences *via* la télévision.

Ce faisant, elle se trouve dans une situation de particulière vulnérabilité psychique, et pourrait facilement tomber sous le joug de manipulateurs de masse. La proportion de *true believers*, personnes cherchant des réponses et des significations à l'extérieur d'elles-mêmes, alors qu'elle ne représentait que 15 % de la société, au début du XXe siècle, est en constante augmentation.

Les *true believers* ne sont pas des croyants ou des militants parce qu'ils désirent avancer, mais parce que cela peut satisfaire leur passion pour la renonciation à eux-mêmes, car ils sont en permanente et éternelle insécurité. Ces individus sont étonnamment sujets au syndrome de Stockholm, situation dans laquelle ceux qui sont intimidés, contrôlés, que l'ont fait souffrir, commencent à aimer, à admirer, et parfois à désirer sexuellement leurs contrôleurs.

Pour résoudre cette insécurité, les *true believers* sont en recherche d'un ennemi commun, dont la création leur permet de transformer leur peur en colère. Les chrétiens ont Satan, mais ce n'est pas assez. Les prédicateurs ont rajouté l'occulte, les penseurs New Age, et, *in fine*, tous ceux qui s'opposent à leur doctrine.

Pour avoir un exemple concret du comportement de *true believers*, je vous recommande deux films mettant l'accent sur la facilité avec laquelle, muni des techniques citées dans ce chapitre, un *leader* pourrait en prendre le contrôle. Ce ne sont que des fictions, mais vous y retrouverez tous les codes. Le livre dont est tiré un de ces films est d'ailleurs obligatoire dans le programme scolaire allemand. Je vous laisse deviner lequel :

– *Ficht Club*, de David Fincher, 1999.

– *La Vague*, de Dennis Gansel, 2008[1].

1. Bande annonce du film *La Vague*, tiré d'une histoire vraie : une expérience de conditionnement mental réalisée en 1967 par un professeur d'université américain, Ron Jones, baptisée « la Troisième Vague », employant une partie des techniques exposées dans ce chapitre. Très vite, l'ampleur des résultats le dépasse, les élèves devenant fanatiques : http://www.youtube.com/watch?v=xBwj28sflL4. Voir page QR Code.

Suppléments vidéos – QR Code

Scannez le QR Code avec votre smartphone afin d'analyser les mots employés par les journalistes lors d'une ascension classique de Mitterrand à Solutré.

Bande-annonce du film *La Vague*, tiré d'une histoire vraie, dans lequel une bonne partie des processus de conditionnement décrits dans ce chapitre sont utilisés.

Produisons des ondes alpha à l'aide d'un simple Iphone, Black-Berry ou autre smartphone équipé d'une application QR Code. Rapprochez-vous de votre écran, installez-vous confortablement, de préférence dans le noir. Placez un casque sur vos oreilles, et appréciez... l'effet produit. Attention, il faut tenir jusqu'à la fin. Avertissement : personnes souffrant d'épilepsie, ne pas utiliser ce code. Les autres, gardez le lien et faites l'expérience devant un écran d'ordinateur.

Κάθαρσις – Katharsis

Paralysé par un hypnotiseur ?

Certainement pas.

L'hypnotiseur a toutes les chances de remporter son défi, s'il vous fait asseoir bien droit en vous demandant de ne pas ramener vos pieds sous la chaise. Dès lors, soit vous n'inclinez pas votre corps vers l'avant et si vous ne changez pas la position de vos pieds, vous n'avez aucune chance de vous relever.

Mais cela n'a rien à voir avec l'hypnose. Lorsque vous êtes assis de cette façon, votre centre de gravité se trouve à l'intérieur de votre corps, près de la colonne vertébrale, un peu plus haut que le nombril. La perpendiculaire abaissée de ce point passe sous la chaise, derrière vos pieds. Pour que vous puissiez vous relever, il faudrait qu'elle passe entre vos pieds, afin de créer un appui sous votre sens de gravité.

C'est d'ailleurs ce que nous faisons tous les jours lorsque nous nous levons[1].

1. Inspiré de Yakov Perelman, *La Physique récréative*, Moscou, Éditions Mir, 1983 ; Martin Gardner, *La Magie des paradoxes*, Paris, Bibliothèque pour la science, Belin, 1980.

Παῦσις – Pausis

Choisissez un nombre composé de deux chiffres impairs entre 1 et 50.

Attention, il faut que les deux chiffres soient impairs mais aussi différents. Vous ne pouvez pas choisir 11, par exemple.

OK ? notez ce nombre

Réponse en fin de chapitre

Cold reading et fishing

(Lecture à froid et captation d'informations)

En 1999, alors que je passais mes journées au Club de prestidigitation niçois, ancien Phoenix Magic Club, un phénomène attira mon attention : de plus en plus de personnes qui montraient peu d'intérêt pour le *close-up*, la scène ou la magie de salon se présentaient pour prendre des cours.

Donnant des enseignements aux débutants, je m'intéressais donc à leur vie personnelle, et découvris que la plupart pratiquaient la profession de « voyant ». De là, de nombreuses discussions s'enchaînèrent avec eux, et c'est à cette époque que je commençai à m'intéresser de beaucoup plus près au mentalisme, ainsi qu'aux techniques de manipulation de l'esprit.

L'une de ces médiums possédait une double casquette, puisque, en plus de ses talents pour la lecture de l'avenir, elle était la maîtresse SM d'un présentateur télé très en vogue à l'époque, beau parleur, écrivain à ses heures perdues, mais de nos jours moins visible médiatiquement. Les lettres enflammées de ce dernier à sa « Maîtresse » valaient le coup d'œil, et, en termes de conditionnement d'autrui, nous étions face à une véritable professionnelle.

Très honnêtement, il serait hasardeux d'émettre un jugement sur l'ensemble d'une profession, tout juste dirai-je que tous les médiums que j'ai rencontrés étaient des manipulateurs de grand talent, mais dépourvus du moindre pouvoir psychique.

Pour plusieurs raisons.

La première, et non des moindres, repose sur la position de force qu'ils ont dès le début de l'entretien avec leur client. En effet, une rencontre avec un devin n'est jamais le fruit du hasard. Lorsqu'une personne décide de faire appel à un voyant, ce dernier se retrouve dans la même position que le médecin, l'avocat ou le psychologue : une position de sachant. Car la démarche même de se tourner vers un voyant implique généralement une présomption de crédibilité pour ses facultés. Dès le départ, le client est prêt à payer pour quelque chose. Il accorde donc une confiance aux services d'une personne qu'il ne connaît pas, et cela *a priori*. La plupart du temps, le voyant sera recommandé par un proche, un ami, une connaissance qui aura chanté ses louanges. Ce qui accroît sa crédibilité. D'une part le client se situe dans une attente croyante, d'autre part il vient de la part d'un tiers de confiance.

Excellentes conditions préalables pour en imposer.

Ensuite, la plupart des consultations en voyance commencent par une question. Et cette question, précisément, va être porteuse d'un joli lot d'informations pour le devin. Sans parler de body langage, d'analyse du regard ou des vêtements, le seul fait pour un individu de poser la question : « Est-ce que ma femme est infidèle ? » ou « Est-ce que ma vie sentimentale va s'améliorer ? » permet au professionnel qualifié de durer un bon quart d'heure. Cette récupération effectuée par le devin, comme tous les procédés de captation d'informations à l'insu d'une cible, se nomme dans le langage mentaliste (et informatique) : le *fishing* (ou hameçonnage).

Pour illustrer le *fishing* un exemple préalable d'attention s'impose : combien y a-t-il de F dans le texte ci-dessous ?

FINISHED FILES ARE THE RESULT
OF YEARS OF SCIENTIFIC
STUDY COMBINED WITH THE
EXPERIENCE OF YEARS

Environ 90 % des lecteurs diront cinq.

En réalité, il y en a six. La faute est issue d'un oubli du cerveau, conditionné par une mise en page particulière. Ce mécanisme peut avoir une autre finalité qu'une banale illusion de lecture. En prestidigitation, c'est une *misdirection*, un détournement d'attention.

Bien utilisé, un détournement d'attention peut devenir le levier principal permettant de capter ultérieurement des informations que le sujet n'aurait pas livrées en temps normal.

Le *fishing* – et bien d'autres techniques utilisées par le personnage de Patrick Jane dans la série *The Mentalist*, par exemple – est basé sur l'exploitation d'un manque de vigilance naturel, accru par un conditionnement, une mise en situation, provoqués par un agent extérieur à la cible.

Dans le monde de l'informatique, le *fishing*, parfois orthographié *phishing* (ou hameçonnage, filoutage), est une méthode utilisée par des fraudeurs pour obtenir des renseignements personnels dans le but d'usurper une identité. L'usurpation d'identité sera ensuite destinée à commettre une escroquerie, la plupart du temps des détournements de fonds.

L'opération consiste à faire croire à la victime qu'elle s'adresse à un tiers de confiance – banque, administration – afin de lui soutirer des renseignements personnels : mot de passe de messagerie, numéro de carte de crédit, date de naissance, état civil, etc.

C'est donc une attaque informatique reposant sur l'ingénierie sociale (sécurité de l'information). L'hameçonnage peut se faire par courrier électronique, par des sites web falsifiés ou d'autres moyens issus d'Internet (chat, forum...) Ces e-mails, que la quasi-totalité des internautes reçoit de nos jours, reprennent l'imagerie de prestataires bancaires, de fournisseurs d'accès, de compagnies aériennes, et se présentent ainsi :

> Cher Client, suite à une erreur technique de notre serveur sécurisé, vos données personnelles ont été perdues. Dès lors, pour des raisons de sécurité, nous vous demandons de nous renvoyer à l'aide du formulaire ci-joint vos identifiants ainsi que vos codes d'accès afin de vous protéger de toute tentative d'intrusion.

Bien sûr, la mise en page HTML du message électronique reprend exactement le design de l'entreprise en question. De nombreux internautes répondent positivement à ce type de messages, livrant ainsi en pâture sans plus de méfiance leurs données personnelles à la criminalité organisée. Même les plus vigilants s'y laissent prendre. Un jour, l'un de mes confrères, pourtant aguerri sur un plan pénal, répondit tout de go, entre deux paiements de factures, à un mail de ce type. Narrant sa mésaventure, il fut, l'espace d'une semaine, la risée de ses amis.

Dans notre monde moderne occidental essentiellement consuмériste, l'augmentation du nombre d'e-mails, de sollicitations en tout genre, de serial publicités, de stimulations permanentes a en effet une conséquence logique : le temps de traitement que le cerveau accorde à chaque e-mail, à chaque stimulus, à chaque échange se réduit. Ce faisant, la vigilance décroît.

La plupart du temps, ce genre d'arnaques est diligenté à partir de pays francophones africains. La lutte contre cette forme de délinquance n'est pas chose facile. Les surveillances électroniques requises par un procureur de la République sont facturées rubis sur l'ongle par des organismes privés. Aussi, les tarifs pratiqués sont tellement dissuasifs, et la collaboration des services étrangers si aléatoire, que le ministère public hésite à poursuivre. Cette hésitation se meut en habitude lorsqu'il sait qu'en matière d'opérations bancaires frauduleuses, l'assurance de la banque couvrira la perte et réparera le dommage du client.

Ainsi, le risque, pour ces délinquants, d'être confondus *via* une commission rogatoire internationale est proche de zéro. Voilà pourquoi ces Messieurs s'en donnent à cœur joie, et voilà pourquoi, quotidiennement, nous recevons tous ce genre de pièges. Parfois, les autorités s'inspirent de ces techniques pour élaborer leurs propres hameçonnages.

En 2005, le FBI a utilisé cette technique dans une opération de grande envergure dénommée « Opération Falcon ». Ce fut la plus grande opération de *fishing* jamais réalisée jusqu'à présent pour traquer des délinquants[1]. Une véritable œuvre de mentaliste.

Une démarche simple, pour un résultat optimum : la mise en place de faux sites Internet mettant en scène des enfants dans des scènes pédophiles. Des centaines de pédophiles du monde entier sont tombés dans le piège, fournissant allègrement numéros de carte bancaire, adresses IP, tout ce qui permettait au FBI de constituer des listings complets de déviants sexuels adressés ensuite aux services nationaux compétents.

Ayant eu à traiter une affaire résultant de l'opération Falcon, j'ai pu mesurer le nombre impressionnant d'amateurs de pédophilie sur le territoire français, ainsi que la malice du FBI qui, sur ce coup, n'avait fait uniquement qu'une banale démonstration de *fishing*.

Mais, respectueuse du droit de la preuve, la Cour de cassation est intervenue, pour sanctionner ce qu'elle qualifiera de « déloyauté ». Elle rappela le principe de la loyauté de la preuve dans un arrêt du 7 février 2007, s'opposant à ce qu'une preuve soit obtenue sur provocation policière, qu'elle soit française ou étrangère, même si cette provocation est légale aux États-Unis. L'opération Falcon, à cause de cette décision, perdait alors toute efficacité en France.

Néanmoins, depuis 2005, le listing français n'a pas disparu et la police, les magistrats instructeurs, le ministère public ou les avocats n'ont pas pour autant fait d'autodafé.

J'en ai moi-même un exemplaire sous les yeux au moment où j'écris ces lignes et j'imagine aisément l'utilité qu'un officier de police judiciaire peut trouver à ce document, au-delà de l'assouvissement d'une banale curiosité personnelle. Ce document, naturellement confidentiel, et ayant mené avant la décision de la Cour de Cassation à de nombreuses détentions provisoires, à de nombreuses condamnations, est encore utilisé dans les autres pays qui en tolèrent l'usage.

1. http://www.silicon.fr/fr/silicon/news/2005/04/11/pedophilie-ligne-112-arrestations-france.

Le *fishing* est une arme redoutable.

Un autre grand classique de *fishing* : le faux sondage téléphonique. Au début de l'entretien téléphonique, les questions sont d'ordre général puis, plus le temps passe, plus elles deviendront précises, et moins la cible se méfiera de la nature personnelle des interrogations. L'objectif pour le faux sondeur est de collecter un maximum de renseignements personnels afin de pouvoir ensuite pratiquer une usurpation d'identité, dans le but d'obtenir un prêt bancaire, des prestations sociales.

Il faut savoir qu'en France, on recense 213 000 usurpations d'identité annuelles, chiffre supérieur à celui des cambriolages ou des vols de véhicules.

Comme dans les exemples cités plus haut, *le* fishing *consiste en un pompage d'informations sur une cible donnée, afin que cette dernière livre des informations personnelles, volontairement, mais sans s'en rendre compte.*

Eugène de Bourbon, mort vers 1260, avait réuni certains textes à ce sujet, traduits par A. Lecoy de la Marche, dans son ouvrage *Les Rites du Prédicateur*[1]. Déjà, à l'époque, les extralucides procédaient exclusivement par emploi d'hameçonnage.

Eugène de Bourbon décrit ainsi un devin, vivant dans deux maisons, dont une avec sa famille, dans une auberge. Lorsqu'un étranger arrivait en ville, et faisait halte à l'auberge, la famille du devin le faisait causer avec adresse, afin qu'il narre son voyage, ses difficultés et de multiples informations. Une fois la nuit et l'ivresse passées, un intermédiaire l'informait de la présence d'un devin qui pourrait le guider pour la suite de son périple.

Cet intermédiaire amenait alors le visiteur auprès du devin, qui, après quelques efforts de concentration savamment simulés, saluait l'étranger par son nom en lui parlant de son pays et de ce qui l'amenait ; si bien que l'autre, émerveillé, croyait l'extralucide

1. Eugène de Bourbon, *Les Rites du Prédicateur*, Brepols, 1992.

bien informé doué de préscience et accordait une foi aveugle à ses paroles.

Dès lors, le faire parler plus facilement devenait un jeu d'enfant.

De nos jours, de nombreux illusionnistes pratiquant des démonstrations de mentalisme utilisent le *fishing* dans le cadre d'une pratique que l'on nomme le *pré-show*, déjà exposée dans le chapitre « Manipulation soft ».

Le *pré-show* consiste à recueillir, au besoin par l'utilisation de complices envoyés spécialement dans la salle, des renseignements sur les spectateurs avant le spectacle (date de naissance, situation maritale, etc.) Une fois ces informations acquises, elles sont communiquées à l'artiste qui effectue sa démonstration sur des cibles prédéfinies en fonction de la qualité des renseignements que ces complices ont obtenus. Sans pour autant remplacer l'effet de mentalisme pur présenté par le *showman*, les informations glanées et restituées permettent de rajouter une dimension mystérieuse au spectacle.

Le *fishing* pratiqué artisanalement sera basé sur un contact direct avec sa cible. Il constitue une émanation de ce que les services de renseignements nomment l'*humint*, l'approche réelle, d'homme à homme, sans technologie.

Les instruments technologiques désormais accessibles à tous *via* Internet, qui permettent de capter clandestinement du renseignement représentent le *techint*. Dans la sphère privée comme professionnelle, le renseignement humain, l'*humint*, a une grande utilité. Nous aborderons ici différentes méthodes permettant de capter de l'information auprès d'une cible à son insu.

Méthode de captation d'informations

Cette méthode est employée dans beaucoup de milieux (psychanalyse, médium, techniques de vente...). Il s'agira d'amener le sujet désiré à parler de lui, à obtenir des informations, sans avoir recours à un quelconque matériel de surveillance, mais en jouant uniquement sur des rouages psychologiques.

Ensuite, dans la conversation, vous reformulez ce qui a été dit, et vous le redonnez à votre cible, afin d'obtenir des précisions.

Le *fishing* est majoritairement utilisé par les voyants et les divinateurs.

Ils l'associent à une autre technique : le *cold reading* (lecture à froid) qui est une captation d'informations recueillies après une étude uniquement physique du sujet.

Cette technique fut popularisée par Arthur Conan Doyle à travers le personnage de Sherlock Holmes, qui l'utilise systématiquement, en faisant sa marque de fabrique. Le moyen pour mettre en œuvre cette technique repose essentiellement sur la mécanique de *l'interrogation affirmative* : la formulation d'une question comme une affirmation dans l'attente d'une réponse.

Dans l'hypothèse d'une réponse positive, cette affirmation pourra dès lors être tournée sous forme de revendication, afin d'enchaîner sur une autre série de questions. Souvent le sujet répondra sous forme d'une question implicite. Il oubliera, plus tard, qu'il était, en réalité, à l'origine de la fuite d'information.

En faisant des questions des affirmations, le mentaliste pousse sa cible à fouiller sa mémoire pour fournir des éléments précis qui correspondent à l'affirmation. Pendant cette phase, les techniques évoquées pour détecter le mensonge, au début de cet ouvrage, peuvent grandement faciliter l'échange.

EXEMPLE PRATIQUE

La situation se déroule en présence d'un cobaye féminin d'une cinquantaine d'années, dans le cadre d'une conversation déjà bien amorcée.

Il s'agissait d'une salariée dont je devais gagner la confiance afin de favoriser un départ le moins douloureux possible pour l'ensemble des parties en présence. J'étais alors stagiaire dans une entreprise de vente par correspondance. Le directeur, souhaitant se séparer de la secrétaire, et ayant discerné dans mon comportement une certaine appétence pour gagner la confiance d'autrui, me confia donc le rôle charmant du « gentil flic ».

En gros, devenir l'ami de cette personne en quelques jours afin de la convaincre délicatement de quitter l'entreprise, pas assez bien pour elle. Une banale opération d'influence.

Comment se faire des amis, de Dale Carnegie, était à l'époque mon livre de chevet, outre des dizaines d'ouvrages américains de mentalisme. Le premier a connu le succès que vous connaissez, les autres, plus confidentiels, faisaient partie de la littérature pour magiciens.

La petite originalité anecdotique du livre de Carnegie repose sur son utilisation par les services secrets soviétiques durant la guerre froide pour la formation de leurs agents. La lecture de l'ouvrage était obligatoire pour tout espion soviétique. Elle faisait partie de leur programme de formation.

Revenons à notre secrétaire, qui souffrait d'un isolement au sein de l'entreprise, à cause de son patron, excédé par son incompétence.

Affirmation interrogative :

– J'ai remarqué que vous étiez plutôt solitaire. Vous semblez avoir ressenti l'isolement, une sorte de rupture avec votre environnement. Vous vous êtes renforcée, je le sens, à présent, mais, ça n'a pas dû être facile.

Phrase affirmative totalement vide et généraliste s'appliquant à tous et contenant une invitation à continuer.

Les mots « semblez », « sorte », « environnement » sont utilisés dans un but précis, en raison de leur sens large. Une erreur sur le « semblez » peut donner lieu à une réponse riche en informations. La « sorte » permet de préciser les conditions de rupture avec « l'environnement », qui peut comporter le travail, la famille ou la surface sociale, amicale. « Je le sens » vous place sur un plan kynéthique de proximité. Ne jamais utiliser l'expression « ça se sent », dédaigneuse. Un mot différent, et l'approche est transformée.

– Oui, pour tout vous dire, ici j'en bave, ce n'est pas un secret et, pour couronner le tout, dans ma famille, je suis le mouton noir.

Lorsque le sujet termine sur une allégorie non explicitée (« mouton noir »), c'est une invitation à poursuivre l'échange, symétriquement. La moitié du travail est déjà fait, mais la cible l'ignore. Ne pas se précipiter...

– Le mouton noir ?

(Réponse reflet nous positionnant, à ce moment précis, en miroir, tel que le désire la cible. Cette posture, dite de symétrie, est très importante dans la pratique de l'écoute active. C'est un principe fondateur de la PNL.)

– Oui, dans ma famille, auprès de mes amis. Vous savez, j'ai vécu pendant des années avec un homme plus jeune que moi de dix-huit ans.

Une barrière se brise. L'interlocuteur entre dans l'intimité de la personne, alors que, à l'origine, sans élément d'information, il n'était parti que d'une phrase toute faite, construite pour l'occasion, piochée dans le catalogue exhaustif que vous allez découvrir plus bas.

Cette intimité créée connut plusieurs épilogues, fort agréables pour certains. Le moins sensitif mais le plus utile fut le départ paisible de cette secrétaire, de son plein gré, vers une entreprise dénichée par mes soins et avec, en bonus, la recommandation d'un ancien patron soulagé et reconnaissant.

Pour exécuter un exercice de *fishing* de qualité, il faudra se placer dans une posture d'écoute active.

Écouter autrui n'est pas une attitude instinctive. La véritable motivation, ce que le mentaliste ne doit jamais perdre de vue, c'est la captation d'informations. De cet objectif naît la volonté de rentrer dans une phase d'écoute active. L'être humain n'est pas naturellement disposé à écouter son prochain se lamenter ou narrer ses exploits. Un effort mental est donc requis.

Le but exclusif d'un manipulateur est de devenir avant toute chose un expert de l'écoute, car l'écoute active est la genèse de la persuasion, son socle. Méfiez-vous des personnes qui vous écoutent religieusement, et vous relancent sans temps mort pour que vous précisiez vos dires.

Une opération de *fishing* peut être facilitée de la façon suivante :

– partir d'une proposition générale que l'autre acceptera (majeure) ;

– le conduire ensuite doucement vers l'acceptation du schéma proposé (mineure).

Il suffit d'amener la personne à céder sur un détail anodin ou d'obtenir d'elle un premier consentement pour qu'ensuite se reproduise une attitude d'acceptation. Un exemple simple et utilisé par tous les vendeurs, une fois des banalités échangées :

– Puis-je vous poser une question ?

– Oui.

C'est une application du principe d'engagement déjà décrit dans le chapitre « Manipulation soft ». Le piège rhétorique est à ce point déjà réalisé. Quelle que soit la question posée ensuite, nous bénéficierons obligatoirement d'une réponse, car l'acceptation première conditionne le comportement à venir.

Cette mécanique est basée sur un principe fondamental de psychologie sociale sur lequel nous sommes revenus plusieurs fois dans cet ouvrage : le principe de dissonance cognitive.

Souvenez-vous :

> « Il existe toujours un besoin de cohérence entre la réalité et la représentation de la réalité. Si cela se révèle impossible, le sujet fera tout pour changer ses représentations, car sans cohérence, l'équilibre psychologique est rompu. »

C'est exactement le même processus qui opère en matière de *fishing*. Une fois que la cible a répondu « oui » à « puis-je vous poser une question », quelle que soit la question posée ensuite, le silence romprait l'équilibre psychologique reposant sur la base de la première acception, le « oui » originel.

Par exemple, certains serveurs de restaurant utilisent une technique similaire.

La plupart des serveurs inexpérimentés, au moment de prendre la commande, diront : « Vous prendrez un apéritif ? »

Cette phrase présente deux inconvénients. D'une part elle est affirmative et, inconsciemment, est perçue comme un ordre dissimulé, d'autre part elle s'expose à une réponse qui ne peut être que « oui » ou « non ». C'est une question fermée.

Un meilleur serveur dira plutôt : « Que désirez-vous comme apéritif ? » Le client ne peut pas répondre par « oui » ou « non » et, en cas de réponse négative, le client devra expliciter son refus. Son refus le contraindra donc à réaliser un effort supplémentaire, à se justifier. Le pourcentage de chance qu'il cède à la consommation s'accroît en conséquence. Un manipulateur, quel que soit son domaine d'intervention, formulera toujours ses émissions de façon à conditionner dans une certaine mesure la réponse qu'il désire.

Finalement, le *fishing* est une forme de persuasion dissimulée.

Comme nous l'avons vu plus haut, l'objectif pour le pirate informatique, le *hacker*, sera d'obtenir des données personnelles à partir d'une ruse originelle, une proposition majeure, que la cible acceptera.

Une fois que vous aurez répondu à un mail d'hammeçonage, vous serez harcelé en permanence.

L'objectif consiste à gagner la confiance de la cible à partir d'une affirmation générale formulée sous forme interrogative à laquelle la cible répondra en livrant des informations personnelles.

Leur judicieuse redistribution constitue une partie du travail de tout bon professionnel de la voyance.

La pratique d'une pêche tranquille

Il faudra distinguer deux cas de figure.

La cible est identifiée : flic d'un clic

Vous disposez donc de son nom. Dans ce cas, vous pouvez vous détendre et vous servir un thé glacé, partez du principe qu'une bonne partie du travail peut déjà être réalisée. En effet, vous disposez d'un outil à la portée de tous, que vous pouvez consulter au même titre que n'importe quel salarié des Renseignements généraux rémunéré pour ça : Internet.

Comment les mentalistes procédaient-ils avant cette invention géniale ? En 1950, le plus célèbre des mentalistes de l'histoire, surnommé « le Surdoué », Tony Corinda, auteur de l'ouvrage fondateur *The Thirteen Steps to Mentalism*[1], n'avait pas d'ordinateur. Lorsque j'avais 18 ans, faisant mon entrée dans le monde des intermittents du spectacle, prestidigitateur passionné, il n'existait pas encore de traduction française de cette bible de 422 pages extrêmement denses.

Je l'ai donc traduite intégralement à l'époque, tant chacune de ses méthodes me passionnait. Des semaines de travail. Avant la sortie de la traduction officielle, quelques années plus tard, nous étions rares en France à posséder cette traduction.

Corinda, ce dieu vivant du mentalisme, capable de battre douze joueurs d'échecs en parties simultanées sans même savoir jouer.

Tony Corinda n'avait pas d'ordinateur, mais des carnets. Et il notait tout. Chaque détail, chaque information repérée sur un spectateur rencontré, son boulanger, une célébrité, les faits divers... Corinda notait, consignait, fichait et utilisait la mnémotechnie pour retenir cette masse d'informations. Pour pouvoir dire, le jour venu, croisant une personne qu'il n'avait pas vue depuis des années et qui n'avait aucun souvenir de lui, « vous, vous avez la gestuelle de quelqu'un qui aime Bach ».

Effarement de la cible qui se demande comment Tony le Diable peut déduire d'une gestuelle un goût pour un musicien, car elle a tout simplement omis que, huit ans auparavant, elle l'avait dit, entre deux verres de brandy, l'espace de quelques secondes, au même Corinda croisé dans un bar d'hôtel à l'occasion d'une conversation anodine.

Détail que Tony le Diable s'était empressé de noter dès la fin de l'entretien, au milieu d'une cinquantaine d'informations sur le

1. Tony Corinda, *The Thirteen Steps to Mentalism*, *op. cit.*

sujet en question (pointure de chaussures, signes distinctifs, coupe de cheveux, alliance, allure, profession, situation sociale, etc.).

Gary Kurtz, un des illusionistes pratiquant le mentalisme comme un spectacle, aujourd'hui mondialement connu, et dont le show a été vu par 500 000 personnes, outre des gadgets technologiques multiples, utilise également cette méthode.

Aujourd'hui, il y a moins d'utilisateurs de carnets (à tort, c'est très utile, notamment pour apprendre la rhétorique, par imitation).

Mais il y a l'hydre Internet, qui note pour vous. Vous pouvez dès lors vous lancer dans le Hot Reading (les informations sont rassemblées avant la rencontre avec le spectateur, ou la cible de l'opération de manipulation).

L'apparition du Web 2.0, permettant à chacun d'avoir une page personnelle, blog, une page Facebook, un Myspace, un compte Twitter, un compte Viadeo, un réseau virtuel d'amis, de contacts personnels, ouvre des pistes insoupçonnées pour quiconque souhaite recueillir des informations sur une cible afin de procéder ensuite à une opération d'influence.

Ainsi, de plus en plus d'internautes laissent sur leur passage de nombreuses traces de leur activité, de leur présence sur les réseaux participatifs, et, ainsi, de leur personnalité. Cette forme d'exhibitionnisme est une bénédiction pour qui veut pratiquer le *fishing*.

Depuis deux ans, les conseils des prud'hommes commencent à se remplir de salariés contestant un licenciement exécuté par leur employeur sur la base d'un renseignement glané sur le réseau Facebook permettant de démontrer que le salarié a menti sur un arrêt maladie, ou s'est livré à de la diffamation *via* le réseau. Je me souviens ainsi d'une affaire qui a donné lieu à plusieurs chroniques dans les revues spécialisées : un salarié, s'étant fait porté malade, se retrouvait pourtant pendant son arrêt maladie sur des photos d'une soirée arrosée en train de s'enivrer à la santé de Dionysos, dansant à moitié nu sur les tables d'un lounge.

Tombant sur cette information, son employeur, ulcéré, avait procédé à son licenciement.

De la même façon, de plus en plus d'hommes politiques règlent leurs comptes par réseaux sociaux interposés. Un des derniers exemples en date est celui d'Anne Hidalgo diffusant une photographie de Valérie Pécresse dormant du sommeil du juste, en pleine séance du conseil régional. D'autres personnalités, comme des sportifs, par exemple, se font sanctionner par leur hiérarchie pour avoir communiqué sur une information sensible pour leur équipe. Ce fut le cas de Sébastien Chabal, en février 2010, privé de Twitter pour avoir annoncé une blessure jusqu'alors inconnue du grand public avant un match important contre l'Écosse.

« À partir du prochain match, on va aller plus loin dans la charte du joueur. Ils ne pourront pas communiquer sur leur site propre. Quand on est international, ça appartient à l'équipe de France de communiquer », déclara en réaction sur RMC, Joe Maso, le manager du XV de France.

C'est donc, pour l'anonyme comme pour le people, un phénomène contemporain : l'internaute est devenu exhibitionniste. L'ordinateur a remplacé la télévision dans la prophétie de Warhol. Chacun veut vivre son heure de gloire.

Même les jeunes grands-mères d'une cinquantaine d'années s'exhibent nues sur Facebook pour que la *vox populi* virtuelle désigne celle qui dispose du plus beau fessier.

Baroque.

Ce phénomène est du pain béni pour tout manipulateur qui souhaiterait obtenir des informations sur sa cible, afin de prendre contact avec elle, l'approcher et en savoir encore plus. Néanmoins, il conviendra de faire un tri, en raison du trop grand nombre de flux d'informations qui circulent sur le réseau. Pour opérer une recherche ciblée de qualité, Google est totalement dépassé. L'homme moderne passera donc par ce que Steve Jobs, créateur d'Apple, connu pour son avant-gardisme, appelle le Web 3.0 : les agrégateurs de flux.

Ces outils vous permettent de canaliser l'ensemble des informations de votre cible sur une même page. Une fois cette opération faite, vous pourrez ensuite fureter dans le détail.

Le meilleur, actuellement, se nomme 123people. Voici le lien : http://www.123people.fr.

Ce site vous permet, si vous souhaitez faire des recherches sur une personne, d'obtenir l'intégralité de son activité Internet concentrée sur une seule page. Si votre cible a laissé la moindre trace sur le réseau, vous la trouverez par ce biais.

Tapez le nom d'un individu et, en une seconde, vous trouverez, s'il a laissé des traces, ses coordonnées, des photographies, la possession d'un nom de domaine, son actualité, les sites auxquels il participe, son ou ses blogs, son compte Facebook, Twitter, son adresse personnelle, professionnelle, son Skype, etc., etc.

Tant de sujets qui permettront ensuite d'entretenir avec sa cible une conversation uniquement centrée sur des sujets qui intéressent celle-ci. Toujours dans le même but : pénétrer son intimité mentale, afin de pouvoir, *in fine*, influer sur son comportement selon ses propres désirs ou objectifs.

Si l'individu possède un nom de domaine, une simple recherche sur le site Whois vous permettra d'obtenir plus d'informations ou, dans le meilleur des cas, l'adresse personnelle de votre sujet si celui-ci l'a indiqué en s'inscrivant (http://who.is).

Ainsi, si votre sujet s'est montré suffisamment exhibitionniste sur Internet, vous pourrez, avant même de l'avoir rencontré, disposer d'un classeur rempli d'informations le concernant.

Pour le traitement de ces informations, il conviendra bien évidemment de procéder à un classement, sous forme de fichage.

Dernier point concernant la recherche informatique : le cas précis de Facebook. Facebook est l'invention d'un étudiant d'Harvard, Mark Zuckerberg. Ce système permet de mettre des individus en relation entre eux, chacun disposant d'une page personnelle, sorte de mini-site, où la personne peut publier à sa guise son humeur du moment, des articles, des photographies, des liens Internet qui lui plaisent, musicaux, cinématographique ou autres. Pour rentrer en connexion avec un individu, il faut devenir, selon les termes du réseau, son « ami ». Il faut, après l'avoir trouvé sur le moteur de recherche du site, lui envoyer une demande d'amitié, une *request*, qu'il est libre d'accepter ou de refuser. Alors vous avez ainsi accès aux informations personnelles qu'il souhaite diffuser (elles sont souvent nombreuses).

Problème : lorsque vous ne souhaitez pas que la personne en question sache que vous désirez accéder à ces données. Vous reste alors la création d'un faux profil, d'un pseudonyme, sympathique, que vous créerez pour l'occasion.

Parfois cela ne suffit pas. Comptez alors sur les failles du système et l'imprudence de l'humain.

Récemment, en février 2010, le réseau Facebook a modifié ses règles de confidentialité. Ce faisant, et dans la précipitation, il adressa à tous les utilisateurs un message les invitant à paramétrer avec soin leurs options afin que les informations de leur profil ne soient pas accessibles au public.

Beaucoup d'utilisateurs ont bâclé cette étape pourtant cruciale.

Ainsi, sans être « en connexion » avec une personne, il n'est pas rare, voire fréquent, d'accéder à ses principales publications qu'elle laisse flotter aux quatre vents.

Rien de mieux pour passer ensuite à un *fishing* physique lors d'une rencontre.

Une utilisation méthodique de Facebook permet de constituer une base de données conséquente, de rentrer en contact avec des personnalités, de dialoguer avec elles, et, dans le meilleur des cas, de pratiquer quelques techniques de mentalisme avec elles. Un peu d'entraînement, ça ne mange pas de pain.

Facebook ne se prive pas non plus en matière de *fishing*, aussi je me permets de vous livrer cette petite information que peu de gens connaissent mais qui vous rendra plus prudent : sachez, pour votre gouverne, que l'application Iphone qui synchronise les contacts Facebook avec votre répertoire personnel (très pratique pour finaliser son fichage) récupère malheureusement l'intégralité de votre répertoire personnel dans la foulée. Tous les contacts du téléphone sont envoyés à Facebook sans faire de différence entre les utilisateurs et les simples contacts (votre maman, votre papa, vos clients...), le tout sans possibilité de configurer la confidentialité pour les personnes concernées.

Beau boulot de *fishing*, n'est ce pas[1] ? HackerCroll, un jeune *hacker* français ayant réussi à s'introduire dans le compte Twitter du Président des États-Unis, rameutant ainsi le FBI dans le Puy-de-Dôme, n'a utilisé, pour son exploit, que du *fishing*. C'est en récoltant sur des réseaux sociaux des informations personnelles concernant des responsables de la plateforme Twitter que HackerCroll a réussi à découvrir la réponse à la question secrète utilisable en cas de perte de leur mot de passe.

Une fois en possession de la réponse à la question secrète de ces administrateurs, il put disposer des mêmes pouvoirs qu'eux et, ainsi, avoir accès à des données ultra-sensibles. Jugé en juin 2010, il ne fallut pas beaucoup de temps pour que ce jeune pirate soit recruté par Rentabiliweb, l'équipe des « ninjas du web ». En faisant du *social engineering*, uniquement.

Nous sommes loin, cependant, du niveau de surveillance officieux des services de renseignements officiels.

À titre d'exemple, sachez que récemment, Bernard Barbier, directeur technique de la Direction générale de la sécurité extérieure (DGSE), a lâché quelques bribes d'informations sur le fonctionnement des systèmes d'écoutes modernes. Si Echelon a pu susciter l'inquiétude par l'envergure technique de ce réseau de surveillance anglo-saxon, la France dispose aussi d'un système similaire, surnommé ironiquement par les Britanniques Frenchelon.

« En Angleterre, servir dans les services secrets est un honneur. En France, nous avons toujours effrayé[2]. »

Voilà pourquoi les services français s'attellent depuis quelques mois à une campagne destinée à rassurer le grand public, pour, *in*

1. http://www.guardian.co.uk/technology/blog/2010/oct/06/facebook-privacy-phone-numbers-upload.

2. Bernard Aufan, entretien avec l'auteur.

fine, favoriser le recrutement. Bernard Barbier a ainsi avoué que si la France fait toujours partie du *top five* en matière de renseignements techniques, elle reste en retard d'une dizaine d'années sur les quatre premiers en matière de lutte informatique offensive (États-Unis, Grande-Bretagne, Israël, Chine).

Je pense en toute humilité que, au regard des prouesses techniques dont ont fait preuve les *hackers* russes lors de la dernière guerre éclair contre la Géorgie (en paralysant notamment une partie non négligeable des sites Internet officiels du pays en quelques heures), M. Barbier a dû oublier la Russie dans son *top five*.

Si le *renseignement de papa* travaillait essentiellement sur le téléphone, désormais toute la surveillance se joue sur la Toile, le tout devenant très difficile car de plus en plus de flux sont cryptés : RIM avec BlackBerry, Gmail depuis peu, et Skype...

Même si, d'après une autre source ayant collaboré à cet ouvrage, la légende du chiffrage de Skype serait une des plus belles opérations de désinformation des Américains, qui sont capables de surveiller instantanément l'intégralité des conversations. La diffusion d'informations sur le Net visant à faire la publicité de Skype comme moyen de communication « sûr » ne serait en réalité qu'une énorme opération d'intox américaine. Avis, donc, aux délinquants et honnêtes gens qui s'y mettent pensant être tranquilles.

Il m'est impossible ici d'indiquer sans risque l'identité de celui qui m'a donné cette information, je choisis donc l'option *paranoaïque isolé donneur de conseils* et invite, par mesure de précaution, les utilisateurs de Skype à la plus grande prudence.

Même si les moyens techniques de la DGSE augmentent, celle-ci emploie toujours les bonnes vieilles méthodes basées sur la principale des faiblesses humaines : l'imprudence.

Ainsi, Bernard Barbier explique : « La mémoire humaine n'étant pas infinie, les utilisateurs utilisent souvent les mêmes mots de passe », ce qui permet également d'identifier les apprentis terroristes qui se servent des mêmes types ou bases de mots de passe lorsqu'ils interviennent sous des pseudonymes de guerre, la nuit sur les forums de discussion, que lorsqu'ils s'expriment, le jour, sous leurs vrais noms, sur les réseaux sociaux : « Ils mènent une double vie, mais ont les mêmes mots de passe. Et nous stockons bien évidemment tous les mots de passe[1]. »

En conclusion, le terroriste du coin est aussi imprudent que vous et moi, que Barack Obama, les fondateurs de Twitter, ou le Président Chavez, dont le compte Twitter a lui aussi été piraté récemment.

La lecture des ouvrages d'Harry Lorraine permettant d'acquérir des techniques de mnémotechnie élaborées à utilisation mentalistique rendrait la tâche des matons du Web plus difficile, et présente aussi l'avantage de retarder l'apparition de la maladie d'Alzheimer... Je vous la recommande.

La cible n'est pas identifiée : méthode artisanale

La situation est alors celle de la rencontre forfuite : le garçon de café, le vendeur, la femme ou l'homme que vous souhaitez séduire, la mission impromptue commandée par un tiers, etc., etc. Toutes les circonstances, finalement, pour lesquelles vous ne disposez d'aucune fiche sur l'individu. Il va donc falloir partir à la pêche aux informations improvisée, le meilleur exercice de *fishing*, le plus formateur.

Un conseil : effectuez des sorties d'entraînement uniquement dans ce but. La société est pour le mentaliste un terrain de jeu. Sortez, installez vous à la terrasse d'un café, et... Entraînez-vous.

Pendant des années, avec un ami mentaliste professionnel de spectacle, nous faisions cela trois à quatre fois par semaine. En bon mentor, il décortiquait ses techniques une par une.

Nous avons déjà traité dans l'ouvrage de la facilitation d'un dialogue par la symétrie (mensonge, manipulation soft...) : les différentes méthodes pour rentrer en contact avec un inconnu et engager une conversation positive (celle où il sera en bonne disposition). Il conviendra donc de passer immédiatement aux phrases permettant d'opérer la captation d'informations. Techniquement,

1. http://bugbrother.blog.lemonde.fr/2010/10/02/frenchelon-la-dgse-est-en-1ere-division.

nous ne sommes plus dans une opération d'hameçonnage (déjà réalisé), mais dans une phase de *cold reading*, une lecture à froid.

Nous allons distinguer deux étapes qui vous permettront de pratiquer les bases du *cold reading* : le vocabulaire à employer et les constatations logiques à faire face à la cible.

Le vocabulaire universel

Le vocabulaire spécial que vous allez découvrir ci-dessous m'a été livré par une voyante X, rencontrée alors que j'étais illusionniste et qu'elle avait rejoint notre équipe pour agrémenter ses séances de « divination » par quelques effets magiques.

X, qui avait également travaillé pour des entreprises de voyance par téléphonie, me livra donc, en échange de quelques manipulations de cartes, ses grilles de lecture. Maîtrisées, ces phrases toutes faites, insérées dans une conversation, vous permettront de pousser votre sujet à se livrer progressivement dans son intimité sans même s'en rendre compte.

Termes à injecter dans une conversation concernant l'amour

– Soyez prêt à endurer les pires épreuves, même si je vous sens déjà aguerri (ouverture sur le passé, les expériences déjà vécues du sujet).
– Ne minimisez pas vos sentiments (la réponse sera réactive, dans ce cas, la personne parlera automatiquement de son caractère à ce sujet, excessif ou mesuré).
– Une personne loyale vous fascine, vous dérange (le paradoxe inclus dans cette phrase appellera une question de votre cible sur les sens du mot loyauté et fascination. En utilisant la technique du miroir décrite plus haut, vous saurez ainsi quelles sont ses propres appréciations de ces termes).
– Cherchez du côté de vos pulsions. Pourquoi livrer un combat ? (permet en retour de jauger la résistance de l'individu aux questions plus intimes).

– Vous aurez, dès lors, les yeux de Chimène (placement d'une évocation littéraire en retour si le sujet ignore *Le Cid*, afin de savoir s'il se reconnaît dans ce personnage, qui n'est qu'un archétype, comme tous les personnages théâtraux depuis la caractérologie dressée par Homère).
– Soyez moins exigeant (test d'impulsivité de l'interlocuteur quant au jugement de valeur sur son comportement).

Les tests d'impulsivité sont importants dans le cadre d'une recherche d'information. C'est que l'on nomme un *stroke* : un mot fort ou faible.

Par exemple, imaginons que vous discutiez avec une personne qui a connu un échec scolaire (rien de grave, un simple redoublement en primaire). Vous êtes au courant de cette information, mais votre interlocuteur l'ignore. Entre deux phrases, l'air de rien, il conviendra de glisser quelques mots généralistes, stupides et violents du genre... – C'est constant, vu le niveau du programme scolaire, il faut vraiment être un imbécile pour avoir redoublé en primaire. Et, immédiatement, de noter la réaction physique ou verbale de l'individu. Cela fournit un code comportemental. Soit vous vous opposez à une réponse directe, dans ce cas il sera utile de noter le geste accompagnant la parole, soit l'interlocuteur va intérioriser, mais sa réaction se traduira presque toujours par un signal : haussement d'épaule, micro-expression.

C'est ce signal qu'il faut retenir.

Vous savez qu'il s'associe à une impression négative, vous pourrez dès lors noter la réapparition de ce signal dans la conversation pour déceler quels sont les points que vous énoncez qui dérangent votre partenaire. Il conviendra inversement d'apprendre à rester impassible face à un *stroke* négatif, pour ne pas donner d'informations gratuites à quelqu'un qui tenterait une technique de *fishing* trop grossièrement.

Termes à injecter dans une conversation concernant le travail

– Votre aptitude à improviser est palpable… (le retour sera soit une question, à laquelle vous répondrez par une flagornerie, soit un merci. N'oubliez jamais que l'être humain, animal social par nature, doit, pour vivre heureux, être complimenté par ses congénères).
– Vous subissez l'autorité d'une personne… (comme 99 % des habitants de la planète. Savoir laquelle vous éclairera).
– Vous êtes apprécié par vos proches… (permettra de déterminer la sphère sociale positive de l'individu).
– Vous êtes confronté à de la jalousie (inventaire de la surface sociale négative de l'individu).
– Votre vie professionnelle n'est pas une cause, mais un effet (phrase sans véritable sens qui a pour but exclusif d'appréhender le rapport du sujet avec sa profession).
– Un être ne vit pas parce qu'il est organisé mais est organisé parce qu'il vit (même type de phrase que la précédente, générale et vide de sens, interrogation affirmative ouverte sur le sens du mot organisation. Ainsi les priorités apparaissent. Si elle parle en premier lieu de sa famille, ou de sa profession, ou de son physique, vous disposerez de son sens des priorités).

Phrases utiles en cold reading *sur les caractères*

Ce sont des phrases totalement vides qui s'appliquent à tout le monde et qui ont deux objectifs : montrer à la cible que l'on s'intéresse à elle ; susciter une réponse permettant d'obtenir des informations circonstanciées.
– Vous semblez préférer suivre quelqu'un de votre propre initiative que d'être poussé à le faire.
– Vous paraissez être très exigeant avec vous-même.
– Vous aimez penser en toute indépendance et vous n'acceptez les jugements des autres que s'ils sont étayés par des preuves sérieuses, comme je vous comprends.

– Bien que vous connaissiez vos propres faiblesses, vous les compensez par ailleurs. C'est une force.

– On perçoit le désir d'être aimé par vos semblables. Est-ce, finalement, si important ?

– En règle générale, vous semblez être parfaitement maître de vous-même mais vous êtes souvent inquiet de vous, manquez d'assurance. Cela demande une grande maîtrise de soi, félicitations.

– Il vous arrive d'être réservé et méfiant mais le plus souvent vous êtes ouvert et social.

– Bien que vous soyez bon juge du caractère de vos semblables, parfois, vous vous trompez, pourquoi ?

– Vous appréciez les choses élevées de la vie mais je sens que vous n'êtes pas toujours en mesure de combler vos désirs. Ne faites pas passer ceux des autres avant les vôtres (remarque valable pour les femmes).

– Je comprends bien. Votre besoin de sympathie vous amène à confier des affaires personnelles à des gens qui en profitent pour faire des commérages. Ne vous confiez pas au premier venu.

Si vous avez analysé l'exemple rapide de l'innocente secrétaire cité plus haut, vous arriverez sans difficulté à entourer de vous-même les mots importants, clés, de chacune de ces phrases. Ce sont ceux sur lesquels vous devrez insister pour capter de l'information.

Enfin, il existe également un point que certains oublient dans leur opération de *fishing*. Cette règle fondamentale, ce credo, pourtant, devrait être gravé dans l'esprit de chacun : dites-en le moins possible, vous le direz mieux.

La richesse de la langue française nous permet de communiquer des idées selon des formes infinies. Mais des maladresses sont souvent commises, surtout lorsque vous répondez rapidement à des sollicitations impromptues ou que l'échange s'accélère.

À mes débuts, je commettais ces erreurs. Mon formateur me corrigeait rapidement. À chaque erreur, mon gage consistait à devoir aller faire un tour de cartes à un inconnu, alors que j'étais présent pour une leçon de *fishing*. En outre, l'addition était pour moi. Ce dressage pavlovien m'a permis d'évoluer rapidement. Vous n'aurez aucun tour à faire, aucune addition à régler, puisque je vous livre également cette grille de décodage.

À proscrire	**À préférer**
Pas de problème	Nous sommes d'accord
Oui, mais	Oui, simplement...
Ne craignez rien	Soyez en sûr
Vous n'ignorez pas	Vous savez
Ne quittez pas	Merci de patienter
J'essaie de vous dire	Je vais vous dire
Je pense que	(silence) j'ai la conviction que
Petit, un peu, quand même, éventuellement	Bannissez ces termes.

Impossible de clôturer ces techniques sans parler de l'effet Barnum.

L'effet Barnum : un célèbre *cold reader*, Phineas Taylor Barnum, entrepreneur américain de spectacles, a toujours expliqué que son succès reposait sur le postulat suivant : la tendance persistante chez l'homme qui le conduit à penser que des descriptions de personnalités lambda s'appliquent à la sienne.

Taylor Barnum se basa pour la conception de ses spectacles sur les recherches d'un psychologue nommé Forer. La description universelle des personnalités que fit Forer, et dans laquelle chacun peut se reconnaître, prenait la forme de plusieurs phrases que je mets bout à bout ici, dans un seul paragraphe :

> Vous avez besoin que les autres vous apprécient, voire, vous admirent. Vous avez une tendance à l'autocritique, parfois, c'est difficile. Vous disposez de grandes capacités dont vous ne savez pas encore tirer suffisamment profit. Discipliné extérieurement, vous vous sentez souvent en insécurité en votre for intérieur. Souvent vous avez des doutes sérieux afin de savoir si vous avez

> fait le bon choix, si vous avez pris la bonne décision. Vous êtes frappé d'une inconstance : parfois vous vous montrez extraverti, affable, sociable, d'autres fois vous semblez réservé et introverti. Certaines de vos aspirations sont complètement irréalistes. La sécurité est une chose importante dans votre vie.

Cette description est construite pour s'utiliser face à des personnes des deux sexes, relativement jeunes. Les psychologues Snyder et Shenkel ont réalisé une expérience intéressante à partir du texte de Barnum. Recrutant des étudiants cobayes, ils leur firent juger des prédictions astrologiques, qui n'étaient en réalité qu'une copie littérale du texte de Barnum. Les horoscopes devaient être notés de 1 à 5. Les étudiants furent séparés en trois groupes. Le premier groupe ne donna aucune information (pas de date de naissance, ni de signe astrologique), le deuxième fournit le mois de naissance de ses membres, tandis que le troisième livra les dates de naissance complètes.

Le groupe qui avait donné le moins d'informations donna une moyenne de 3,24 à la prédiction. Le deuxième groupe attribua la note de 3,76, tandis que le troisième donna la note très bonne de 4,38[1]. Cette expérience révéla l'importance que la délivrance d'une information peut revêtir dans l'appréciation que le sujet fait ensuite de la lecture effectuée par le médium. C'est en considération de ce mécanisme que certains médiums ou les *showmen* simulant des pouvoirs parapsychiques utilisent toujours un support, quel qu'il soit, pour étayer leur prédiction. Ce support peut revêtir plusieurs formes : tasse de café, photographie, paume de la main, cartes de tarot, date de naissance griffonnée sur un bout de papier...

Car la description ultérieure donnée au client est systématiquement considérée comme plus juste par ce dernier lorsqu'elle émane d'une source qu'il considère crédible.

1. C.R. Snyder, « Effects of favorability, modality, relevance on acceptance of general personality interpretations prior to and after receiving diagnostic feedback », *Journal of Consulting and Clinical Psychology*, 44, 1976, p. 34-41

Dans bien des cas, comme nous l'avons vu, la personne objet de la *lecture* donne souvent malgré elle de nombreuses indications à son lecteur. Comme une vieille montre dans les mains de Sherlock Holmes, un individu normalement constitué sans méfiance excessive, devient une mine d'informations pour celui qui sait observer. Ces informations se traduisent également par des mouvements inconscients, dont l'étude faite par les illusionnismes se nomme le « cumberlandisme ».

Le cumberlandisme, c'est l'exploitation des réactions inconscientes d'une personne pour parvenir à réaliser un effet de mentalisme. Il s'agira d'exploiter des mouvements musculaires infimes, des changements dans le rythme cardiaque, des contractions de pupilles... Aux États-Unis il existe de nombreux ouvrages portant sur ce sujet. Certains exposent des principes absurdes et d'autres des théories qui ont un sens. Cette branche du mentalisme est intéressante car elle ne fait appel à aucun matériel, et repose essentiellement sur une forme de psychologie. La meilleure façon de comprendre le cumberlandisme, c'est de l'essayer.

Prenez une personne et demandez-lui de cacher n'importe où dans une pièce un objet. Précisez-lui que l'endroit doit être raisonnable, et que l'objet ne doit pas non plus être caché pour elle. Pendant ce temps, vous quitterez la pièce. À votre retour, prenez le sujet par son bras, et saisissez-vous de son poignet en lui demandant de relâcher toute la tension musculaire de ce membre.

C'est vous, et vous seul, qui portez, par le poignet, le bras mort du spectateur, du cobaye. Vous allez lui demander alors sa collaboration mentale. Expliquez-lui que vous allez déplacer son bras de gauche à droite et de droite à gauche, traçant ainsi une ligne imaginaire balayant la pièce entière. Lorsque cette ligne atteindra la direction où se trouve l'objet caché, le spectateur devra penser « stop », et ne surtout rien exprimer verbalement ou par un quelconque signe.

Une fois ces explications faites, vous passez à l'action. Vous vous apercevrez par vous-même que toute la technique repose sur le moment où le spectateur va penser « stop ». Il va y avoir, à ce moment-là, une auto-suggestion de sa part et sa main bougera légèrement, une sorte de réflexe infime, que vous pourrez sentir.

Le principe est le même que celui du fonctionnement d'un pendule. Si l'on place, par exemple, une photographie d'identité de soi sur une table et, que, en la fixant, on s'empare d'un pendule tenu entre l'index et le pouce, en demandant à voix haute « est-ce que c'est moi ? », le pendule exercera un mouvement précis. Ce mouvement circulaire tracera une ligne. Si ensuite, la photo est remplacée par celle d'un illustre inconnu, et la même question reposée à haute voix, le mouvement sera différent.

Aucun magnétisme dans cette mécanique. Il s'agit juste de mouvements inconscients de la main qui fournissent une réponse affirmative ou négative. La radiesthésie, « science du pendule », repose tout entière sur ce principe basique. Il en va de même pour le cumberlandisme.

En traçant de la sorte des lignes imaginaires dans une pièce, vous parviendrez, avec de l'entraînement, à localiser l'objet dissimulé par le spectateur. Pour vous entraîner, rien de mieux que quelques objets étalés sur une table de restaurant, dans des conditions impromptues. Votre cobaye est invité à penser à l'un d'entre eux, l'écrire sur un papier et placer ce papier dans sa poche. À vous ensuite de deviner l'objet en question en passant la main de la personne au-dessus des objets disposés en ligne.

À l'inverse des phrases toutes faites du *fishing* et du *cold reading*, cette technique nécessite énormément d'entraînement pour être maîtrisée avec efficacité. En revanche, une fois bien utilisée, elle permet de réaliser de véritables miracles au regard d'un non-initié... et peut également rendre de nombreux services, selon les circonstances...

Second aspect majeur du *cold reading* à utiliser pour lire à froid un spectateur, un client, un ami, une connaissance ou un(e) parfait(e) inconnu(e) qui vous intéresse.

Les sources d'informations visuelles

L'aspect d'une personne vous donnera bien plus d'indications que vous pouvez imaginer. À condition, tout simplement, d'y être véritablement attentif. Le *cold reading* n'est pas une science exacte, bien au contraire, il s'agit d'un art. Aussi, les exemples que je m'apprête à vous livrer ont uniquement pour but de vous mettre sur la voie pour un entraînement ultérieur. Le calibrage de votre radar, pour être plus clair.

Un conseil : dans une lecture à froid, partez de la tête aux pieds, et non l'inverse. Ostensiblement, un balayage des pieds à la tête paraît teinté de mépris. Dans le cadre d'une conversation ou d'une observation discrète, le premier est faisable sans risque d'éveiller un soupçon chez votre cobaye. Et n'oubliez pas que, dans l'analyse physique à laquelle vous vous livrez, ce qui manque est aussi important que ce qui apparaît.

Démarche et attitude générale

> Lorsque nous arrivons à un rendez-vous, la règle d'or est la suivante : être une quinzaine de minutes sur place avant l'heure fixée, situé à un poste d'observation duquel la cible ne peut pas nous voir. Cela permet l'observation attentive de l'individu « hors contexte ». Prenez un politique, par exemple, Sarkozy. Il est amusant de remarquer la différence de son langage corporel avant et pendant une intervention. La gestion de ses tics nerveux, les efforts qu'il va faire pour les dissimuler quand il arrive « en situation ». Pour monsieur X, c'est la même chose. En le regardant simplement marcher, se diriger vers le rendez-vous, vous capterez autant d'informations que pendant l'entretien. Les deux types de données accumulées seront différents. Dans un cas, il est presque naturel, dans l'autre il communique[1].

1. Bernard Aufan, entretien avec l'auteur.

> À tous les coups, avant une représentation, j'observe soit en coulisse, soit directement en me mélangeant aux spectateurs comment ils arrivent à la soirée. Viennent-ils de se disputer ? L'ambiance est-elle tendue ? Ont-ils déjà bu ? Autant d'informations qui me serviront à accroître mon effet même s'ils se placent après en mode « bonne société »[1].

> Lorsque l'on étudie les conditions d'une manifestation, on est déjà en repérage bien avant que celle-ci commence. Ce qui nous permet de repérer les leaders, de les photographier, d'évaluer leur potentiel d'influence sur leurs militants et de jauger l'importance des problèmes internes, s'il y en a, leurs failles dans l'organisation[2].

Il me semble qu'à la lecture de ces trois impressions, la leçon va de soi. Les professionnels agissent ainsi, le bon manipulateur commencera donc son analyse avant que son objet d'étude le sache. Il commencera par observer sa démarche, lourde de sens.

Exemples non exhaustifs d'arrivées...

Démarche volontaire, autoritaire

Personne qui ne se laisse pas distraire par son environnement, qui a un rendez-vous, qui s'y rend, et vise son objectif : arriver à l'heure, naturellement. Hypothèse : une personne qui assume un certain nombre de responsabilités.

Démarche régulière, mais qui se retourne souvent

Au passage de personnes, pour reluquer... leur ombre, accordons le bénéfice du doute. Hypothèse : personne distraite facilement, manœuvres de séduction, libido développée.

1. Jean Pierre Vallarino, entretien avec l'auteur.
2. L. Pasquet, ancien employé des Renseignements généraux, entretien avec l'auteur.

Démarche nonchalante, assez lente, tête baissée

Hypothèse : personne en réflexion personnelle, préoccupée, passive ou en mauvaise santé.

Démarche nerveuse, mouvements inutiles, stimulée par le moindre bruit

Croisant systématiquement le regard des autres. Hypothèse : personne en état de stress ou de vigilance élevée.

Une fois l'individu sur place, il faut bien se saluer. L'étude de la poignée de main fournie aussi son lot d'informations.

Prise de contact, la poignée de main

Poignée de main assez molle

Hypothèse : fatigue, personnalité passive, ou... si vous êtes plusieurs et que vous êtes le seul à bénéficier de cette grâce, votre présence dans le groupe n'a que peu d'intérêt pour lui.

Poignée de main ressemblant étrangement à une serre d'aigle

Hypothèse : il vous broie les doigts, attitude volontaire, communication sociale de confrontation. Méfiance.

Prise de main suivie de l'autre main posée sur l'épaule

Hypothèse : soit il vous apprécie, soit vous avez en face de vous un autre manipulateur. Dans les deux cas, un régal.

Utilisation des deux mains pour prendre la vôtre

Hypothèse : il a quelque chose à vous demander, un message à vous transmettre.

Ces observations étant faites, une fois que le rendez-vous a lieu (et que vous avez utilisé bon nombre de techniques exposées dans ce livre pour scanner votre interlocuteur), à vous de constater si le comportement que vous avez analysé à l'insu de l'individu correspond à celui qu'il vient de vous montrer, s'il y a cohérence entre les deux.

En cas de cohérence, vous vérifiez vos premières observations et pouvez continuer l'analyse. Dans le cas inverse, l'individu vous considère suffisamment (en bien ou en mal) pour vouloir vous dissimuler son attitude naturelle.

> De la même façon, lorsque le rendez-vous prend fin, on ne part pas tout de suite mais on se poste afin de voir le départ de l'individu, la façon dont il va se comporter. Y a-t-il eu changement ? Si oui, cela a-t-il un rapport avec la conversation ? L'individu est-il revenu à sa normalité ? Tous ces éléments sont la nourriture de l'agent de terrain. Le mentaliste, illusionniste ou pas, capte de l'info à l'insu de sa cible[1].

Le procédé est le même lorsque vous marchez accompagné de votre sujet d'étude.

Il marche à côté de vous, tête baissée

Hypothèse : attitude de suiveur révélatrice d'une faible personnalité, ou qui cache quelque chose.

Il marche au même rythme en regardant droit devant lui, sans jeter un œil aux alentours

Hypothèse : préoccupé, mais qui ne désire pas le montrer. Pense à autre chose, ou se concentre uniquement sur la conversation, doté d'une mémoire auditive.

Il marche les mains dans les poches

Hypothèse : contrairement à une idée reçue, marcher les mains dans les poches n'est pas un signe de manque de confiance en soi, mais le contraire. Le sujet est décontracté et adopte une posture qui lui est confortable.

Il marche en cherchant à vous imposer son rythme

Hypothèse : personnalité dominatrice qui s'intéresse à ce qu'il peut obtenir de vous.

1. Bernard Aufan, entretien avec l'auteur.

L'observation du regard

Des cernes vous donneront l'indication immédiate du manque de sommeil. Cependant, les poches sous les yeux sont plus révélatrices. Certaines personnes présentent des cernes sans pour autant souffrir d'insomnie. En revanche, les poches sous les yeux ne trompent pas. Très lourdes et accompagnées d'un visage globalement enflé, pour ne pas dire bouffi, elles révèlent la prise de deux sortes de substances possibles : l'alcool ou le cannabis (benzodiazépines et dérivés).

L'alcool se doublera de signes reconnaissables comme l'odeur de l'haleine, le teint de la peau, et le vieillissement prématuré du visage.

Le cannabis pour sa part entraînera une dilatation des pupilles, un rougissement du blanc de l'œil et une pâleur légère.

La prise de substance comme les poppers générera également une dilatation des pupilles, doublée d'une pâleur accentuée et d'un léger aspect violacé des lèvres. Cependant, l'effet de cette substance aux multiples usages étant par nature très rapide, les stigmates concomitants à la prise disparaissent rapidement.

Les benzodiazépines ajouteront une lourdeur des paupières et accentueront le caractère bouffi du visage, sans cependant modifier grossièrement le teint.

Bien sûr, des yeux rougis peuvent également indiquer qu'une personne vient de pleurer, *indeed*, Watson.

Dans tous les cas, l'état des yeux met en évidence immédiatement l'état de stress de l'individu, et sa prise ou non de produits toxiques.

Si lunettes il y a, celles-ci ne doivent pas être négligées dans votre observation. Auparavant, beaucoup d'hommes rechignaient à porter des lentilles de contact, estimant que leurs yeux étaient trop sensibles. Comme pour l'épilation du torse ou l'injection de Botox, l'homme se féminisant dans son approche de l'esthétique, ce postulat n'a plus lieu d'être. Dès lors, un homme portant encore des lunettes le fait par habitude, commodité ou nécessité (exemple :

double foyer nécessaire pour une étude de chiffres ou de documents), ou trouble de la vision comme l'astigmatisme irrégulier qui peut être corrigé par des lentilles, certes, mais dures – ce qui est assez désagréable – ou par une intervention chirurgicale. Au regard du désagrément de l'un et du coût de l'autre, beaucoup préfèrent en rester aux lunettes.

L'observation de la dentition

Du fait de la tarification des soins dentaires aujourd'hui, les personnes portant un joli bridge couleur émail proviennent d'un milieu suffisamment aisé pour se le permettre. En revanche, une personne au physique agréable mais à qui il manque une dent aura souvent modifié son sourire en fonction de cette carence, et n'a pas pu investir pour la corriger, ce qui donne une indication sur ses moyens financiers.

Autre indication d'importance : quelle dent manque ? C'est selon l'âge de l'individu. Prenons comme exemple une personne d'une quarantaine d'années : l'évolution naturelle de la dentition commande aux dents de derrière de se détacher les premières, car elles sont plus exposées au risque de caries ou d'infection. Si la dent manquante ou remplacée est située sur le devant, vous pouvez avoir la quasi-certitude qu'elle a été perdue lors d'un accident, chute ou rixe.

Une dentition extrêmement régulière indique que l'individu a sans doute bénéficié d'une correction orthodontique par le passé. Ce type d'intervention relativement coûteuse se déroule souvent pendant l'adolescence et donne une indication sur les moyens financiers des parents. Naturellement, la noirceur des dents indique que votre sujet est fumeur ou l'a été.

L'observation des mains

La position de la montre est importante et peut avoir plusieurs significations vous menant sur des fausses pistes. Il est donc important de ne pas tirer de conclusion hâtive. Par exemple, le postulat classique est de considérer qu'une personne qui porte sa montre à droite est gauchère. Or, si vous tombez sur un accordéoniste (je sais, ça se fait rare), il le fera seulement pour des raisons pratiques, car une montre à droite va le gêner dans l'exécution de son art. *Idem* pour certains autres instruments, comme le violon, par exemple.

Naturellement, la propreté des ongles est un détail à ne pas manquer. Un homme avec des ongles manucurés a les moyens de soigner son esthétique. Parfois, les apparences sont trompeuses. Gainsbourg, par exemple, avait l'air négligé, sale, et en jouait souvent. Or, si vous observez nombre de photographies où apparaissent ses mains, celles-ci sont manucurées. Gainsbourg jouait Gainsbarre, ce qui n'est un secret pour personne, mais ce genre de petits détails permet de comprendre à quel point la dichotomie était grande chez cet individu.

Un ongle blanc est souvent signe d'anémie. Un ongle jaune, principalement l'index et le majeur, vous donnera une indication de plus sur le goût de l'individu pour le tabac. Une couleur violacée un indice de problème circulatoire. Tout comme une rougeur et une froideur anormales des mains. Beaucoup de femmes subissent ce type de problèmes. Les ongles piquetés peuvent indiquer pour leur part une forme d'eczéma ou de psoriasis.

L'observation des cheveux

Naturellement, l'observation des cheveux n'est possible que s'ils sont visibles. De moins en moins de personnes portent de chapeau de nos jours, aussi toute tentative de couvrir ses cheveux peut-elle être le signe d'une volonté de cacher une calvitie, ou, bien sûr – c'est d'actualité –, l'expression pour une femme d'une conviction religieuse.

Les femmes musulmanes ne sont en effet pas les seules à porter un voile. Plus discrètement, quelques femmes de confession juive le font également. Un simple foulard dans les cheveux, ne les dissimulant pas totalement (à l'inverse du foulard musulman), peut dans ce cas vous donner une indication sur le degré de conviction religieuse de votre sujet d'étude.

Hors convictions religieuses, les femmes cachent rarement leurs cheveux ; la dissimulation peut donc malheureusement être source de calvitie due à une maladie et à la prise de médicaments.

La teinture est immédiatement détectable, chez le sujet masculin comme féminin, en comparant la couleur des cheveux à celle de ses sourcils.

L'observation des chaussures

Dans un épisode du *Mentalist*, Patrick Jane résout une enquête en constatant que le talon gauche d'un suspect est plus usé que l'autre, alors que l'individu se fait passer pour un handicapé. Un talon gauche usé vous permet de savoir immédiatement que le sujet utilise régulièrement son véhicule, aussi pourrez-vous engager la conversation sur ce point.

Beaucoup de personnes qui soignent leur apparence négligent paradoxalement leurs chaussures. Principalement les hommes. C'est pourquoi, un homme bien vêtu avec des chaussures particulièrement soignées révèle qu'il consacre une partie non négligeable de son temps à se construire une image impeccable. Surtout si l'arrière des talons est également entretenu. C'est l'endroit que les hommes oublient le plus souvent.

L'état des talons d'une femme vous donnera rapidement des éléments sur sa situation financière. Ce type de matériel s'use extrêmement rapidement, le cuir qui les entoure s'altère à la moindre éraflure. Beaucoup plus difficiles à entretenir que des chaussures d'hommes et, généralement, plus chères.

Pendant un temps, de plus en plus de femmes privilégiaient les chaussures plus basses en raison de la contrainte physique que les talons imposent, mais la mode des talons hauts revenant à grands pas, ne vous privez pas d'une analyse.

L'observation de la vêture

Bien sûr, les vêtements vont constituer une base de données immédiatement consultable pour le *cold reader*.

L'étude des vêtements permet d'établir une hiérarchisation des priorités de l'individu au regard de son image.

Les livres sur le sujet ne manquent pas. Si celui-ci intéresse suffisamment les lecteurs pour me permettre d'en écrire un autre, alors, l'étude du *cold reading* associé à la séduction dans son ensemble méritera un ouvrage entier.

Honneur aux dames

Deux exemples simples : une femme très maquillée et habillée de façon provocante peut indiquer, au contraire de la première impression, qu'elle présente une personnalité timorée, qu'elle a besoin d'être rassurée sur son apparence physique cachée derrière des artifices délicats à mettre en œuvre et nécessitant une longue préparation. En général, elle sera naturellement attirée par un homme qui ne lui prête pas attention, les autres n'étant que des miroirs dont l'œil brillant de convoitise lui permet uniquement de se rassurer. Souvent sollicitée, la femme au schéma comportemental exposé ci-dessus trouvera le moyen de s'en plaindre, bien sûr, indiquant à qui veut bien l'entendre « mais je ne suis pas qu'un physique », ou un truc dans le genre. Certes, ma chère, c'est la logique même, car votre timidité est trop forte pour dévoiler autre chose qu'une enveloppe sophistiquée. L'homme qui ne se laissera pas subjuguer par l'apparence mais qui mettra en évidence ce paradoxe dans son approche sera en position de force pour une séduction ultérieure. À condition de n'avoir qu'indifférence pour l'aspect physique. Voire, dans certains cas, d'afficher une élégante froideur. Association paradoxale de mots qui pourtant définissent une attitude créant une série de réactions : l'incompréhension (« Je ne plais pas à cet homme, pas normal »), suivie de la colère (« De toute façon c'est un sombre idiot prétentieux »), suivie de la surprise (« Tiens, il me regarde, profondément, et se fiche du reste... qui est-il ? »), conclue par la phase finale, génératrice de ce qui va suivre : la curiosité.

Dès lors, un désintérêt ostensible pour sa seule apparence physique, doublée d'une attention portée uniquement sur son regard, serait paradoxalement le meilleur moyen pour attirer ce type de personnalité.

Inversement, une femme sans sophistication excessive, mais coiffée avec soin et habillée sans mettre forcément en avant ses atouts charnels, indique qu'elle a une personnalité plus mûre, ayant fait le choix de s'assumer telle qu'elle est. D'une nature plus pragmatique, son approche sera plus délicate. Les tempéraments pragmatiques tombent souvent amoureux contre leurs esprits cartésiens de personnes aux caractères marginaux.

En *cold reading*, il est plus facile de lire une femme qu'un homme. C'est pour cela que je vous recommande de vous entraîner sur des partenaires de sexe féminin pour tenter de valider vos déductions. Par expérience, j'ai constaté qu'une femme aime, plus qu'un homme, penser qu'elle dispose de pouvoirs paranormaux. Elle sera plus réceptive à une phrase du type : « Je sens que vous possédez une aptitude particulière, dès mon arrivée dans cette pièce j'ai perçu une sorte de force. Avez-vous déjà fait des rêves prémonitoires ? »

De même, une femme est plus réceptive aux notes d'optimisme qu'un homme. Si, par exemple, vous entrez en contact avec une femme soigneusement vêtue, portant beaucoup de bijoux mais dont la vêture semble usée, il y a de fortes chances qu'elle ait connu des heures de gloire, aujourd'hui révolues. Les bijoux coûteux ne correspondant pas à la qualité du vêtement révèlent souvent une splendeur passée. Dans ce cas n'hésitez pas à dire quelque chose du genre : « Madame, je vois que vous avez sans doute occupé des fonctions importantes. Un autre avenir s'offre désormais devant vous, et vous aurez une foule de choses très intéressantes à découvrir. Ouvrez les yeux et vous verrez de nouveaux horizons qui vous apporteront de nombreuses satisfactions. »

Par contre, si vous lui dites :

« Ma pauvre dame, vous avez eu de l'argent mais aujourd'hui ça semble difficile pour vous », vous commettez bien sûr une erreur énorme en lui confirmant son infortune, tout en ternissant votre image, ce qui va à l'encontre de vos intérêts.

J'avais promis que je m'arrêterai là ? J'ai menti.

Malheur aux hommes

Dans leur grande généralité, les hommes sont beaucoup moins concernés par leur apparence que les femmes. En réalité, la présentation vestimentaire d'un homme dépend souvent de sa situation maritale ou de son âge. Ce qui a tendance à changer avec les femmes, notamment avec ce phénomène récent : les femmes dites *cougars*, âgées de 40 à 60 ans en moyenne, faisant fi de leur âge, condition physique ou situation maritale, pour se lancer dans une conquête de séduction auprès de jeunes trentenaires chanceux, considérés comme des produits sexuels consommables.

Pour en revenir à l'homme, le rang social apparaît beaucoup plus dans la présentation.

L'homme marié : une alliance à l'auriculaire gauche, une chemise repassée, des plis de pantalon nets, une attitude soignée, le bon père de famille, comme on dit en droit. Pourtant, d'un homme qui porte une alliance, mais dont le pantalon possède un double pli, dont la chemise est froissée, vous pouvez facilement supposer que son mariage bat de l'aile. Non pas que, par nature, sa femme doive s'acquitter de ces basses besognes, mais un homme préoccupé sentimentalement oublie en premier lieu son apparence physique, et s'ensuivra une détérioration de celle-ci, même s'il dispose de moyens suffisants pour confier sa vêture à un prestataire, ou qu'il repasse suffisamment bien pour se débrouiller tout seul. L'homme malheureux en amour se désorganise très vite esthétiquement.

L'homme marié dépourvu d'alliance mais qui en porte encore la trace : trompe probablement sa femme, a perdu son alliance, est récemment divorcé ou veuf. C'est d'une logique imparable, mais une simple constatation visuelle sur un doigt réduit à quatre propositions sa situation sentimentale. Information à ne pas sous-estimer, recoupée avec d'autres, vous affinerez ces propositions jusqu'à obtenir la bonne. Sans poser la moindre question.

L'homme célibataire : absence d'alliance et attitude générale de disponibilité perceptible par une gestuelle de séduction. Configuration vestimentaire ayant pour objectif de séduire. Une simple allusion à l'aventure et à la séduction, et la personnalité est jaugée sur ce point. Deux sous-catégories : le romantique et le *serial lover*.

Le romantique vivra relativement mal son célibat, en parlera souvent et sera inconsciemment volontaire pour toute forme de présentation bienveillante qu'un intermédiaire pourrait lui faire. Plus dangereux qu'il en a l'air, le romantique peut très bien tomber amoureux de la compagne d'un proche et ne ressentir aucun sentiment de culpabilité. Il recherche la passion précoce que nous évoquions dans *brainwashing*, si celle-ci tombe sur votre dame, je vous souhaite bon courage.

Le *serial lover* n'a besoin de personne, a son harem personnalisé constitué de femmes en couple ou pas, c'est un *lone wolf*, un loup solitaire, se suffisant à lui-même. Parfois, le *serial fucker* est également en couple « officiel », ce qui constitue son seul point faible, et pas des moindres. Car le *serial lover* « en main » est généralement un manipulateur correct sachant compartimenter sa vie et faire accepter sa situation à ses maîtresses. En revanche, il a suffisamment confiance en lui pour penser qu'il gère la situation et que jamais sa compagne officielle ne découvrira sa double vie. Il est donc à la merci de n'importe quel témoin gênant ou d'une maîtresse qui se rebellerait.

Le *serial lover* « en main » n'aime pas perdre la main.[1]

Ces quelques exemples ne sont, finalement, que des simulations. Simulations parfaitement expliquées dans le manuel confidentiel élaboré par les services de psychologues à la solde de Markus Wolf, surnommé « l'homme sans visage », plus grand espion soviétique de la guerre froide qui a inventé le concept d'Agent Roméo. L'agent

1. Exemple : le personnage de Don Draper dans l'excellente série *Mad Men*.

briseur de couple, masculin ou féminin. Ce précieux document, qu'il m'a fallu du temps pour faire traduire, sera, avec d'autres, l'objet d'une analyse dans une prochaine étude. Car le matériau en vaut la peine.

Pour conclure cette introduction au *cold reading*, rien ne vaut quelques exemples pratiques, qui vous permettront de matérialiser ces mécanismes et de commencer votre entraînement. Dans le chapitre « Lecture d'objets » de son ouvrage *Mind, Myth and Magic*, T.A Waters[1] explique comment il réalise une lecture à froid en partant d'une simple paire de lunettes, tel Sherlock Holmes dans un roman de Conan Doyle. Je vous livre cette description car elle énonce parfaitement le processus analytique qu'il convient d'adopter en matière de lecture à froid.

On lui présente une paire de lunettes à monture métallique. Sa mission : donner des informations sur son propriétaire. Ses conclusions sont les suivantes :

1) Une personne de sexe masculin d'âge mûr qui doit être militaire ;
2) qui a dû être stationnée pendant une certaine période en bord de mer ;
3) mesurant entre 1,80 m et 1,85 m, tête allongée ;
4) gauchère, un nez mince ;
5) se tenant souvent voûtée ;
6) très organisée.

Comment arrive-t-il à ce degré de précision ?
1) Homme/Âge/Militaire : il constate que les lunettes en question correspondent à un modèle produit pour l'armée dans les années 1940 (culture générale) ;
2) Base navale : une partie du métal est oxydée par le sel de l'air marin ;

1. T.A Waters, *Mind, Myth and Magic*, Chasseneuil-du-Poitou, C.C. Éditions, 2003.

3) Taille : le volume de la tête conserve une proportion avec la taille. Il effectue une comparaison sur lui-même ;

4) Personne gauchère, un nez mince : l'une des deux tiges du serre-nez (étroit) est plus orientée vers la gauche (faites l'expérience, c'est imparable) ;

5) Verres à double foyer, lentille intérieure forte. Individu à vision de proximité très faible. Tendance à se tenir voûté pour se rapprocher de l'élément à voir ;

6) Personne organisée : certainement méticuleuse, les lunettes ne sont que très peu abîmées, malgré leur année de fabrication.

C'était un parfait exemple de *cold reading* moderne adapté à un objet. Le *cold reading* est avant tout un jeu, à mes yeux, il ne faut pas se formaliser en cas d'échec, les loupés seront nombreux mais le perfectionnement constant. Tout réside dans l'entraînement. Avant de vous lancer dans une démonstration de *cold reading* totale sur un individu inconnu, tentez de faire quelques expériences avec des objets appartenant à des tiers, pour augmenter vos capacités. Dans le même temps, analysez sans mot dire les détails physiques extérieurs que vous allez pouvoir observer dans votre entourage. Procédez d'abord progressivement, par des petites questions sur des points précis afin de valider la progression de votre expérience. N'oubliez pas qu'en plus de toutes les méthodes décrites dans cet ouvrage, vous disposez d'Internet, qui vous fournira de précieux renseignements sur les cibles que vous souhaitez influencer.

Vous serez beaucoup plus efficace en procédant lentement, mais quotidiennement. Une expérience par jour de conditionnement, de *cold reading*, de manipulation soft, de rhétorique, de détection de mensonge, vous permettra de vous approcher très rapidement des « prouesses » effectuées par des personnages de fiction.

À la différence que vous opérerez dans le monde réel.

Bien sûr, il existe également une multitude de méthodes – plutôt simples – pour pirater littéralement l'intimité d'une personne en prenant le contrôle de ses propres moyens de communication, ce que la loi réprime : l'atteinte à un système automatisé de données est réprimée par l'article 323-1 du Code pénal :

> Le fait d'accéder ou de se maintenir, frauduleusement, dans tout ou partie d'un système de traitement automatisé de données est puni de deux ans d'emprisonnement et de 30 000 euros d'amende. Lorsqu'il en est résulté soit la suppression ou la modification de données contenues dans le système, soit une altération du fonctionnement de ce système, la peine est de trois ans d'emprisonnement et de 45 000 euros d'amende.

Or, vu les domaines que nous avons déjà explorés ensemble (outils d'espionnage, contre-espionnage, utilisation de la chimie, manipulation, suggestion...), nous n'évoquerons pas ici ces méthodes.

D'une part, car elles ne présentent pas la noblesse des précédentes, qui ne font appel à aucun artifice et peuvent se travailler comme un art martial. D'autre part, car je vous suis bien plus utile, pour l'instant, en liberté. On ne sait jamais, un tome 2 est toujours possible...

Petit abécédaire de l'étrange en illusionnisme et ailleurs à l'usage d'un apprenti mentaliste

Action en transit : action réalisée par un illusionniste servant à créer un décalage dans l'attention du spectateur afin de renforcer le tempo d'un effet.

Cartomagie : discipline de l'illusionnisme visant exclusivement la création d'effets magiques avec des cartes.

Climax : effet magique maximal. Généralement interprété à la fin d'un tour, et placé à la suite d'un effet secondaire, le climax a pour but de créer l'incrédulité.

Cold reading : le mentaliste est dans l'ignorance totale lorsqu'il rencontre sa cible. Il doit donc utiliser des techniques de *pumping* (soustraction d'informations) en direct, en utilisant des phrases extrêmement générales ou en analysant les réponses d'un spectateur à des questions pointues. Dans cette étape, l'analyse du langage comportemental et de l'aspect physique de l'individu est déterminante.

Close-up : genre d'illusionnisme à distinguer de la magie de scène ou de salon, le close-up s'exécute en conditions de rapprochement avec le public (bar, table, rue etc.). On l'appelle aussi magie rapprochée.

Communication spirite : séance de communication réelle ou supposée avec les esprits de personnes décédées et vivantes, *via* un médium ou extralucide. En illusionnisme, exercice faisant partie de la sous-discipline du mentaliste baptisée *Bizarre Magic*, d'origine américaine, où un illusionniste simule les mêmes performances. Eugene Burger, magicien américain, est un des grands spécialistes et précurseurs du genre. Plus contemporain,

Jim « Psychic » Callahan, lui aussi américain, occupe une position de choix parmi ses pairs. Malheureusement pour lui, il fut publiquement ridiculisé par le plus célèbre magicien américain, Criss Angel, le 31 octobre 2007 lors de l'émission télévisuelle *Phenomenon*. Après une démonstration de lecture spirite parfaitement jouée par Callahan, Angel lui offrit 1 000 000 de dollars pour prouver ses dons en parvenant simplement à deviner le contenu d'une enveloppe. Callahan entra dans une colère noire. Un moment d'anthologie du monde magique, car les deux artistes faillirent en venir aux mains[1].

Clairvoyance : capacité de deviner des symboles, des images, en dehors de tout secours des sens connus. Beaucoup d'illusions mentalistes simulent ce type d'effet.

Donne du dessous, donne en second, donne du milieu : techniques de cartomagie qui permettent de créer l'illusion de procéder à une distribution normale de cartes (partant du dessus du jeu) tout en donnant celles présentes en dessous, en seconde position sur le jeu, voire en plein milieu. Principalement utilisées par des tricheurs, ces techniques constituent également d'excellents moyens de forçage de cartes (imposer à un spectateur une carte qu'il croit choisir librement). Magistralement décrites dans ce que les cartomanes considèrent comme la bible du Tricheur : *L'Expert aux cartes*, de S.W Erdnase[2] (pseudonyme, car l'identité du légendaire Erdnase, tricheur de terrain, reste aujourd'hui un mystère).

Empalmage : en cartomagie, technique consistant à subtiliser d'un jeu, à l'aide d'une ou deux mains, une ou plusieurs cartes. Plus largement, terme servant à définir toute dissimulation d'objet dans une main (cigarette, balle, pièce...).

Exemple : une carte est pensée ou librement choisie, le mentaliste la devine (premier effet), puis indique une enveloppe posée sur la

1. Incident Psychic Callahan/Criss Angel : http://www.youtube.com/watch?v=pE45QHIUfiM&feature=related. Voir page QR Code.
2. S.W. Erdnase, *L'Expert aux cartes*, Strasbourg, Magix-Édition du spectacle, 1992.

table avant le début du tour dans laquelle se trouve une prédiction. Le spectateur ouvre l'enveloppe, elle contient un double de la carte choisie (climax).

Exemple : dans un ensemble de mouvements composant un tour, il y a le mouvement final, le mouvement majeur, celui qui nécessite l'emploi de techniques masquées. Les actions en transit sont tous les autres gestes naturels permettant de masquer les manipulations. Dans le geste naturel de prendre le jeu pour le tendre à un spectateur, j'empalme une carte à une main.

FISM : Fédération internationale des sociétés magiques, faisant autorité dans le milieu de l'illusionnisme, crée en 1948, comptant plus de 50 000 membres répartis dans 32 pays.

Gimmick : accessoire nécessaire pour produire un effet magique. Par exemple, un bloc truqué. Lorsqu'un tour est présenté devant des professionnels aux fins d'être commercialisé, sa description comprend la présence ou non d'un *gimmick*. La présence d'un *gimmick* permet naturellement la réalisation d'effets très forts, mais son absence peut également être une arme car, dans ce cas, l'illusionniste peut opérer en toutes conditions.

Hot reading : le mentaliste collecte, avant son opération d'influence, un maximum d'informations sur les personnes qu'il doit rencontrer. Toutes les ruses sont bonnes : Internet, espions, complices, roublardise.

Mentalisme : à l'origine, discipline de l'illusionnisme ayant pour but de simuler des phénomènes paranormaux (télépathie, télékinésie…). Aujourd'hui, acception plus large du terme, certains artistes avant-gardistes ayant décidé de s'affranchir de tout objet ou trucage (bloc-notes, dispositifs électroniques) pour se centrer sur la réalisation d'effets basés uniquement sur le conditionnement mental du spectateur. Dès lors, les techniques utilisées par ces mentalistes modernes présentent de nombreux points communs avec celles d'autres milieux, comme celui du renseignement, des religions, du marketing, de l'hypnose, de la publicité, du journalisme ou de la justice. D'où l'existence du livre que vous tenez entre les mains.

Misdirection : détournement d'attention. Action qui entraîne le spectateur à détourner à un instant donné son attention (bruit, mouvement, paroles, geste...). Il existe trois niveaux de *misdirection* :

– niveau 1 : détourner l'attention d'une zone dangereuse (où se situe un objet truqué, ou à l'intérieur de laquelle va s'effectuer un mouvement secret). Le cerveau humain peut analyser plusieurs choses en même temps, mais se concentre sur une. Le premier niveau consiste à créer un relâchement de l'attention portée à la zone dangereuse ;

– niveau 2 : focaliser l'attention d'une personne sur une zone précise, par l'emploi d'une discordance logique. Exemple : lors d'un numéro de jonglerie, le chapeau du jongleur tombe. L'attention du spectateur oubliera un instant les quilles pour se concentrer sur cette chute ;

– niveau 3 : un élément choquant très perturbateur apparaît lors d'une action. Exemple : pendant qu'un magicien parle à son auditoire, une personne passe dans son dos aux yeux de tous pour lui voler des objets posés sur la table.

Parenthèse d'oubli : enchaînement d'actions permettant de faire oublier un objet ou une technique. Exemple : un magicien effectue toute une série d'actions, apparitions, effets, tout en gardant empalmée dans sa main une cigarette. L'apparition de cette cigarette produira un effet plus fort, car le spectateur aura concentré son attention sur le reste du tour et aura oublié à quel moment le magicien a pu s'emparer de la cigarette. Il ne pourra pas « remonter » le tour.

Phenomenon : émission de télévision américaine où des médiums et mentalistes présentent des démonstrations à un jury composé de Criss Angel et Uri Geller (ancien expert des torsions de métaux à distance dans les années 1970-1980, mystère pour de nombreux spectateurs qui le pensaient doté de pouvoirs paranormaux, Geller fut finalement considéré comme un illusionniste très talentueux[1] après que d'autres magiciens furent capables de réaliser les mêmes effets que lui).

Précognition : faculté de deviner à l'avance des symboles et des calculs. Se dit aussi préscience. Constitue une part non négligeable des effets de mentalisme.

Psychokinésie : du grec *psukhê*, « âme », et *kinesis*, « mouvement ». Action de la pensée sur des systèmes physiques en action. Exemples : dés à jouer, billes, gouttes d'eau, etc.

Routine : en illusionnisme, enchaînement d'une série de tours chronologiquement organisés afin d'obtenir une progression maximale d'effet.

Télépathie : communication directe de cerveau à cerveau. Se dit aussi « transmission de pensée ».

Télékinésie : du grec *têle*, « au loin », et *kinesis*, « mouvement ». Désigne les mouvements d'objets sans contact. Exemples : tables tournantes, coups frappés (poltergeist), attouchements spirites, écriture automatique, etc.

1. Démonstration de torsion de cuillère d'Uri Geller : http://www.youtube.com/watch?v=GRn7d4D7haw. Voir page QR Code.

Suppléments vidéos – QR Code

Pour regarder directement sur votre smartphone l'incident Criss Angel-Psychic Callahan, scannez le QR Code suivant :

Pour regarder directement sur votre smartphone une démonstration de torsion de métaux effectuée par Uri Geller, scannez le QR Code suivant :

Une fulgurante démonstration de psychokinésie sur une bague, effectuée par le génial illusionniste israélien Ygal Mesika.

Κάθαρσις – Katharsis

Vous souvenez-vous de votre chiffre ?

Vous avez choisi 37 ?

Cela peut vous paraître étrange, mais la plupart des gens ont tendance à choisir ce nombre. En réalité, vous n'avez le choix qu'entre huit nombres. Comme nous vous avons donné en exemple 11, votre esprit a donc tendance à quitter la dizaine pour s'orienter vers la trentaine.

Mais pourquoi est-ce précisément le 37 qui tombe le plus souvent ? Mystère.

Παῦσις – Pausis

De tête, prenez 1 000 et ajoutez-y 40.
Ajouter 1 000.
Ajouter encore 30 et ajouter à nouveau 1 000.
Ajoutez 20.
Ajoutez 1 000, puis 10.

Quel est le total ? Notez-le sur un bout de papier.

Réponse en fin de chapitre.

Épilogue :
un Anonyme face à sa liberté déchue[1]

En 1945, à la sortie de la faculté de médecine, le docteur Elisabeth Kubbler Ross fut appelée à soigner les enfants rescapés des camps de concentration nazis.

Alors qu'elle pénétrait timidement dans le baraquement poisseux où ils gisaient encore, elle remarqua sur le bord des lits un dessin récurrent qu'elle retrouva par la suite dans d'autres camps.

Ce dessin ne représentait qu'un seul motif : un papillon.

Elle pensa d'abord à une fraternité d'enfants affamés et battus s'étant organisée, comme autrefois les chrétiens avec le symbole du poisson.

La plupart des enfants gardaient le silence sur les raisons de ces centaines de dessins.

Puis, un jour, l'un d'eux lui expliqua : « Lorsque je souffrais de la faim, du froid et de la peur, en touchant cet insecte, soudain je m'envolais. »

Kubbler Ross comprit à cet instant que l'instinct de liberté ne s'éteint jamais dans le cœur de l'homme malgré la crasse, les brimades et l'odeur de la mort.

Elle réalisa que la liberté ne se résume pas à un agrégat de droits, qu'un régime totalitaire peut anéantir à sa guise.

La liberté est une intuition immédiate, une constituante du genre humain.

1. Texte présenté par l'auteur lors de la Conférence du Stage (concours d'éloquence inter-avocats), qu'il remporta à l'unanimité du jury. Lentement, face aux conditionnements multiples, la liberté d'un être diminue…

Alors, même dans les conditions les plus difficiles, l'expression « perdre sa liberté » ne peut pas avoir de sens et n'en aura jamais, quelle que soit l'époque, quelles que soient les conditions politiques.

Le prisonnier garde sa liberté. Il ne peut aller et venir à sa guise, certes, mais il conserve la liberté de choisir de s'évader, concrètement ou symboliquement.

Cette possibilité de choix constitue la liberté.

C'est une valeur abstraite normative.

L'application de ce choix la transforme en une réalité concrète positive.

Cette ubiquité fait de la liberté une question métaphysique par excellence car elle concerne le statut de l'homme dans la nature.

Peut-on perdre sa liberté ?

Lorsqu'on est un animal, oui, il suffit d'être capturé.

Lorsqu'on est un homme, la capture ne suffit pas.

Même enfermé dans une cage, l'homme, telle Carmen, peut avoir pour pays l'univers et pour loi, sa volonté.

Descartes, Épicure, Kant, tous considéraient la liberté comme le fondement de l'action et de la morale humaines, affranchies de toute contrainte terrestre ou céleste.

Cicéron opère pour sa part une distinction pragmatique : soit le destin apporte la force de la nécessité, et dans ce cas la liberté n'existe pas, soit les mouvements volontaires de l'âme existent sans intervention du destin.

En bon avocat, Marcus Tullius joue sur les mots, remplaçant un concept flou par un autre, encore plus trouble : le Destin.

En réalité, perdre sa liberté pourrait avoir un sens si l'on considère que la liberté n'existe pas, et que nos choix sont guidés par des évènements extérieurs, par un déterminisme. En ce sens, la liberté se perd dès la naissance.

Mais si la liberté est indépendante du déterminisme, de notre sensibilité ou d'une quelconque destinée, alors elle est un miracle issu du néant.

Dans ce cas, elle sort de portée de l'intellect humain.

Toute tentative d'explication sur le sujet serait alors totalement vaine.

Aussi, naturellement, l'Anonyme perdrait sa raison en voulant trouver un sens à une expression qui n'en a pas.

Il se réfugierait alors penaud dans la lecture du *Dictionnaire de philosophie* Larousse, que sa tante lui a offert pour ses 15 ans.

Devant la pluralité des points de vue, il se retrouverait ainsi dans ce gouffre de l'esprit que Houellebecq appelle : une intense impasse.

À force de lectures, il finirait par entendre les voix des philosophes lui objectant leurs arguments dans son sommeil, sans avoir de solution définitive.

Devant un échec programmé, il connaîtrait les cinq phases que les malades incurables rencontrent lorsque la mort devient une certitude.

Ces cinq étapes ont été constatées par beaucoup de praticiens à travers le monde et s'appliquent à toute personne confrontée à un obstacle infranchissable.

Le déni

L'expression « perdre sa liberté » ne peut pas avoir de sens, car la liberté est transcendantale.

> – Comment oser prétendre que cette expression pourrait avoir un sens, alors que nous sommes des hommes dotés par nature d'un libre arbitre ? affirmerait l'Anonyme.
>
> – Pauvre inculte ! lui répondrait Aristote... esclave, deux coupes d'ambroisie... ne sais-tu pas qu'à mon époque, nous ignorions ce concept ? Oublies-tu que, pour les Anciens, l'âme est simple principe d'animation du vivant ? allez, ouste, travaille un peu ton sujet, jeune plébéien. Et puis, n'oublie pas : par nature, un être qui travaille n'est pas libre.

– Mais, Maître, ne pensez-vous pas que c'est une insulte à la condition humaine que de croire que l'on peut perdre sa liberté ?
– Camarade… un peu de glace dans le jus, ajouterait Lénine. Il ne se rend même pas compte que le règne de la liberté ne commence que là où cesse le travail imposé par le besoin et la nécessité extérieure. On voit à son allure qu'il est issu d'une classe de nantis. Quel parvenu !

L'Anonyme comprit que la liberté pouvait être perdue dès l'origine de l'humanité. Il perçut pourquoi curieusement toutes les cultures traditionnelles présentent cette légende d'un couple primordial contraint par le divin à être mortel, puis à travailler.

Adam perd sa liberté lorsqu'il rencontre Ève.

Mais cette théorie est un affront pour l'homme libre. Elle est une offense pour ce résistant anonyme qui voue une fascination pour une conception de la liberté à vocation quasi œcuménique.

Lentement, devant les barrières logiques se dressant contre lui, il subissait la deuxième phase.

La colère

Il est trop simple d'oublier ainsi la spontanéité de l'homme. L'expression « perdre sa liberté » n'a pas de sens !

Et, après tout, la philosophie ne suffit pas à donner les réponses. Elle ne fait que poser des questions. Il appartient au juriste, à l'homme politique, au moraliste de quartier de répondre à ce que sont la liberté et la conscience dans leur usage courant et pratique.

L'artiste a également son mot à dire.

Car, si un peintre voyant une coupe de fruits dit qu'il va la peindre parce qu'il dispose d'une toile, d'un pinceau et de couleurs, cet homme n'est pas un peintre, parce qu'un peintre est habité par l'âme et l'esprit de la peinture et, à l'inverse, il habite en eux, de sorte qu'il ne songe pas en premier lieu à ses outils et à l'usage pratique qu'il en fera.

Mozart, privé de piano et fouetté dans une galère, pourrait continuer à composer... dans sa tête.

Il resterait ainsi libre créateur. Il ne peut pas perdre sa liberté !

L'Anonyme reprenait peu à peu confiance en lui. Ses arguments sonnaient juste.

> – Juste ? – encore une voix d'outre-tombe – et que fais-tu de l'éducation ? Moi, Jules Ferry, je te demande si tu as oublié toute l'énergie que j'ai consacrée à structurer dans l'esprit des enfants des modes de refoulement utilisables par la République ? L'éducation, mon petit, c'est une expérience avec la liberté d'autrui... Quant à Mozart, il a appris le piano grâce aux claques de son père.

Désarçonné, le « plébéien-nanti-ignorant-inculte » anonyme se souvint des paroles de son instituteur de CP, M. Chombier. Il est vrai qu'elles donnaient raison à M. Ferry :

> – Vous êtes des larves, paresseuses et stupides, tout juste capables de lire trois mots intelligibles d'affilée. Vous n'êtes que des enfants, à peine humains, mais, grâce à l'instruction et au dévouement de vos maîtres, vous allez devenir – difficilement, il est vrai – des hommes intelligents et véritablement libres.

Le conditionnement dès l'enfance... réprimande, récompense.

L'Anonyme n'y avait pas pensé.

Pire, il en est lui-même une illustration.

> « Suis-je conditionné pour écrire ces mots ? »

Lentement, les certitudes s'effritaient. L'expression « perdre sa liberté » a effectivement un sens.

Elle en a même plusieurs.

Et le docteur Elisabeth Kubbler Ross pourra disserter sur sa collection de papillons pendant des heures, la malheureuse n'y changera rien.

Il fallait sauver les meubles, car la troisième phase pointait son nez.

Le marchandage

La perte de la liberté originelle de l'homme sauvage est donc une nécessité. Aussi l'expression « perdre sa liberté » a-t-elle un sens, car il faut vivre en société.

Mais qu'y a-t-il en échange ? L'homme, depuis le potlatch, ne fait rien gratuitement, alors s'il décide de perdre sa liberté, et de l'abandonner au destin, au travail ou à l'école, c'est obligatoirement pour obtenir une contrepartie.

Voilà un domaine que l'Anonyme connaissait mieux. Une maxime de Lacordaire revenait à son esprit : « entre le fort et le faible, c'est la liberté qui opprime, et la loi qui libère ».

Paradoxalement, perdre sa liberté solutionne le problème de l'injustice. La perte de la liberté du fort soulage le faible qui subissait ses coups.

En outre, comme l'écrivait Freud, toute société est fondée sur un crime commis en commun.

Un contrat est donc proposé aux hommes : oubliez votre liberté originelle, elle vous ramène à la condition de bêtes sauvages. Pour vivre ensemble, vous devrez sacrifier cela au profit de droits et de devoirs.

Merci, Rousseau, d'être lucide sur le genre humain. Effectivement nous sommes des bêtes. Grâce au carcan du contrat social, nous réussirons sans doute à triompher de cette terrible affliction nommée : liberté.

Et puis, il vaut mieux perdre un peu de sa liberté plutôt que de la nier totalement.

Car nier la liberté est malheureusement une posture dans laquelle il ne reste plus ensuite de contraintes morales qui empêchent quiconque de nier aussi l'humanité d'un autre homme. Cela, Nietzsche l'a bien perçu.

Il vaut mieux un fort avec des devoirs qu'un faible mort.

Selon la Déclaration des droits de l'homme et du citoyen, la liberté consiste à faire tout ce qui ne nuit pas à autrui.

Perdre sa liberté d'accord, mais pour aller dans le sens de la société.

Alors, le concept de liberté sera mis en œuvre par l'exercice de libertés. Le singulier abstrait devient un pluriel concret.

Perdre sa liberté c'est gagner des libertés : d'opinion, d'expression, de religion, d'aller et de venir, d'information...

En échange de ces droits, l'homme a des devoirs : respecter la loi, ne pas faire un usage abusif de ses libertés...

La déroute s'emparait progressivement de l'Anonyme. Non seulement la liberté n'a rien de transcendantal, mais en plus, elle serait un obstacle à la vie sereine en société.

Son optimisme initial laissait peu à peu la place à la quatrième phase, la plus douloureuse.

La dépression

Il y a des moments où tout est contre vous, fatalement.

Hautain, présomptueux, l'Anonyme avait osé faire un triomphe à la liberté immuable en se servant d'un exemple tellement beau sur l'enfance et les papillons.

Les philosophes bridèrent en quelques mots cette insolence juvénile.

Non seulement l'expression « perdre sa liberté » a un sens, mais c'est même l'essence de toute société civilisée.

Ce sacrifice est-il nécessaire à la survie du groupe ? L'homme est-il redevable par nature ?

Que reste-t-il à celui qui pense que la liberté est la constituante de l'humanité ?

Le libre arbitre, union de la spontanéité et de l'intelligence.

Admettons que la liberté puisse se perdre. Le libre arbitre lui ne se perd pas. C'est lui, la faculté de choix.

Rimbaud choisit d'être un vagabond, non assujetti à l'ordre social, personne ne le contraint, son libre arbitre commandera sa vie.

Liberum arbitrium, te perdre n'aurait aucun sens, c'est impossible, et rassurant.

> Encore heureux ! – cette voix rappelait à l'Anonyme qu'il avait besoin de dormir – rassure-toi, baveux, c'est saint Thomas d'Aquin qui te parle. Je te rappelle, mon fils, que le *liberum arbitrium*, libre arbitre, est une création destinée à disculper Dieu de la responsabilité du mal. *De libero arbitrio*. C'est la malédiction de la liberté humaine qui fait de l'homme un coupable par nature.

Le libre arbitre, un instrument de Dieu ?

Désespéré, l'Anonyme joignit ses mains et s'en remit directement au Tout-Puissant.

La réponse ne se fit pas attendre :

> Homme, tu es issu du péché et de l'obscurité. Le mal est en toi et tu es habité par lui. Le bien existe, mais il faut le mériter. Il faudra te dépasser avec toute la force de ton impuissant petit corps chaque jour de ta pauvre vie pour accéder peut-être à la joie et à la liberté éternelle.

Merci, mon Dieu. Si j'ai bien compris, je dois oublier ma liberté le temps de ce passage sur terre. Elle est actuellement consignée à la caisse des dépôts, et je pourrai en retrouver l'usage une fois mort.

Merci.

Perdre sa liberté, c'est notre lot commun.

La liberté n'est tout de même pas la prison à perpétuité. L'expression « perdre sa liberté » serait-elle un leitmotiv dirigeant nos vies de la naissance à la mort ?

Vivrions-nous pour perdre notre liberté ?

La cinquième et dernière phase prenait progressivement toute sa place.

L'acceptation

Effectivement, l'expression « perdre sa liberté » a un sens.

C'est le sens de la vie.

Le reste est une question de degré.

Pour l'humanité, perdre sa liberté est donc une constante. Dès notre plus jeune âge, nous subissons une rééducation de l'âme, tout comme l'Anonyme modifia son point de vue grâce à ses voix intérieures.

Les textes nationaux et internationaux encadrent la liberté, la réglementent et l'organisent. Sinon, c'est le chaos.

Pour freiner la liberté destructrice des États, les juristes créent ainsi des déclarations de droits, des conventions et des pactes internationaux.

Droit de la guerre, droits de l'homme... avant la Déclaration universelle des droits de l'homme et du citoyen, les États jouissaient d'une liberté totale dans leurs rapports avec les ressortissants.

Le droit international permet d'y remédier.

Le droit interne, lui aussi, érige des garde-fous contre la liberté de l'homme, et pas seulement pour l'empêcher de commettre des crimes.

Souvent, les régimes totalitaires utilisent également le droit pour garantir leur propre liberté.

Quelle est la première liberté à être éliminée dans ce type de régimes ?

La liberté d'opinion. Puis, dans son prolongement, la liberté d'expression.

Mais nul besoin d'aller en Corée du Nord pour découvrir ce genre d'atteinte. Dans le système démocratique, l'opinion des hommes est également bridée.

Aux États-Unis, le *Patriot Act*. En France, la loi Gayssot. Pour ne citer qu'eux.

En France, la répression de la simple menace de commettre un crime ou un délit, de la provocation par l'expression d'une opinion, de la propagande pour des idées particulières, la loi sur le voile, sont autant de chaînes qui étouffent la liberté d'opinion, d'expression, et cela pour le bien de la collectivité.

Aux États-Unis, trois soldats sont actuellement incarcérés pour avoir refusé de retourner en Irak et pour avoir commenté en public leur objection à cette guerre.

Parfois, le légal devient l'ennemi du légitime.

Finalement, l'expression « perdre sa liberté » n'a pas de sens, car nous ne sommes jamais véritablement libres, mais en permanence à la disposition de personnes qui nous conditionnent.

L'Anonyme finit par l'accepter.

Quelles miettes reste-t-il à ceux qui veulent, dans ces démocraties de l'endormissement, exprimer leur liberté ?

Le libertinage.

L'Anonyme, contraint de puiser encore dans son immense culture, se souvint d'une phrase prononcée par deux quinquagénaires exhibitionnistes sur un plateau de télévision :

> Nous sommes un couple libre, nous réalisons nos envies lorsqu'elles se présentent à nous.

Il est loin, le temps où le roi des libertins, Casanova, au lieu de dire platement qu'il avait envie de quelqu'un, écrivait :

> Je vis que j'avais besoin d'une friponne qu'il fallait que j'endoctrinasse.

Le pauvre, une fois emprisonné à Venise, alors qu'il est entouré de rats et mangé par les puces, on lui donne à lire pour sa rééducation une vie de sainte.

Ça a tout de même plus de classe que le club échangiste du coin.

Car aujourd'hui, le message diffusé aux Occidentaux est le suivant : le sexe, loin d'être une atteinte aux fondements de la société (procès de Baudelaire, Flaubert), est la panacée. Il n'y a rien de mieux pour tout le monde. Cette obsession répandue démocratiquement conduit à un conditionnement généralisé.

La libération sexuelle est à son zénith. Mais le manteau de cette liberté sert à couvrir nombre de petites chaînes.

Alors, l'expression « perdre sa liberté » a-t-elle un sens ?

Cette question est en elle-même révélatrice de la vanité cartésienne de l'homme. Car en voulant donner un sens logique aux choses, on prive l'esprit de sa libre faculté d'interprétation.

En souhaitant maintenir l'illusion d'une liberté immuable, l'Anonyme s'est cassé les dents.

Il est passé par le déni, la colère, le marchandage, la dépression, puis, finalement, par l'acceptation. Oui, malheureusement, l'expression « perdre sa liberté » a un sens.

C'est le sens de la vie de l'homme en société.

Κάθαρσις – Katharsis

Quel résultat avez-vous obtenu dans votre rapide calcul mental ?

Beaucoup de gens trouvent 5 000. Mais la réponse juste est 4 100. Contrôlez avec votre calculatrice si nécessaire.

La plupart du temps, la séquence décimale perturbe notre cerveau qui saute naturellement vers la plus haute décimale.

Remerciements

Ma reconnaissance va aux personnes suivantes, qu'il m'est impossible de ne pas remercier.

Bernard AUFAN : remerciement pour l'homme charmant et élégant qui a accepté d'être interrogé pendant des heures pour continuer à m'enseigner son art du renseignement humain, ce qu'il avait commencé à faire il y a dix ans, et dont je ne me suis pas lassé depuis. Du Vietnam à l'Irak, la moindre anecdote vaudrait un livre.

Jean Pierre VALLARINO : ce champion unique, surdoué. Pour m'avoir insufflé l'atome magique qui créa ensuite la matière hybride que je suis devenu. Pour sa patience, sa disponibilité et son immense talent. Pour continuer à m'accorder de longs moments où chaque seconde d'apprentissage se transforme en heures de réflexion.

Big GEORGES : pour m'avoir appris à être un homme, pour m'avoir montré comment vivre, montré que l'on se relève de tout, et que chaque seconde de vie est une occasion à saisir.

Céline GIBOWSKI : pour être, tout simplement, mon Autre... et pour me mettre de grosses claques quand je tente benoîtement de jouer avec elle au *Mentalist*.

Lisette BASTARDI : pour m'avoir permis d'exister et m'avoir toujours laissé entièrement libre dans mes choix. Aucun « forçage psy », et tellement d'amour.

Michel CARDIX : le meilleur rhéteur que je connaisse, après avoir entendu les plus célèbres avocats contemporains. Merci pour son travail et sa vision. Chaque fois que je plaide, je lui suis redevable. Dans chacun de mes mots, c'est lui que je vole. Il ne faut le dire à personne, il prendrait la grosse tête, et il est déjà sacrément mégalo.

Carine GIBOWSKI : pour sa passion de son métier, la psychologie, pour avoir partagé ses précieuses connaissances scientifiques, et pour m'avoir rappelé un truc que j'oublie souvent qu'elle appelle « l'éthique ».

Bertil SCALI : pour son esprit avant-gardiste, sa faculté d'anticipation, et pour imprimer des milliers, et peut-être des millions, d'exemplaires de ce livre et les vendre à tout le monde.

Jean-Christophe DIMINO : pour m'avoir éclairé sur sa passion, le métier de journaliste, son évolution, des *Grandes Gueules* au journalisme d'investigation, en passant par les *Hyperlocal News* autour de bonnes bières, de chips et de cacahuètes.

Éric de MONGOLFIER : pour m'avoir accueilli au Parquet de Nice pendant des années, et permis d'approcher des milliers de techniques d'arnaques et d'en apprendre les rouages.

Marcel GIORDANENGO, dit « MARCEL LA SALADE » : pour m'avoir accueilli dans son antre pendant des années et permis d'approcher les coulisses du Milieu... des maraîchers niçois... et m'en apprendre les rouages.

Aux anciens du Cercle zététique : pour leur art de douter de tout, d'essayer de tout comprendre.

Christian FIEVET : pour sa sagesse de négociateur hors pair, pour sa sensibilité si exacerbée qu'elle constitue une authentique arme mentale, et ses efforts permanents pour me remettre sur le droit chemin quand j'utilise mes techniques vers le côté obscur de la Force.

Laurent PASQUET : un flic, un vrai, comme on n'en fait plus. Un véritable ami.

Mario AGNETTA : Procureur à Nice, pour avoir livré à l'université une formation sur les stupéfiants que je n'oublierai jamais. Passionné de chimie, j'ai poursuivi l'étude en loup solitaire avec une grande satisfaction (et, parfois, quelques malaises)

Laurent P., alias BAMAKO : un flic, un vrai, comme on n'en fait plus. Un ami sous pseudonyme (pas de confusion s'il vous plaît, Laurent est un prénom très répandu).

Michel WEBER : un mentaliste, aboyeur royal, clown, vendeur de tours, organisateur d'enterrements, de spectacles, ancien policier qui change de métier tous les ans, au gré de ses envies. Pour m'avoir fait traduire à 17 piges des dizaines de bouquins américains de mentalisme qui sortent à peine aujourd'hui en France. Pour m'avoir initié au *cold reading* de terrain, à la dure, et pour avoir eu le culot de revendre mes propres traductions dix ans après.

Jean-Michel HAYAT : Président du tribunal de grande instance de Nanterre. Pour m'avoir, le temps de quelques riches échanges, expliqué les méthodes qu'il faut déployer pour tempérer les conflits. Avec l'affaire Bettencourt, en ce moment, il est servi, je lui souhaite donc bon courage pour tempérer les ardeurs procédurales des uns et des autres.

Raymi PHENIX : hypnothérapeute, mentaliste, personnage atypique et original, pour m'avoir permis de m'ouvrir à de nouvelles découvertes mentalistes, dont les techniques de block ops, et les recherches historiques qu'il a menées sur l'origine du mot « mentalisme ».

Bernard ASSO : avocat, conseiller général, expert en sécurité internationale. Pour m'avoir enseigné la désinformation, pour ses conseils avisés en matière de stratégie et de géopolitique.

Lionel BRICNET : septième dan de Kyokushin Budokai all round Karaté, ancien parachutiste du huitième RPIMA, chef de police municipale, pour son enseignement qu'il serait trop long de décrire ici. OSU, Shihan !

Paul BARELLI : journaliste, correspondant au *Monde*, pour m'avoir appris les contraintes que pouvait subir un professionnel de l'information dans ce monde d'immédiateté.

BUB : un chien qui ne sait pas lire, mais qui me regarde beaucoup. Pour m'avoir appris qu'on pouvait enseigner la PNL à un carlin.

Table

RÉALISATION : NORD COMPO À VILLEUNEVE-D'ASCQ
NORMANDIE ROTO IMPRESSION S.A.S. À LONRAI
DÉPÔT LÉGAL : JANVIER 2011. N° 102955-6 (123374)
IMPRIMÉ EN FRANCE